U0039118
9789575471118

張仁青編撰

中國唯美文學

駢文觀止

文史哲出版社印行

中國唯美文學

駢文觀止

編撰者：張仁青
出版者：文史哲出版社
登記證字號：行政院新聞局版臺業字〇七五五號
發行所：文史哲出版社
臺北市羅斯福路一段七十二巷四號
郵撥〇五一二八八一二彭正雄帳戶
電話：三五一一〇二八
印刷者：文史哲出版社

實價新台幣五四〇元

中華民國七十五年九月初版

版權所有・翻印必究

自 序

『科學以求眞，哲學以求善，文學以求美。』這是吾人所熟知的名言。由此可見世界上最美的東西，殆莫過於文學。因此在十九世紀中葉之頃，英國大文豪斯文本（A. C. Swinburne）、莫理斯（W. Morris）共同開創唯美主義（Aestheticism）的文學，其後經過王爾德（O. Wilde）予以發揚光大，便成爲西洋文學中的一大流派，而與古典主義（Classicism）、浪漫主義（Romanticism）、自然主義（Naturalism）、寫實主義（Realism）、象徵主義（Symbolism）、印象主義（Impressionism）、超現實主義（Surréalisme）、新浪漫主義（Neo-romanticism）、新象徵主義（Neo-symbolism）、新古典主義（Neo-classicism）、新印象主義（Neo-impressionism）……各派文學角戰坫壇，迭相雄長。他們主張盡量發展個性，離絕社會，隱藏在藝術之宮或象牙之塔中，積極追求強烈的歡樂，希望能够獲得新感覺與新刺激，以便充實其精神生活之內部，這就是所謂爲藝術而藝術，爲文學而文學。與敖陶孫評隲陳后山詩所說的『九皐鶴唳，深林孤芳，沖寂自妍，不求賞識』諸語完全若合符節。其實這種唯美主義思潮早在一千五百年前便已澎湃於中國文壇，只是沒有形成一種流派，更沒有人刻意去宏揚罷了。我編撰這本書的最大用心所在，就是希望能藉這本書的發行，把我國最美麗的文學作品很清晰的呈現在每一位讀者之前。

爲什麼唯美文學會產生於一千五百年前的六朝時代呢，細究原因，叢雜繁複，正如『一部二十五史不知從何說起』。在這裏我不想長篇大論的作學術性的探討，而只簡單扼要的一述其緣由。

一般所謂的美學（aesthetics），大致可區分爲形式（form）美與內容（contents）美兩大部分。譬如建築物形體之比例，色彩之配合如何美觀，則屬於形式美。其所表現莊嚴偉大，或小巧玲瓏之精神，則屬於內容美。一件藝術品必須兼具內容與形式之長，始能予人有悅目賞心之美感(sense of beauty)。藝術作品如此，文學作品亦復如此。文學之功用，原爲表現作者之情感，傳達作者之思想，或記述客觀之事物者。然而人類皆有愛美之天性，欲使他人接受作者之情意，感發其情緒，必須具有動人之美感，在文學之廣大領域中，其所以有美文之產生，實卽種因於此。而駢文則是美文當中最具有代表性的文體。

六朝人由於具有濃厚的藝術氣息，多認爲藝術本身自有其崇高價值，凡從事藝術工作者，當爲藝術而藝術（art for art's sake），不可爲人生而藝術（art for life's sake），純粹屬於『藝術的人』。加以愛美之情特別熾熱，故創作文藝，乃逐漸脫去自然而講求修飾，時日既久，遂成風尙。他們不僅講究詞句的整齊，故事的運用，更進一步講究對仗的工整，聲調的和諧，這便是駢體文的特徵。試舉數例如次：

㈠暮春三月，江南草長，雜花生樹，羣鶯亂飛。（梁・丘遲・與陳伯之書）

㈡零雨送秋，輕寒迎節，江楓曉落，林葉初黃。（梁・簡文帝・與蕭臨川書）

㈢心如膏火，獨夜自煎，思等流波，終朝不息。（梁・何遜・爲衡山侯與婦書）

㈣輔仁難驗，神情易促，雹碎春紅，霜凋夏綠。（梁・劉令嫻・祭夫徐敬業文）

㈤露萎庭蕙，霜封階砌，坐視帶長，轉看腰細。（梁・蕭繹・蕩婦秋思賦）

㈥麟亡星落，月死珠傷，瓶罄罍恥，芝焚蕙歎。（北周・庾信・思舊銘序）

平情而論，這種平仄相間、音調鏗鏘的文句，讀起來的確十分順口，沒有一點詰屈聱牙的毛病，足以增加文章裏的音響效果。所以駢體文可以說是文藝而兼音樂的一種特殊的文學，也可以說是唯美文學的極品。這種旖旎風華的美文，在使用複音字的國家是絕對產生不出來的。諺語所謂『祇此一家，別無分店。』移以語此，尤爲確切。因此只有我國才在韻文和散文之外，會發展出這種文體來。這是我們炎黃華胄智慧的結晶，也是列祖列宗遺留給我們的寶貴文化資產。前國立北京大學教授劉師培先生曾經很感慨的說：『儷文（按卽駢文）、律詩爲諸夏所獨有，今與外域文學競長，惟資斯體。』《中古文學史》可謂晨鐘暮鼓，足以發人省思。深望有靈性、有思想的中華兒女能夠特別珍惜它，寶愛它，光前裕後，繼美揚徽，使其長耀瀛寰之表，永垂無疆之休。吾其馨香禱之。

張仁青

民國七十五年二月十三日於高雄
西子灣國立中山大學中國文學系

編撰大旨

【一】駢文體格的成形，大概肇始於東漢，自茲厥後，作者輩出，迄於今日，歷時逾二千年，其間成名作家多達五百人以上。在此偌多的名作家中，要想把他們的傳世佳章一一作詳盡的詮釋與評隲，殆非時力所能允許。在不得已的情況下，只有採取重點式的介紹了。六朝爲唯美文學的鼎盛時期，因此選錄四家。唐朝緊步六朝的後塵，瓊章雅裁，盈溢緗帙，故予酌量選入。宋代爲駢文之轉變時期，雖有名篇，究非正統，故選錄較少。元明兩代，小說戲劇，如日中天，駢體精光，反爲所掩，特擇一家，用窺全豹。清代爲駢文之復興時期，詞人才子，接踵代興，派別滋繁，風貌各異，特標數家，以當鼎臠。民國以降，新潮雲蒸，學術多元，此調遂不爲世人所常彈，僅擇一家，以爲最殿。

【二】歷代駢文家所作的名篇巧製，多如山積，美不勝收。本書旨在輔助青年學子進修，並且給有意進窺中國唯美文學之堂奧的中外人士提供一本明白曉暢的通俗讀物，用特精選富有代表性的作品，凡二十篇，歷代駢文精華，殆皆薈萃於此。這些作品都是每一位作者心血的結晶，久已風行海內，膾炙人口，不但具有常識性質，而且具有永恆價值。

【三】宋儒有云：『前修未密，後出轉精。』此雖指學術研究而言，而文藝作品亦庶幾近之。本書編列次序，以時代近者列前，由今溯古，沿河討源，駢文體格變遷之軌跡昭然可見。

【四】每篇之後，均列有題解，揭示本文之由來及其重點之所在，期使讀者於通篇大旨之了解有所助益。惟篇題如有不待闡釋而可知者，則盡量從簡。

【五】《孟子・萬章篇》云：『誦其詩，讀其書，不知其人可乎。是以論其世也，是尚友也。』意謂閱讀別人作品，必先熟知其人之身世及時代背景，然後才能了解其作品眞諦。根據這種『知人論世』之說，本書特將選文作者的生平事蹟略作介紹，包括他們的著述及其在文壇上的地位。其與文學無多大關連者，則不予敍及。

【六】駢文用典，常十百倍於散文，故非賴詳盡之詮釋，實難了解其義蘊。因不憚煩瑣，詳加箋注，在原文中標以數字，於篇後挨次注明，人名則略述小史，地名則注出現在處所。按數尋注，一索卽得。

【七】本書除箋注詳明外，並逐篇譯成語體，附載原文之後。譯文力求通俗，讀者可相互對照，則全篇章法之組織，前後文字之呼應，不難通盤了然於胸中。

【八】駢文是以四字句與六字句爲骨幹，故又稱『四六文』。其實它的別名很多，例如六朝人稱之爲『今體』，古文家稱之爲『俳語』，日本人稱之爲『律語』，西洋人稱之爲『美文』(belles-lettres)，民初五四主盟諸君稱之爲『貴族文學』及『廟堂文學』……總共大概有二十餘種。不過現代人所習稱的，卻只有『駢文』與『四六文』兩種而已。

【九】一篇四六文之構成，莫外於用典、對仗、聲律、敷藻、調句五者。初讀四六文者，首須了解其典故之本意，及其所比附之情事。次須注意其字句之相對，亦卽名詞對名詞，動詞對動詞，形容詞對形容詞，副詞對副詞……等，不可錯亂。次須注意其聲調之低昂，亦卽平仄聲之交錯運用。次須注意其詞句之修飾，色澤之渲染，以符合唯美文學之要求。最後須注意其句法之靈動，卽句型之變化。四六文與一般散文之差異，卽在此處判定之。凡具備上述五條件者，卽爲四六文，反之則爲散文。

【十】爲使四六文之結構、作法及對句、協音之情形顯豁易明起見，特創新式排列法——以對句比列，以發語詞、轉語詞冒列對句之上，於各句應叶音處注明其平仄聲，而散行文句則予提行排列。俾讀者對四六文能有深刻印象，不致墮入五里霧中。玆略加說明如次：

㊀爲節省篇幅計，在全書二十篇中，只有1 4 7 15 16五篇按照新式排列法排列而已，其餘十五篇當可推而知之。

㊁文中所用以表示平仄之符號，共分三種：『○』表平聲，『●』表仄聲，『△』表拗字。所謂拗字，卽當叶平聲處而用仄聲，或當叶仄聲處而用平聲。按四六文通篇句法，理應平仄相衡，有如馬蹄。(俗稱『馬蹄韻』)唐以前不盡然者，殆因法未周備之故，唐以後間有不然者，正如近體詩中之有拗句。

㊂初唐以來之近體詩，格律限制綦嚴，凡詩句平仄不調者，謂之『失黏』，駢文與詞賦亦復如此。宋・陳鵠《西塘集・耆舊續聞》：『四聲分韻，始於沈約。至唐以來，乃以聲律取士，則

今之律、賦是也。凡表啓之類，近代聲律尤嚴，或乖平仄，則謂之失黏。』惟是，一首近體詩通篇不過數十字，嚴格限制，宜無間然。而一篇駢儷文，少則數百字，多則數千字，如欲一一遵守，勢將戕害性靈，使人興味全失。故歷代駢文作家皆有以下兩點共識：

㈠每句末字之平仄，多能遵守規定，至於句中是否平仄相間，則可以視文意之需要而稍作變通，不必拘泥。與對聯之聲律完全相同。

㈡上聯末句之末字與下聯首句之末字，理當平仄相同（術語稱為相黏），惟在另起一段時，次段首句之末字，可以平起，亦可以仄起，不必與前段末句末字之平仄相同。不寧惟是，卽在同一段中，若中間雜入散體文句時，則散句後起首駢句之末字，平起仄起，悉聽尊便，亦不必與散句前駢句末字之平仄相黏。

凡此皆駢文聲律之不成文法，意在通權達變，以免因限制過嚴而傷文之眞美。

近體詩每句必須平仄相間，尤其『二、四、六』三字必須絕對分明。而駢文則胥視句子之結構而定，其重心多集中在重要動詞或各詞組中之末字，與對聯同。玆舉律詩二聯、駢文四聯為例說明如次：

①
渡頭餘落日。
墟里上孤煙。（王維．輞川閒居詩）

②
似此星辰非昨夜。
為誰風露立中宵。（黃景仁．綺懷詩）

③ 江山半壁。非仙人劫外之棋。（洪亮吉・冬青樹樂府序）
金粉六朝。盡才子傷心之賦。

④ 挹煙光而欲醉。祛塵慮以俱空。（成惕軒・玄武湖雜詩跋尾）

⑤ 張其珊網。為建國期得人。（成惕軒・高闈四十年酬唱集序）
貢之玉堂。勗乘時以宣力。

⑥ 纖雲乍捲。一點兩點之螢。（成惕軒・螢橋納涼記）
清風徐來。千竿萬竿之竹。

右舉①②兩聯五、七言律詩，凡偶數字之平仄須絕對遵守調譜規定，不可違反。而第①聯之第三字，第②聯之第五字，其平仄亦不可違反，以免三平或三仄落底，與調譜不合。此外，第②聯第二句之第一字與第三字至少必須有一字是平聲，音調乃暢。至於第①聯每句之第一字，與第②聯第一句之一、三兩字，其平仄則可以不拘。

第③④⑤⑥四聯爲駢文，其可得而言者凡九：

㈠每一詞組之末字須講究平仄。如『江山』、『仙人』、『劫外』、『金粉』、『才子』、『傷心』、『煙光』、『塵慮』、『建國』、『乘時』、『纖雲』、『一點』、『兩點』、『清風』、『千竿』、『萬竿』諸詞均爲詞組，故每組之末字均須注意其平仄，自行作有規律的調配，但使音調諧美卽可。

㈡每句之末字，無論其是否爲詞組，均須講究平仄，與近體詩同，只是不押韻而已。

㈢重要字眼或重要動詞須講究平仄。如『張』、『貢』二字均屬動詞，而且地位重要，故須重視。至『挹』、『袪』兩字雖屬動詞，但地位並不重要，故平仄可以不論，此處一仄一平乃是巧合。（惟創作態度謹嚴之駢文家，往往刻意使之平仄相間，而非『巧合』。）

㈣『雲』『風』二字同屬平聲，聲律固然犯重，但駢文家多不以爲諱，以其偶一犯重，並無大礙，而且『風』字地位並不重要也。抑有進者，『清風徐來』乃蘇軾《赤壁賦》中語，援用前人成語，逕予更動，有時並非所宜。按詩家與駢文家在寫作過程中，凡是遇到人名、地名、官名、書名、篇名及其他專有名詞時，往往會遷就內容而不顧平仄之和諧。

㈤第⑥聯二、四兩句之偶數字爲『仄仄平』對『平平仄』，此種聲律對法在駢文與聯語中極爲常見，而近體詩則非所聞矣。（近體詩只能作『平仄平』或『仄平仄』。）

㈥凡在字旁已標明平仄者，爲其重要字眼，須予遵守外，其餘各字均無拘限。

㈦依近體詩調譜，每句不可三平或三仄落底，而駢文則無此限制。惟駢文家多兼詩人，凡有害於聲調和諧者，當知自行調整，必使作品略無瑕纇而後已。

㈧三字以上之成語，亦爲詞組，除末字須講究平仄外，其餘各字可視其重心所在而決定之。

㈨第③⑤⑥三聯每句末字之聲調均爲『仄平平仄』，是爲『馬蹄韻』。若易爲『平仄仄平』亦然。

中國唯美文學

駢文觀止

張仁青編撰

目次

中國唯美文學

駢文觀止

張仁青編撰

1 山房對月記

成惕軒

〔一〕舊式排列法

綿綿遠道。東西南北之人（一）。黯黯流光。離合悲歡之跡。羨閒鷗物外。直忘黍谷暄寒（二）。問皎兔天邊。幾閱蓬瀛清淺（三）。試稽弦望（四）。用志滄桑（五）。

粵當弱冠之年（六）。適遘多艱之會。掠郡而角方倡亂（七）。辭家則粲賦從軍（八）。揚彼秋帆。憩於夏口（九）。爾乃馮夷肆虐。黔首罹災（十）。平陸成江。訝老蛟之未死（十一）。層樓獨夜。招黃鶴而不來（十二）。溼螢與墜露爭飛。澤雁共寒蘆一色。挽瀾無計。橫槊誰歌（十三）。極人事之蕭條。嗟江山之搖落。此漢皋之月也（十四）。

嗣旅上京。欣瞻弘業。龍蟠虎踞。盛開一代風雲⑤。草長鶯飛。消盡六朝金粉⑥。眷懷名蹟。刻意清游。嘗坐花以攬澄輝。或瀹茗而消永夕焉。天不祐漢。海忽揚波⑦。見迫強鄰。遂興義戰⑧。時則驚鳥繞樹⑨。突騎窺江⑩。傍桃渡以星稀⑪。望蘆溝而雲暗⑫。磨牙鯨鱷。自矜海國之雄⑬。赬尾魴魚。眞痛王城之燬⑭。拜手向紫金陵墓。敢告在天⑮。舉頭指白玉樓臺。誓當還我。相看寥廓。無限低徊⑯。此南都之月也。

樓船西邁⑰。蜀道天高。憑萬夫莫開之關。當半壁方張之寇⑱。修其器甲。固我山川。雖胡馬之牧臨洮。難踰跬步⑲。而火牛之扞卽墨。罔及層空⑳。警訊頻傳。良宵每負。穴中人靜。惟鬥蟻之堪聞。竿上燈青。知毒鳶之已遁㉑。星河依舊。歲籥載更。俄而港陷珍珠。島焚玉石㉒。強弩朝挫。降幡夕張。迴日馭於瀛邊。扶桑半萎㉓。湧冰輪於劍外。爆竹齊喧㉔。戲語素娥㉕。行辭白帝㉖。此巴山之月也。

薊北新收㉗。江南亟返。錦帆去也。三聲啼巫峽之猿㉘。玉宇紛然。萬貫舞揚州之鶴〔三九〕。舊巷偶尋馬糞。文物都非〔四〇〕。疏簾重認蛾眉。嬋娟未滅〔四一〕。朱絃翠袖。歌垂楊曉岸之詞〔四二〕。綠醑華燈。度玉樹後庭之曲〔四三〕。無何而烽傳青犢〔四四〕。劫墮紅羊〔四五〕。彌天騰鼓角之聲〔四六〕。大地碎山河之影。銅仙淚滴〔四七〕。寶鏡光沉〔四八〕。賸堤柳以棲鴉。淒其隋苑〔四九〕。撫煙蘿而駐馬。別矣吳山〔五〇〕。此滬杭之月也。

金甌再缺〔五一〕。鐵幕四垂。轉徙羊城〔五二〕。朅來鯤嶠〔五三〕。故園歸夢。託河葦以徒勞〔五四〕。倦客羈愁。隨階蓂而共長〔五五〕。杜鵑枝外。咽笳吹於三更〔五六〕。銅馬聲中〔五七〕。莽闕河其萬里。鄉心五處。思白傅之弟兄〔五八〕。皓魄連宵。憶鄜州之兒女〔五九〕。誰遣晶盤出海。盛淚遙年〔六〇〕。但期銀漢分潮。洗兵來日〔六一〕。此蓬壺之月也〔六二〕。

行役四方〔六三〕。閱時卅稔。蟾圓天上〔六四〕。纔得三百六十回。蟲劫人間〔六五〕。何啻百千萬億數。月猶是也。而陵谷推遷〔六六〕。波雲詭譎〔六七〕。覩崇臺之鹿走〔六八〕。聽荒埭之雞鳴〔六九〕。蓋有不勝其駭愕悵惋者焉。所願氛埃掃卻〔七〇〕。桂魄增瑩〔七一〕。笑語迎來。柳梢無恙。清樽對飲。長娛伉健之身。虛幌同看。更接光華之旦〔七二〕。

〔二〕新式排列法

原文各聯凡須相黏之處，平聲則排以正楷字，仄聲則排以黑體字。又左列說明，祇限平仄，不及其他。

綿綿遠道。東西南北之人。……『道』與『人』『光』相反，與『迹』相同。

黯黯流光。離合悲歡之迹。……『迹』與『人』『光』相反，與『道』相同。

羨閒鷗物外。直忘黍谷暄寒。……『外』須與『迹』相黏，與『寒』『邊』相反，而與『淺』相同。

問皎兔天邊。幾閱蓬瀛清淺。

試稽弦望。……『望』須與『淺』相黏，與『桑』相反。

用志滄桑。第一段

粵當弱冠之年。……另起一段時，其首句之末字，平仄不拘，無須與前段末字相黏，此處『年』與『桑』相同，乃是巧合。但『年』須與『會』相反。

適遭多艱之會。

掠郡而角方倡亂。……『亂』須與『會』相黏，與『軍』相反。

辭家則粲賦從軍。

揚彼秋帆。……『帆』須與『軍』相黏，與『口』相反。

憩於夏口。

爾乃……此為轉語詞。凡轉語詞均無須調平仄，發語詞亦同。

馮夷肆虐。……『虐』須與『口』相黏，與『災』相反。
黔首罹災。

平陸成江。訝老蛟之未死。……『江』須與『災』相黏，與『死』『夜』相反，而與『來』相同。
層樓獨夜。招黃鶴而不來。

涇螢與墜露爭飛。……『飛』須與『來』相黏，與『色』相反。
澤雁共寒蘆一色。

挽瀾無計。……『計』須與『色』相黏，與『歌』相反。
橫槊誰歌。

極人事之蕭條。……『條』須與『歌』相黏，與『落』相反。
嗟江山之遙落。

此漢皋之月也。第二段……此為散句。凡散句均無須調平仄。

嗣旅上京。……此乃第三段起句。『京』與前段末聯之末字『落』不必相黏，但須與『業』相反。
欣瞻弘業。

龍蟠虎踞。盛開一代風雲。……『踞』須與『業』相黏，與『雲』『飛』相反，而與『粉』相同。
草長鶯飛。消盡六朝金粉。

眷懷名蹟。……『蹟』須與『粉』相黏，而與『游』相反。
刻意清游。

嘗坐花以攬澄輝。……『輝』須與『游』相黏，而與『夕』相反。
或瀹茗而消永夕焉。……『焉』為虛字，不必有對。

天不佑漢。……『漢』須與『夕』相黏，而與『波』相反。
海忽揚波。

見迫強鄰。……『鄰』須與『波』相黏，而與『戰』相反。
遂興義戰。

時則……『時則』為承轉詞。

驚烏繞樹。……『樹』須與『戰』相黏，而與『江』相反。
突騎窺江。

傍桃渡以星稀。……『稀』須與『江』相黏，而與『暗』相反。
望蘆溝而雲暗。

磨牙鯨鱷。自矜海國之雄。……『鱷』須與『暗』相黏，與『雄』『魚』相反，而與『燬』相同。
赬尾魴魚。眞痛王城之燬。

拜手向紫金陵墓。敢告在天。……『墓』須與『燬』相黏，與『天』『臺』相反，而與『我』相同。
舉頭指白玉樓臺。誓當還我。

相看寥廓。……『廓』須與『我』相黏，而與『徊』相反。
無限低徊。

此南都之月也。第三段……此為散句。

樓船西邁。……此為第四段起句。『邁』與前段末聯之末字『徊』不必相
蜀道天高。　黏，但須與『高』相反。

憑萬夫莫開之關。……『關』須與『高』相黏，而與『寇』相反。又『開』為拗字，但
當半壁方張之寇。　字義較仄聲『敵』字為優，故作者不願改易。此為遷就內
　容而犧牲聲調之顯例。

修其器甲。……『甲』須與『寇』相黏，而與『川』相反。
固我山川。

雖胡馬之牧臨洮。難踰跬步。……『洮』須與『川』相黏，與『步』『墨』相反，而與『空』相同。
而火牛之扞即墨。罔及層空。

警訊頻傳。……『傳』須與『空』相黏，而與『負』相反。
良宵每負。

穴中人靜。惟門蟻之堪聞。……『靜』須與『負』相黏，與『聞』『青』相反，而與『遁』相同。
竿上燈青。知毒鳶之已遁。

星河依舊。……『舊』須與『遁』相黏，而與『更』相反。
歲籥載更。

俄而……『俄而』為轉折詞。

港陷珍珠。……『珠』須與『更』相黏，而與『石』相反。
島焚玉石。

強弩朝挫。……『挫』須與『石』相黏，而與『張』相反。
降幡夕張。

迴日馭於瀛邊。扶桑半萎。……『邊』須與『張』相黏，與『萎』『外』相反，而與『喧』相同。
湧冰輪於劍外。爆竹齊喧。

戲語素娥。……『娥』須與『喧』相黏，而與『帝』相反。
行辭白帝。

此巴山之月也。第四段……此為散句。

薊北新收。……此為第五段起句。『收』無須與前段末聯之末字『帝』相黏，但須與『返』相反。
江南亟返。

錦帆去也。三聲啼巫峽之猿。……『也』須與『返』相黏，與『猿』『然』相反，而與『鶴』相同。
玉宇紛然。萬貫舞揚州之鶴。

舊巷偶尋馬糞。文物都非。……『糞』須與『鶴』相黏，與『非』『眉』相反，而與『滅』相同。
疏簾重認蛾眉。嬋娟未滅。

朱絃翠袖。歌垂楊曉岸之詞。……『袖』須與『滅』相黏，與『詞』『燈』相反，而與『曲』相同。
綠醑華燈。度玉樹後庭之曲。

無何而……『無何而』為轉折詞。

烽傳青犢。……『犢』須與『曲』相黏，而與『羊』相反。
刧墮紅羊。

彌天騰鼓角之聲。……『聲』須與『羊』相黏，而與『影』相反。
大地碎山河之影。

銅仙淚滴。……『滴』須與『影』相黏，而與『沈』相反。
寶鏡光沈。

膹堤柳以棲鴉。淒其隋苑。……『鴉』須與『沈』相黏，與『苑』『馬』相反，而與『山』相同。
撫煙蘿而駐馬。別矣吳山。

此滬杭之月也。第五段……此為散句。

金甌再缺。……此為第六段起句。『缺』無須與前段末聯之末字『山』相黏，但須與『垂』相反。
鐵幕四垂。

轉徙羊城。……『城』須與『垂』相黏，而與『嶠』相反。
揭來鯤嶠。

故園歸夢。託河葦以徒勞。……『夢』須與『嶠』相黏，與『勞』『愁』相反，而與『長』相同。
倦客羈愁。隨階蓂而共長。（長讀上聲）

杜鵑枝外。咽笳吹於三更。……『外』須與『長』相黏，與『更』『中』相反，而與『里』相同。
銅馬聲中。莽關河其萬里。
鄉心五處。思白傅之弟兄。……『處』須與『里』相黏，與『兄』『宵』相反，而與『女』相同。
皓魄連宵。憶鄜州之兒女。
誰遣晶盤出海。盛淚遙年。……『海』須與『女』相黏，與『年』『潮』相反，而與『日』相同。
但期銀漢分潮。洗兵來日。
此蓬壺之月也。第六段……此為散句。
行役四方。……此為第七段起句。『方』無須與前段末聯之末字『日』相黏，但須與『稔』相反。
閱時卅稔。
蟾圓天上。纔得三百六十回。……『上』須與『稔』相黏，與『回』『間』相反，而與『數』相同。
蟲劫人間。何啻百千萬億數。
月猶是也。而……『月猶是也』為散句。『而』為轉折詞。
陵谷推遷。……『遷』係散句後駢語之末字，無須與散句前駢語末字之『數』相黏，但須與『譎』相反。
波雲詭譎。
覩崇臺之鹿走。……『走』須與『譎』相黏，而與『鳴』相反。
聽荒埭之雞鳴。
蓋有不勝其駭愕悵惋者焉。所願……上句為散句。下句為補足用之虛詞。

氛埃掃卻。桂魄增瑩。……『卻』係散句後駢句之末字，無須與散句前之『鳴』相黏，
笑語迎來。柳梢無恙。　但須與『瑩』『來』相反，與『恙』相同。

清樽對飲。長娛伉健之身。……『飲』須與『恙』相黏，與『身』『看』（看讀平聲）相反，而與
虛幌同看。更接光華之旦。第七段　『旦』相同。

【題　解】

本篇選自《楚望樓駢體文》內篇（中華書局出版），為作者自述生平之作，其性質與『自序』、『自敍』、『自傳』略同，惟運思更為靈活，文境更為廣闊而已。漢·司馬遷撰《史記》，卷尾有『太史公自序』，自序之名，蓋始於此。劉知幾《史通·序傳篇》嘗論其由來云：『作者自敍，其流出於中古乎。案屈原《離騷經》，其首章上陳氏族，下列祖考，先述厥生，次顯名字。自敍發跡，實基於此。降及司馬相如，始以自敍為傳，然其所敍者，但記自少及長立身行事而已，逮於祖先所出，則蔑爾無聞。至馬遷又徵三閭之故事，放文園之近作，模楷二家，勒成一卷。於是揚雄遵其舊轍，班固酌其餘波，自敍之篇，實煩於代。雖屬辭有異，而茲體無易。』可見此體流行二千餘年，至今不衰。

本文為託物起興之作，假借看月以自抒襟抱者。作者籍隸湖北，故先從漢口對月寫起，然後依次簡敍羈旅南京、四川、上海、杭州、臺灣等各時期之所見所聞，及其內心之感受。層次秩然有序，構思尤為綿密，心裁別出，雋永可誦。與謝莊《月賦》、張若虛《春江花月夜詩》、李白《把酒問月詩》、蘇軾《水調歌頭詞》四篇，雖時地不同，寄情各別，所以興懷，其致則一，並稱傳世名篇。

【作者】

成惕軒，字楚望，湖北・陽新人，民國元年生。中央政治學校高等科第一期及高等文官考試及格。曾任國防最高委員會簡任祕書、考試院參事、總統府參事，私立正陽法學院、私立中國文化大學、國立臺灣師範大學、國立中央大學等校教授，考試院高等考試典試委員、特種考試典試委員長、考試院考試委員，現任國立政治大學中國文學研究所教授。著有《藏山閣詩》、《楚望樓詩》、《楚望樓駢體文》內外篇及續編、《汲古新議》、《汲古新議續集》等書。

【箋注】

㈠東西南北人　言居無常處也。《禮記・檀弓》：『孔子曰：「吾聞之，古也，墓而不墳。今丘也，東西南北之人也，不可以弗識也。」』高適《人日寄杜二拾遺詩》：『龍鍾還忝二千石，愧爾東西南北人。』

㈡羨閒鷗物外直忘黍谷暄寒　《清一統志》：『劉向《別錄》：「燕有黍谷，美而寒，不生五穀，鄒子居之，吹律而溫氣生。」舊有鄒衍祠，在山上。舊志：「亦名燕谷山，亦謂之寒谷。」左思賦：「寒谷豐黍，吹律以暖之。」是也。山有風洞，洞口風氣凜冽，盛夏不敢入。』黍谷舊址在今河北・密雲縣西南，相傳燕人種黍其中，故名。後因稱處境窮困而有轉機為黍谷生春。物外，猶言世外，佛家謂吾人所居之國土世界為器世間，器卽器物，故世外亦云物外。

㊂問皎兔天邊幾閱蓬瀛清淺　俗傳月中有兔，故以皎兔爲月之代詞。蓬瀛，謂蓬萊與瀛洲也皆海中仙山名。詳《列子・湯問篇》。葛洪《神仙傳》：『麻姑謂王方平曰：「接侍以來，已見東海三爲桑田，向到蓬萊，水又淺於往者，會時略半也，豈將復還爲陵陸乎。」方平笑曰：「聖人皆言，東海行復揚塵耳。」』杜甫詩：『適從海上來，蓬萊又清淺。』

㊃弦望　《文選》李陵《與蘇武詩》：『安知非日月，弦望自有時。』李善注引劉熙《釋名》：『弦，月半之名也，其形一旁曲，一旁直，若張弓弛弦也。望，月滿之名也，月大十六日，月小十五日，日在東，月在西，遙相望也。』

㊄滄桑　滄海桑田之簡稱，已見前注。

㊅弱冠　男子二十歲曰弱冠。見《禮記・曲禮》。案古時男子二十歲成人而行冠禮，體猶未壯，故曰弱冠。

㊆掠郡而角方倡亂　東漢・靈帝時，鉅鹿人張角以妖術授徒，並遣弟子四出傳道，十餘年間，有徒衆數十萬，乃訛言：『蒼天已死，黃天當立。』遂蓄意作亂。中平初，其徒馬元義等謀起事，事泄，車裂於洛陽。角乃馳勅諸方，一時俱起，徒衆皆著黃巾爲標識，時人謂之黃巾賊，亦名蛾賊。殺人祀天，剽掠州郡，旬日之間，天下震動。後爲皇甫嵩、朱儁等所平，而漢室元氣，從此大傷。見《後漢書・靈帝紀》。

㊇辭家則粲賦從軍　東漢末，天下喪亂，山陽人王粲辭家入長安，詔拜黃門侍郎，以西京擾攘，不就，乃之荊州依劉表。後仕魏，累官侍中。爲建安七子之一。嘗作《從軍詩》五首，述流

離之苦。見《三國志·魏書·王粲傳》及《昭明文選》。

㊈夏口　本湖北·漢陽縣地，清置夏口廳，屬武昌府。民國改廳為縣，治漢口鎮。

㊉馮夷肆虐黔首罹災　言民國二十年長江泛濫成災，湖南、湖北、安徽等省居民均遭其害也。馮夷，水神名，卽河伯。《淸泠傳》：『馮夷，華陰·潼鄉·隄首人也，服八石得水仙，是為河伯。』黔首，謂百姓也，以其首黑，故云。《說文解字》：『黔，黎也，秦謂民為黔首，謂黑色也。周謂之黎民。』

㊀老蛟　王安石《彭蠡詩》：『東西捩柁萬舟回，千萬老蛟時出沒。』

㊁黃鶴　崔顥《黃鶴樓詩》：『昔人已乘黃鶴去，此地空餘黃鶴樓。黃鶴一去不復返，白雲千載空悠悠。晴川歷歷漢陽樹，芳草萋萋鸚鵡洲。日暮鄉關何處是，煙波江上使人愁。』案黃鶴樓故址在今湖北·武昌市，民國初已燬於火。樂史《太平寰宇記》：『昔費文褘登仙，每乘黃鶴於此樓憩駕，故名。』

㊂橫槊　蘇軾《赤壁賦》：『方其破荊州，下江陵，順流而東也，舳艫千里，旌旗蔽空，釃酒臨江，橫槊賦詩，固一世之雄也。』謂曹操也。

㊃漢皋　漢口之別稱。《韓詩外傳》：『鄭交甫將南適楚，遵彼漢皋臺下，遇二女珮兩珠，交甫目而挑之，二女解珮贈之。』

㊄龍蟠虎踞盛開一代風雲　謂南京也。張敦頤《六朝事迹》：『諸葛亮論金陵地形云：「鍾阜龍蟠，石城虎踞，眞帝王之宅也。」』《後漢書·耿純傳》：『以龍虎之姿，遭風雲之時，奮迅拔

起，期月之間，兄弟稱王。』又《朱祐等傳論》：『中興二十八將，前世以爲上應二十八宿，未之詳也。然咸能感會風雲，奮其智勇，稱爲佐命，亦各志能之士也。』

(一六)草長鶯飛消盡六朝金粉　《文選》丘遲《與陳伯之書》：『暮春三月，江南草長，雜花生樹，羣鶯亂飛。見故國之旗鼓，感生平於疇日，撫弦登陴，豈不愴悢。』洪亮吉《蔣清容先生冬青樹樂府序》：『江山半壁，非仙人劫外之棋。金粉六朝，盡才子傷心之賦。』

(一七)海忽揚波　周成王時，越裳氏來朝，曰：『海不揚波者三年，意者中國其有聖人乎。』見《韓詩外傳》。此則反用其意，言日本軍閥輕啓戰爭，入侵中國也。

(一八)義戰　《孟子・盡心篇》：『春秋無義戰。』朱子集注：『《春秋》每書諸侯戰伐之事，必加譏貶，以著其擅興之罪，無有以爲合於義而許之者。』

(一九)驚烏繞樹　《文選》魏武帝《短歌行》：『月明星稀，烏鵲南飛。繞樹三帀，無枝可依。』

(二〇)突騎窺江　《後漢書・光武帝紀》：『會上谷太守耿況，漁陽太守彭寵，各遣將吳漢、寇恂等將突騎來助擊王郎。』李賢注：『突騎，言能衝突軍陣。』

(二一)桃渡　即桃葉渡，晉・王獻之送妾桃葉於此。故址在今南京市秦淮河與青溪合流處。

(二二)蘆溝　橋名，在河北・宛平縣境。境內有蘆溝曉月，爲燕京八景之一。按民國二十六年七月七日，日軍假演習爲名，礮擊宛平，中、日戰爭以啓，世所謂蘆溝橋事變者是也。

(二三)磨牙鯨鱷自矜海國之雄　李白《梁父吟》：『猰貐磨牙競人肉，騶虞不折生草莖。』二句責日軍妄自尊大。

㉔赬尾魴魚眞痛王城之燬　《詩經・周南・汝墳》：『魴魚赬尾，王室如燬。』毛氏傳：『赬，赤也，魚勞則尾赤。』二句哀南京淪陷。

㉕拜手向紫金陵墓敢告在天　拜手，拜時首至手也。《尚書・太甲》：『王拜手稽首。』紫金，山名，卽鍾山，在南京市中山門外，明孝陵、中山陵均在此，夙稱金陵勝地。

㉖相看寥廓無限低徊　寥廓，廣濶之義。《楚辭・遠遊》：『下峥嶸而無地兮，上寥廓而無天。』低徊，與低回同，徘徊留戀之意。朱熹《謝人送蘭詩》：『低徊起顧望，俯仰誰爲儔。』

㉗樓船西邁　言國民政府遷都重慶也。船之高大者曰樓船。漢武帝《秋風辭》：『汎樓船兮濟汾河，橫中流兮揚素波。』

㉘憑萬夫莫開之關當半壁方張之寇　李白《蜀道難》：『嗟爾遠道之人胡爲乎來哉，劍閣峥嶸而崔嵬。一夫當關，萬夫莫開。所守或匪親，化爲狼與豺。朝避猛虎，夕避長蛇。磨牙吮血，殺人如麻。錦城誰云樂，不如早還家。蜀道之難難於上青天，側身西望長咨嗟。』許月卿《天柱峯詩》：『卻憐千尺擎天柱，不柱東南半壁天。』

㉙胡馬之牧臨洮難踰跬步　杜甫詩：『近聞犬戎遠遁逃，牧馬不敢侵臨洮（卽今甘肅・岷縣治）。』跬步，半步也。此言四川地勢險固，日寇雖步步進逼，亦難輕易得逞。

㉚火牛之扞卽墨囹及層空　戰國時，燕將樂毅伐齊，拔七十餘城，惟莒與卽墨未下，燕軍並圍之。齊・臨淄人田單在卽墨，被擧爲將，乃施反間計，燕果召毅歸，代以騎劫。單收城中牛千餘，被五彩龍文，角束兵刃，尾束灌脂薪芻，夜半，鑿城數十穴，驅牛出城，使壯士五千人隨

牛後，而焚其尾，牛被爇痛，直衝燕軍，燕軍大潰，齊軍殺騎劫，復齊七十餘城，單迎襄王於莒而立之。事見《史記・田單傳》。此言我防空力量薄弱，日本空軍得以轟炸四川也。

㉑毒鳶　指轟炸中國之日本飛機。

㉒港陷珍珠島焚玉石　《尚書・胤征》：『火炎崑岡，玉石俱焚。』孔安國傳：『崑山出玉，言火逸而害玉。』此言民國三十年十二月八日，日本空軍偷襲美國海軍基地珍珠港，太平洋戰爭於焉爆發。後美軍以原子彈轟炸日本之廣島、長崎，日本遂於三十四年八月宣告無條件投降。

㉓迴日馭於瀛邊扶桑半萎　日馭，謂馭日之神也。李商隱詩：『日馭難淹蜀，星旄要定秦。』我國稱日本曰扶桑。王維《送祕書晁監還日本國詩》：『鄉樹扶桑外，主人孤島中。別離方異域，音信若爲通。』此言日本宣布投降後，日軍被遣送回國，其國中瘡痍滿目也。

㉔湧冰輪於劍外爆竹齊喧　言我抗戰勝利，舉國歡騰也。冰輪，以喻月。陸游《月下詩》：『玉鉤定誰挂，冰輪了無轍。』劍外，謂劍門以外。四川・劍閣縣北有劍門山。

㉕素娥　卽嫦娥也。《文選》謝莊《月賦》：『引玄兔於帝臺，集素娥於后庭。』李周翰注：『嫦娥竊藥奔月，月色白，故云素娥。』案《龍城錄》載明皇與道士鴻都客，八月望日遊月宮，見有素娥十餘人，皆皓衣乘白鸞，舞笑於大桂樹下。又聽樂音清麗，熟而音傳。旣歸，因想素娥風中舞袖，編律成音，製《霓裳羽衣曲》，則素娥又泛指素衣之美女矣。

㉖白帝　城名，故址在今四川・奉節縣東。李白《早發白帝城詩》：『朝辭白帝彩雲間，千里江陵一日還。兩岸猿聲啼不住，輕舟已過萬重山。』

㉗薊北新收　杜甫《聞官軍收河南河北詩》：『劍外忽傳收薊北，初聞涕淚滿衣裳。卻看妻子愁何在，漫卷詩書喜欲狂。白日放歌須縱酒，青春作伴好還鄉。即從巴峽穿巫峽，便下襄陽向洛陽。』

㉘錦帆去也三聲啼巫峽之猿　李商隱《隋宮詩》：『玉璽不緣歸日角，錦帆應是到天涯。』酈道元《水經》江水注：『自三峽七百里中，兩岸連山，略無闕處。重巖疊嶂，隱天蔽日，自非亭午夜分，不見曦月。每至晴初霜旦，林寒澗肅，常有高猿長嘯，屬引淒異，空谷傳響，哀轉久絕。故漁者歌曰：「巴東三峽巫峽長，猿鳴三聲淚沾裳。」』

㉙玉宇紛然萬貫舞揚州之鶴　蘇軾《水調歌頭》：『我欲乘風歸去，又恐瓊樓玉宇，高處不勝寒。』《商芸小說》：『有客相從，各言所志，或願爲揚州刺史，或願多貲財，或願騎鶴上昇。其一人曰：「腰纏十萬貫，騎鶴上揚州。」欲兼三者。』以上四句言勝利凱歸。

㊵舊巷偶尋馬糞文物都非　《南史・王志傳》：『志家居建康・禁中里・馬糞巷，父僧虔，門風寬恕，志尤惇厚，兄弟子姪皆篤實謙和，時人號馬糞諸王爲長者。』

㊶疏簾重認蛾眉嬋娟未減　李白《怨情詩》：『美人捲珠簾，深坐顰蛾眉。但見淚痕溼，不知心恨誰。』楊億《七夕詩》：『月魄嬋娟烏繞樹，河流清淺鵲成橋。』

㊷垂楊曉岸詞　俞文豹《吹劍錄》：『東坡在玉堂日，有幕士善歌，因問我詞何如柳七。對曰：「柳郎中詞，只合十七八女郎，執紅牙板，歌楊柳岸曉風殘月。學士詞，須關西大漢，抱銅琵琶，執鐵綽板，唱大江東去。」東坡爲之絕倒。』案柳永《雨淋鈴》云：『寒蟬淒切，對長亭晚，

驟雨初歇。都門帳飲無緒，方留戀處，蘭舟催發。執手相看淚眼，竟無語凝噎。念去去，千里煙波，暮靄沈沈楚天濶。多情自古傷離別，更那堪冷落淸秋節。今宵酒醒何處，楊柳岸，曉風殘月。此去經年，應是良辰好景虛設。便縱有，千種風情，更與何人說。』

㊸玉樹後庭曲　《隋書・五行志》：『禎明初，後主作新歌，辭甚哀怨，令後宮美人習而歌之。其辭曰：「玉樹後庭花，花開不復久。」時人以爲歌讖，此其不久兆也。』又《陳書・後主沈皇后傳》：『後主每引賓客，對貴妃等遊宴，則使諸貴人及女學士，與狎客共賦新詩，互相贈答，採其尤艷麗者，以爲曲詞，被以新聲，選宮女有容色者，以千百數，令習而歌之，分部迭進，持以相樂，其曲有《玉樹後庭花》。』

㊹烽傳青犢　崔塗《已亥歲感事詩》：『已聞青犢（漢光武帝時之亂黨）起葭萌，又報黃巾犯漢營。』劉基詩：『赤眉青犢終何在，白馬黃巾莫漫狂。』

㊺劫墮紅羊　殷堯藩《送李節度詩》：『太平從此銷兵甲，記取紅羊換劫時。』案宋・柴望作《丙丁龜鑑》，大旨謂丙午丁未爲國家厄會，自秦莊襄王迄晉・天福十二年，凡值丙午丁未者二十有一，皆有事變應之，世因謂丙午丁未之厄曰紅羊劫。其曰紅羊者，丙屬火，色赤，未爲羊，故云。

㊻鼓角　馬端臨《文獻通考・樂考》引《李衛公兵法》：『軍城及野營行軍在外，日出沒時撾鼓千槌，三百三十三槌爲一通，鼓音止，角音動，吹十二聲爲一疊，三角三鼓而昏明畢。』

㊼銅仙　銅人也，一作金人，古多以飾宮廟門闕。《文選》張衡《西京賦》：『高門有伉，列坐金

狄。』李善注：『金狄，金人也。《史記》曰：「始皇收天下兵，銷以爲金人十二，各重千斤，致於宮中。」』李商隱《石城詩》：『玉童收夜鑰，金狄守更籌。』丁鶴年詩：『漫詫丹梯燒木佛，誰憐清露泣銅仙。』

(48)寶鏡　以喩月。

(49)隤堤柳以棲鴉淒其隋苑　李商隱《隋宮詩》：『紫泉宮殿鎖煙霞，欲取蕪城作帝家。玉璽不緣歸日角，錦帆應是到天涯。於今腐草無螢火，終古垂楊有暮鴉。地下若逢陳後主，豈宜重問《後庭花》。』朱鶴齡注引《隋書・煬帝紀》：『煬帝自板渚引河作街道，植以楊柳，名曰隋堤，一千三百里。』案隋煬帝嘗造隋苑，故址在今江蘇・江都縣西北，亦名上林苑，又名西苑。

(50)撫煙蘿而駐馬別矣吳山　李白《同族姪評事黯遊昌禪寺山池詩》：『惜去愛佳景，煙蘿欲暝時。』皇甫冉《送鄭秀才詩》：『吟詩向月路，驅馬出煙蘿。』魏文帝《臨渦賦序》：『余從上拜壇，暮過渭水，徜徉于高樹下，駐馬題鞭，爲《臨渦賦》。』吳山，山名，在浙江・杭州市境，春秋時爲吳南界，故名。

(51)金甌　《南史・朱异傳》：『武帝言，我國家猶若金甌，無一傷缺。』

(52)羊城　卽五羊城，廣州市之別稱，相傳有五仙人騎五色羊，持穀穗遺州人，因名廣州曰五羊城，亦名穗城。詳見《廣州記》及《太平寰宇記》。

(53)揭來鯤嶠　揭來，猶言聿來。鯤嶠，指臺灣。

(54)河葦　《詩經・衞風・河廣》：『誰謂河廣，一葦杭之。』葦，蒹葭之屬。杭航通假字，渡也。一葦，謂一束葦，借喻爲小舟。

(五五)階蓂　堯時，有草夾階而生，月朔，始生一莢，月半，而生十五莢。十六日以後，日落一莢，及晦而盡。月小，則一莢焦而不落。名曰蓂莢，一曰曆莢，觀之以知旬朔。見《竹書紀年》。趙彥昭《人日清暉閣宴羣臣遇雪詩》：『庭樹千花發，階蓂七葉新。』

(五六)笳吹　《樂府詩集》：『唐・劉商《胡笳曲序》云：「蔡文姬爲胡人所掠，入番爲王后。武帝與邕有舊，敕大將軍贖以歸漢。胡人思慕文姬，乃捲蘆葉爲吹笳，奏哀怨之音。後董生（名祀，文姬夫。）以琴寫胡笳聲爲十八拍，今之《胡笳弄》是也。」』劉孝威《侍宴賦得龍沙宵明月詩》：『櫪馬悲笳吹，城烏啼塞寒。』

(五七)銅馬　新莽末，羣賊蠭起，銅馬其一也，蓋以軍容強盛爲別號，後爲光武帝所破，將降人分配諸將，衆遂數十萬，故關西號光武爲銅馬帝。見《後漢書・光武帝紀》。

(五八)鄉心五處思白傅之弟兄　白居易《望月有感詩》：『時難年荒世業空，弟兄羈旅各西東。田園寥落干戈後，骨肉流離道路中。弔影分爲千里雁，辭根散作九秋蓬。共看明月應垂淚，一夜鄉心五處同。』案白居易曾任太子少傅，世稱白傅。

(五九)皓魄連宵憶鄜州之兒女　鄜州，即今陝西・鄜縣。杜甫《月夜詩》：『今夜鄜州月，閨中只獨看。遙憐小兒女，未解憶長安。香霧雲鬟溼，清輝玉臂寒。何時倚虛幌，雙照淚痕乾。』

(六〇)誰遺晶盤出海盛淚遙年　晶盤，即水晶盤，謂月也。李商隱《碧城詩》：『若是曉珠明又定，一生長對水晶盤。』

(六一)但期銀漢分潮洗兵來日　杜甫《洗兵馬行》：『安得壯士挽天河，淨洗甲兵長不用。』銀漢，即天河也。

(六二)蓬壺　謂蓬萊與方壺也，俱海中仙山名。此指臺灣。

(六三)行役　《詩經・魏風・陟岵》：『陟彼岵兮，瞻望父兮。父曰嗟予子行役，夙夜無已。』後世通謂行旅之事爲行役。《文選》顏延之《秋胡詩》：『嗟予怨行役，三陟窮晨暮。』

(六四)蟾圓　俗傳月中有蟾蜍，故稱月爲蟾光，蟾魄。歐陽詹《長安玩月詩》：『稽於天道則寒暑均，取於月數則蟾兔圓。』

(六五)蟲劫　《太平御覽》七十四引《抱朴子》：『周穆王南征，一軍盡化，君子爲猿爲鶴，小人爲蟲爲沙。』劉克莊《贈防江卒詩》：『壯士如駒出渥洼，死眠牖下等沙蟲。』後以喻從軍而戰死者。

(六六)陵谷推遷　《晉書・杜預傳》：『刻石爲二碑，紀其勳績，一沈萬山之下，一立峴山之上。曰：「焉知此後不爲陵谷乎。」』《文選》任昉《爲范始興作求立太宰碑表》：『原夫存樹風猷，沒著徽烈。旣絕故老之口，必資不刊之書。而藏諸名山，則陵谷遷貿。府之延閣，則青編落簡。』

(六七)波雲詭譎　卽波譎雲詭，喻世局之難測也。

(六八)崇臺鹿走　《史記・淮南王傳》：『伍被曰：「臣聞子胥諫吳王，吳王不用。乃曰：『臣今見麋鹿遊姑蘇之臺也。』」』謂宮殿丘墟也。李白詩：『姑蘇成蔓草，麋鹿空悲吟。』

(六九)荒埭雞鳴　《明一統志》：『雞鳴埭在青溪西南潮溝之上，齊武帝早遊鍾山射雉，至此埭則聞雞鳴。』李商隱《南朝詩》：『玄武湖中玉漏催，雞鳴埭口繡襦迴。』

(七〇)氛埃　馬融《廣成頌》：『清氛埃，掃野場。誓六師，搜雋良』。

(七一)桂魄　謂月也。黃滔《明月照高樓詩》『波文流藻井，桂魄拂雕楹。』蘇軾《中秋詞》：『桂魄飛來光射處，冷浸一天秋碧。』案段成式《酉陽雜俎》云：『月中有桂樹，高五百丈。』月稱桂魄，以此。

(七二)虛幌同看更接光華之旦　虛幌，質薄而能透光之帷幔，請參閱前鄜州句注。光華，謂景色明麗也。《尚書大傳‧虞夏傳》：『維十有五祀，卿雲聚，俊乂集，百工相和而歌卿雲。帝乃倡之曰：「卿雲爛兮，糺縵縵兮。日月光華，旦復旦兮。」』

【通　釋】

我長年在外作客，居無定所。在逝去的暗淡時光裏，不知道經過多少悲歡離合的事跡。眞羨慕飛翔野外悠閒的水鷗，不必關心人世間的種種憂患。請問高懸天邊的月兒，你看過世界變化了多少回。追憶前塵往事，眞有許多值得記載的事情。

在我二十歲的時候，正好遇到國家遭受許多災難。各地方的軍閥土匪攻城掠地，荼毒生靈，那年秋天，我拜別故鄉，乘船到漢口。這時適逢長江泛濫，湖南、湖北、安徽等十餘省均遭洪水之災害，造成了千萬民衆的流離失所。有一天晚上，我獨個兒登上黃鶴樓，極目四望，但見錦綉河山，頓成遍地瘡痍。只恨自己能力薄弱，無法挽救此一劫難。這就是我在漢口所看到的淒涼蕭條的景象。

不久我旅居南京，很高興的看到首都的雄偉氣象和險要地形，江南地區草長鶯飛的明媚風光盡入眼底，聞不出一絲六朝殘餘的金粉氣息。所有的名勝古跡都留下了我的腳印，有時在花下賞月，有時在夜半品茗，生活過得相當寫意。無奈上天沒有保佑中華，日本軍閥悍然發動侵華戰爭，製造蘆溝橋事件，八年抗戰的序幕於焉揭開。那時日軍兇狠殘暴，自以爲是世界強國，層層進逼，民國二十六年冬季，南京終告淪陷。當我將告別南京時，曾經向中山陵行最敬禮，祈求孫中山先生在天之靈默佑國家，贏得這場聖戰。又指着白玉樓發誓，務必還我河山。最後凝視廣闊的郊原，懷着依依不捨的心情離開了。這就是我在南京所看到的情景。

我追隨中央政府，乘船撤退到四川重慶，憑藉三峽天險，高峯緜亙，來抵擋日軍。我政府磨礪武器，訓練精兵，作好長期抗戰之準備，固足以阻遏敵人的攻勢，但防空方面卻是最弱的一環，遂使日本軍機得以長期轟炸四川。每當敵機來臨，警報一響，我便躲進防空洞裏，沒敢出聲。洞裏一片寧靜，連螞蟻打鬥的聲音都可聽到。直到竹竿上亮起綠燈，才知道警報解除，敵機已經遠遁。星河還是如此明亮，而日子卻一天天的過去了。民國三十年之頃，日本空軍偷襲美國海軍基地珍珠港，使美方遭受慘重的損失，太平洋戰爭於焉爆發。其後美軍以兩顆原子彈先後轟炸日本的廣島和長崎，日本遂於三十四年八月宣告無條件投降，在華日軍全部遣送回國。抗戰勝利，爆竹齊鳴，我便把這個喜訊告訴月中嫦娥，然後離開四川。這就是我在四川所看到的情景。

禹甸既已重光，我又乘船航向江南，渡過巫峽，對著明月，儼然有『腰纏十萬貫，騎鶴上揚州』的愉快感受。舊地重遊，尋找文物，既不同於往日，而風月場所的女子，也依然貌美如花。甚至於還在燈紅酒綠，紙醉金迷之中，聽靡靡的音樂，唱亡國的歌曲呢。不久中共公然窮兵黷武，發動內戰，全國各地響起了戰鼓的聲音，錦綉河山又再度支離破碎，銅人落淚，明月無光，都邑蒙塵，村郭蕭條，我不得已又離開了江南。這就是我在江浙地方所看到的景象。

民國三十八年大陸淪陷，我輾轉逃到廣州，最後來到臺灣。故園歸夢，業已成空，倦客鄉愁，與日俱增。半夜裏在杜鵑枝外，聽笳吹之聲，輒爲之淒咽，又聽銅馬之聲，更覺關河蒼莽，何其遙遠。尤其在此月明星稀的夜晚，更激起了我懷念居留在故鄉的兄弟和兒女。有誰能够請求月兒早日以玉盤盛裝流人之淚，只希望天河分出一點潮水來，淨洗武器，藏入倉庫，永遠不再使用。這就是我在臺灣作客的心情。

回憶以往三十年的時光，飄泊四方，不知經歷過多少事情。在這三百六十個月裏，人世間卻遭受無數的劫難。月兒的面貌並沒有改變，但局勢卻變化難測。看見宮殿變成丘墟，諦聽荒野雄雞爭鳴，內心的感慨，實非筆墨所能形容。惟願國家早日統一，含笑還歸故里，家山景物依舊，舉杯慶祝，長年康健，偕同老妻一起賞月，迎接日益明麗的景色。

2 美槎探月記

成惕軒

儒者於一物不知。引以爲恥。聖人則六合之外。存而弗論。二者攝境有判。持義攸殊。一謂熙熙相屬之人寰㊀。一謂浩浩無垠之域表也。

吾華夙進文明。代興材雋。莫不傾其術智。究極天人。璿璣察微㊁。土圭立準㊂。紀虞書之星鳥㊃。早授人時。占義易之田龍㊄。遠徵天象。下逮鄧平定太初之曆㊅。張衡作渾天之儀㊆。舉蠡測與管窺㊇。胥日精而月密。顧穹廬如蓋㊈。雲路難隮。翹首層霄。但遙見其蒼蒼之色而已。於是窮諸想像。託以神奇。市號華鬘㊉。宮名兜率⑪。幽黃姑於銀漢⑫。參青鳥於瑤池⑬。蟠桃若木之華⑭。霓裳羽衣之曲⑮。紛傳故老。雜見陳編。縱涉稗官怪誕之言⑯。仍供茗座談諧之樂。而一輪皎潔。千里嬋娟⑰。其所沾溉於騷壇藝苑。以爲謳吟摹繪之資者。蓋尤更僕難盡焉⑱。振古以來。從未聞有星槎直上⑲。月窟親探⑳。一明其究竟者。有之。則自美利堅人阿姆斯壯始。

西元一九六九年（中華民國五十八年）七月十六日上午。阿姆斯壯與其同僚艾德林、柯林斯二君。自佛羅里達州甘迺迪角。乘阿波羅十一號太空船。假農神五號火箭升空。歷航程二十五萬英里。於二十日下午四時十七分。阿姆斯壯步下登月小艇。遂以人類第一人踏入月球表面之寧靜海。繼之者艾德林。因共掇取其中岩石泥土。並留置美國國旗、科學儀器等物。移時離去。復與操御太空船之柯林斯會合。剋期回駛。凡閱三晝夜。降於中太平洋。由直昇機舁寘大黃蜂號海艦上。自啟行至此。歷時八日有奇。休士敦太空中心曾逐日紀程。分告寰宇。斯役也。前後預之者四十萬人。計耗美元二百四十億。集無數科學家、企業家之智慧經驗。九更寒燠。方底於成。此其大較也。

當其迅御長風。上窮碧落㉑。健並行空之馬。神疑噓氣之龍。邁九萬里之鵬摶㉒。睨百二城如蟻聚㉓。張騫鑿空㉔。昔讓雄姿。郭璞游仙㉕。今非幻境。已而影移仙舸。光漾晶盤㉖。夔足一投㉗。鴻爪初印㉘。如哥倫布之登新陸㉙。如武陵人之履仙源㉚。如七寶樓臺㉛。彈指而即現㉜。如九天閶闔㉝。因風而洞開。萬靈效其馳驅。羣動為之竦息。空空玉斧。伐丹桂以何從㉞。穆穆金波。問素娥其安在㉟。擕將片石。儻容天補媧皇㊱。拾得丸泥。豈但關封函谷㊲。壯哉斯舉。前無古人。可謂瀛表希聞。天荒獨破者矣㊳。

或言登月一舉。奮精神之大無畏。開歷史之新紀元。固已。惟是地屬不毛。事經徵實。則玉宇瓊樓之詠㊴。青天碧海之吟㊵。疇昔中土詞人所以寄其遐思。抒其玄感者。不幾頓為減色耶。不知求眞求美。用原不侔。尚理尚情。義各有適。制天之說㊶。既靡損乎教侶之禱祈。探月之行。又奚礙於文流之怡玩也。

至其梯雲上界。捫月寥空。挈南箕使簸揚㊷。與帝座通呼吸㊸。和平廣宣於萬族。闕陷待補夫兩間㊹。則更於往哲天人合一之旨獲一新解焉。默禱諸天。永銷庶劫。銀蟾無恙㊺。定溥清暉於億萬斯年。綠塏堪邀㊻。且尋舊約於三五之夜。

【題　解】

西元一九六九年七月十七日，美國阿波羅十一號太空船由農神五號火箭發射升空。三名太空人阿姆斯壯、艾德林與柯林斯展開登月歷史任務。二十五日三名太空人復駕太空船重返地球，安全降落太平洋海面。此舉不但爲人類歷史首開新紀元，並且爲人類征服太空之起步，允宜大筆特書，以紀其盛。

本篇選自《楚望樓駢體文》內篇卷三。成氏之文，不拘一體，不泥一格，且富有時代精神，往往將現代事物名詞融入作品之中，或以雅麗之辭藻稱述現代之事物，推陳出新，別開生面，故能卓然稱民國以來第一大家。此篇以古典駢四儷六之文，記述人類登陸月球之事，將尖端科技與唯美文學融爲一體，泯然無跡，亙古以來，一人而已，而舉目斯世，亦一人而已，故今選之，使有志於古典文學之創作者知所取法。

【箋　注】

㈠熙熙　《史記·貨殖傳》：『天下熙熙，皆爲利來。天下攘攘，皆爲利往。』熙熙攘攘，煩囂紛錯之貌。

㈡璿璣　古時用以測天文之器。《尚書·舜典》：『璿璣玉衡，以齊七政。』孔穎達疏：『是王者正天文之器，漢世以來，謂之渾天儀者是也。』

㊂土圭　古時用以測日影之器。《周禮・地官・大司徒》：『以土圭之法，測土深，正日影以求地中。』鄭玄注：『土圭所以致四時日月之影也。』

㊃虞書星鳥　《尙書・虞書・堯典》：『乃命羲、和，欽若昊天，歷象日月星辰，敬授人時。分命羲仲，宅嵎夷，曰暘谷。寅賓出日，平秩東作，日中星鳥，以殷仲春。』鳥，南方七宿之總名。星鳥，謂春分初昏時，鳥之七宿畢見也。

㊄羲易田龍　《周易・乾卦》：『天行健，君子以自強不息。潛龍勿用，陽在下也。見龍在田，德施普也。』案伏羲制卦，故《周易》亦稱《羲易》。

㊅太初曆　曆法名，漢武帝・太初元年鄧平所造。詳見《漢書・律曆志》。

㊆渾天儀　用以測天文者，東漢・張衡所造。見《後漢書・張衡傳》。

㊇蠡測管窺　《漢書・東方朔傳》：『以管窺天，以蠡測海。』

㊈穹廬　謂天也。斛律金《敕勒歌》：『敕勒川，陰山下。天似穹廬，籠蓋四野。天蒼蒼，野茫茫，風吹草低見牛羊。』

㊉華鬘　釋道世《法苑珠林》：『忉利天有七市，天人天女往來貿易，以爲戲樂，第五華鬘市。』

⑪兜率　亦作兜術，爲彌勒菩薩所居。《普曜經》：『其兜術天有大天宮，名曰高幢，廣長二千五百六十里，菩薩常坐爲諸天人敷演經典。』

⑫黃姑　星名，卽牽牛星。《古樂府》：『東飛伯勞西飛燕，黃姑織女時相見。』

⑬靑鳥　仙禽名。班固《漢武故事》：『七月七日，忽有靑鳥飛集殿前。東方朔曰：「此西王母

欲來。」有頃，王母至，一青鳥夾侍王母旁。』案俗傳西王母爲古仙人，居於瑤池之上。

⑭蟠桃若木　皆仙樹名。《武帝內傳》：『七月七日，西王母降，以仙桃（案即蟠桃）四顆與帝，帝食輒收其核，欲種之。母曰：「此桃三千年一生實，中夏地薄，種之不生。」』《山海經》：『灰野之山，有樹青葉赤華，名曰若木，日所入處。』

⑮霓裳羽衣曲　樂曲名。郭茂倩《樂府詩集》：『開元二十九年中秋夜，帝與葉法善遊月宮，聽諸仙奏曲，遂以玉笛接之，曲名《霓裳羽衣》，後傳於樂部。』

⑯稗官　《漢書・藝文志》：『小說家者流，蓋出於稗官，街談巷語，道聽塗說者之所造也。』後因稱小說曰稗官。

⑰嬋娟　蘇軾《水調歌頭詞》：『人有悲歡離合，月有陰晴圓缺，此事古難全。但願人長久，千里共嬋娟。』

⑱更僕難盡　《禮記・儒行》：『遽數之不能終其物，悉數之乃留，更僕未可終也。』更，代也。僕，儐相也。言更易儐相，尚不能盡其辭，言其辭之多也。

⑲星槎　張華《博物志》：『天河與海通。近世有人居海渚者，年年八月有浮槎去來不失期。人有奇志，立飛閣於槎上，多齎糧乘槎而去。至一處，有城郭狀，居舍甚嚴。遙望宮中多織婦，見一丈夫牽牛渚次飲之。此人問此是何處，答曰：「君還至蜀郡，訪嚴君平則知之。」後至蜀，問君平，曰：「某年月日有客星犯牽牛宿。」計年月，正是此人到天河時也。』

⑳月窟　猶言月宮。范成大《商山海棠詩》：『桂須辭月窟，桃合避仙源。』

㉑碧落　謂天界也。白居易《長恨歌》：『上窮碧落下黃泉，兩處茫茫皆不見。』

㉒鵬摶　《莊子・逍遙遊篇》：『諸之言曰：「鵬之徙於南冥也，水擊三千里，摶扶搖而上者九萬里。」』陸德明《釋文》引司馬曰：『摶，飛而上也。』

㉓百二城　吳融《東歸望華山詩》：『南邊已放三千馬，北面猶標百二城。』此言城池之多也。

㉔張騫鑿空　《史記・大宛傳》：『於是西北國始通於漢矣，然張騫鑿空。』裴駰集解引蘇林曰：『鑿，開。空，通也。騫開通西域道。』

㉕郭璞遊仙　《文選》卷二十一著錄郭璞《遊仙詩》七首，李善注云：『遊仙之篇，皆所以滓穢塵網，錙銖纓紱，飡霞倒景，餌玉玄都。而璞之制，文多自敍，雖志狹中區，而辭無俗累。』

㉖晶盤　月也。龔鼎孳《中秋得南鴻詞》：『小字鴛鴦顛倒認，憑仗晶盤凝碧。』

㉗夔足　《韓非子・外儲說》：『魯哀公問於孔子曰：「吾聞古者有夔一足，其果信有一足乎。」孔子對曰：「不也，夔非一足也。夔者忿戾惡心，人多不說喜也。雖然，其所以得免於人害者，以其信也，人皆曰獨此一足矣。夔非一足也，一而足也」。』按夔，堯時樂正，僅有一足。

㉘鴻爪　喻凡事經過所留之痕跡也。蘇軾《和子由澠池懷舊詩》：『人生到處知何似，應似飛鴻踏雪泥。泥上偶然留指爪，鴻飛那復計東西。』

㉙哥倫布登新陸　西元一四九二年，義大利人哥倫布(Christopher Columbus)率舟三艘，抵美洲之聖薩爾瓦多島(San Salvador)，發見北美新大陸。

㉚武陵人履仙源　晉・陶潛作《桃花源記》，謂有武陵漁人誤入桃花源，遇秦時避亂者之後，

生聚於此，出而復往，遂失其處云。

㉒七寶樓臺　極言樓臺之莊嚴華麗。七寶者，謂以七種寶物合成也。葛洪《枕中書》：『玄都、玉京，七寶山周圍九萬里，在大羅天之上。』

㉓彈指　佛家語，喻時間之短暫。曹學佺《除夕詩》：『半百已過彈指頃，尚留殘燭照黃昏。』

㉔九天閶闔　指天帝所居。王維《和賈至舍人早朝大明宮詩》：『九天閶闔開宮殿，萬國衣冠拜冕旒。』

㉕伐桂　漢・吳剛學仙有過，謫令伐月中桂，桂高五百丈，斫之，樹創隨合。見段成式《酉陽雜俎》。

㉖素娥　即嫦娥。《文選》謝莊《月賦》：『引玄兔於帝臺，集素娥於后庭。』李周翰注：『嫦娥竊藥奔月，月色白，故云素娥。』

㉗天補媧皇　《史記・補三皇本紀》：『共工氏與祝融氏戰，不勝而怒，頭觸不周山崩，天柱折，地維缺，女媧氏（上古女帝，又稱媧皇。）乃鍊五色石以補天，斷鼇足以立四極。』

㉘關封函谷　《後漢書・隗囂傳》：『今天水完富，士馬最強，元請以一丸泥爲大王東封函谷關。』

㉙天荒獨破　事屬首創之意。孫光憲《北夢瑣言》：『荆州每歲解送舉人，多不成名，號爲天荒。劉蜕舍人以荆解及第，人號爲破天荒。』

㉚玉宇瓊樓　謂月中宮闕也。見蘇軾《水調歌頭詞》。

㊵青天碧海　李商隱《嫦娥詩》：『雲母屏風燭影深，長河漸落曉星沈。嫦娥應悔偷靈藥，碧海青天夜夜心。』

㊶制天　荀子《天論篇》：『從天而頌之，孰與制天命而用之。』

㊷南箕　《詩經・小雅・大東》：『維南有箕，不可以簸揚。』案南箕，星名，二十八宿之一。

㊸帝座　星名。《宋史・天文志》：『帝座一星在天市中，天皇大帝外座也。』

㊹兩間　謂天地之間。《宋史・胡安國傳》：『至剛可以塞兩間，一怒可以安天下。』

㊺銀蟾　謂月也。白居易《中秋月詩》：『照他幾許人腸斷，玉兔銀蟾遠不知。』

㊻綠螘　新釀之酒，其上所浮糟粕，謂之綠螘，詞章家因亦用爲酒之代稱。《文選》謝朓《在郡臥病呈沈尙書詩》：『嘉魴聊可薦，綠蟻(案蟻螘通叚字)方獨持。』

【通釋】

我國學術界傳統的觀念是，一個讀書人必須通曉天地萬物，只要有一樣東西不明白，便認爲是一件可恥的事情。但是我國古代的聖人對於天地以外的事物，卻往往持著保留的態度，不去評論它。這兩者立場不同，觀念有別。前者認爲人類實際生活之空間的事物，應該去了解它。而後者則認爲那曠遠無垠、渺茫難知的非現實空間的事物，可以不必深入去了解它。

我中華民族具有悠久的歷史文化，優秀人才相踵不絕，他們發揮了高度的智慧，窮究天人的關係。上古時代有觀察天文的璿璣玉衡，測量日影的土圭。聖人又制定曆法，以分別春夏秋多，使人民知道按時耕作。演繹陰陽八卦，闡明宇宙萬物生生不息的現象。到了漢朝，鄧平造太初曆（亦即現在民間通行之農曆、夏曆、陰曆、中曆。），張衡造渾天儀，都要比從前詳備而精密。但是天形如蓋，雲路難登，遙望層霄，只見到茫茫一片灰白色而已。於是憑着豐富的想像力，參雜許多神話傳說。佛家說天上有華鬘市和兜率宮，民間說天河邊有牽牛星，瑤池上有青鳥，崑崙山有蟠桃，灰野山有若木，月宮裏有《霓裳羽衣曲》。這些神話在民間相當流行，古書也都有記載，雖然是怪誕不經的小說家之言，但是如果把它當作茶餘飯後的談笑資料，倒是滿有趣的。一輪皎潔而美麗的月兒，不知有多少騷人墨客曾經爲它而謳歌，不知有多少畫家曾經摹繪過它的形狀，它所給予文苑藝壇的實在太多了。不過從古以來卻沒有聽說過有人利用交通工具登陸月球，一看其眞面目的。人類第一個登陸月球的，那就要數美國人阿姆斯壯先生了。

西元一九六九年七月十六日上午，阿姆斯壯和他的同僚艾德林、柯林斯二君，從美國佛羅里達州甘迺迪角駕駛阿波羅十一號太空船，由農神五號火箭發射升空，飛行二十五萬英里，在二十日下午四時十七分，阿姆斯壯走下登月小艇，遂以人類第一人踏上月球表面之寧靜海，其後艾德林也跟着登陸。他們兩人共同拾取月球上的岩石泥土，並且留置美國國旗、科學儀器等物，不久離去，又和駕駛太空船的柯林斯會合，按照原定時間回航，經過三天三夜，終於在二十四日（按我國與美國時差是一天）安全降落太平洋海面，再由直昇機把他們三人載到大黃蜂號海艦上。從啓程到現在，一共經歷了八天多，休士敦太空中心曾經逐日記載其航程，向全世界發布消息。這一次登月之舉，前後參加的工作人員多達四十萬人，花費美金二百四十億元，匯集了無數科學家、企業家的智慧和經驗，歷時九年，才告完成。這是它的大概情形。

當三名太空人快速的駕乘長風，飛向天界，有如天馬行空，神龍吐氣，超過大鵬所飛翔的九萬里行程，看過多如蟻堆的無數城池。漢朝張騫開通西域道路，比不上他們的雄姿，晉朝郭璞所遊覽的仙境，並非虛幻的想像。登月小艇終於降落在月球上，太空人也踏上月球表面，留下了人類的腳印。那時候內心的快樂，眞像義大利人哥倫布發現北美新大陸，晉朝武陵漁人發現世外桃源一樣。又像七寶樓臺頃刻之間呈現在眼前，天公的居所隨風而大開一樣。全世界人類都在屏氣凝神的等待他們傳遞進一步訊息，可是他們旣沒有看到吳剛所砍伐的桂樹，也沒有看到麗絕塵寰的嫦娥，僅僅拾取媧皇補天的石頭和封閉函谷關的泥土吧了。這一次登月壯擧可以說是世界上最稀奇的消息，因爲它是人類有史以來的破天荒第一遭啊。

也許有人認爲登月之擧，充分的發揮了人類的大無畏精神，開創歷史上的新紀元，固然是一件美事。然而月球上卻是一片不毛之地，業經太空人予以證實，那麼我國古時騷人墨客所歌詠的瓊樓玉宇，碧海青天，藉以寄託遐思，抒發靈感，不是馬上要減色了嗎。其實不然，科學家所要追求的是『眞』，而文學家所要追求的卻是『美』，價值的取向本來就不相同。有些人崇尙義理，有些人注重感情，性格的趨向也不相同。荀子的宇宙觀認爲天只是自然存在的物質，並不是人類的主宰者，這種無神論旣不減低教徒對上帝的崇拜，那麼太空人的登月之行又怎麼會妨碍文學家對月兒的玩賞呢。

至於太空人以雲爲梯，登上月球，更接近了南箕星和帝座星，向全世界宣布人類應當永遠和平共處，加強對冥漠太空的了解，如此則對於前賢所說的天人合一的要旨，得到一個更新的解釋。我謹向天帝默默的祈禱，希望人世間永遠沒有劫難，讓清明的月光千年萬世長照大地，也好讓我邀約良朋好友在月圓之時暢飲幾杯。

3 重修朝雲墓碑

樂鈞

紫蘭香徑。佳人葬骨之鄉㊀。青草平原。詞客招魂之地㊁。是以太原博士。製西子之挽歌㊂。同州使君。補清娛之墓志㊃。況復解禪天女。曾侍維摩㊄。投遠孤臣。獨攜通德㊅。釵分颶海。粉墮蠻煙。如東坡先生侍妾朝雲者乎。

爾乃明妃族姓。命薄桃花㊆。蘇小鄉親。家藏柳色㊇。青蓮胎性。不爲行雨之仙㊈。白玉鐫名。偶共吹篪之婢㊉。惟先生通犀自病。磨蝎爲仇。既忤鈞衡。爰乞符竹。看花吉祥之寺。棹舟明聖之湖(十一)。姬以待闕之鴛鴦。爲脫籠之鸚鵡(十二)。喬家碧玉。歌舞曾嫻。薛氏青衣。圖書特掌(十三)。小星一點。獲近文昌。片石三生。長依玉局(十四)。比之春娘換馬(十五)。溫女埋沙(十六)。斯獨幸矣。

已而眾煦漂山。二毛度嶺(十七)。謝公哀樂。已過中年(十八)。白傅謫遷。殊非樂土(十九)。雲房寄宿。況味則全似山僧。鶴觀移居。形容則方成病叟(二十)。於時楊花亂落。燕子爭飛。怨開閤之何遲。嘆辭樓之不早㉑。姬乃芳英戀樹。嬌鳥隨巢。井中之水無波㉒。雪後之松益翠。嗟乎。昌黎北使。侍女潛逃㉓。枚叔東歸。小妻不往㉔。彼何人哉。豈不以義非匹敵。身可去留。遂乃忍負前盟。甘爲怨偶。若姬之貞情獨摯。禪味同耽。伊可尚也。

然而瘴霧侵蒸。玉肌易瘦。炎雲鬱爍。冰胸詎耐。轉喉落淚。怕歌芳草之詞㉕。卻粉洗妝。懶作梨雲之夢㉖。金剛忽誦。歸臥竹根。瓊島孤行。難迎桃葉㉗。良足悲已。先生託詞么鳳。比曲哀蟬㉘。雖復心傷響板。淚零車鐸㉙。悽感之懷。曷以喻之。嗚呼。生無金屋之藏㉚。沒鮮玉魚之斂㉛。塔仙空禮㉜。山鬼爲鄰。憶母則錢塘潮高。望夫則釣臺鄉遠㉝。荒亭漏月。舊碣沈煙。靈蛻雖存。芳蹤漸沒矣。

夫其人稱仙妾。墓號賢姬。允宜推愛屋烏㉞。觸悲墳燕㉟。重鐫山骨㊱。式薦溪毛㊲。豈有樹不成圍。花無含萼。而聽樵蘇踐蘢。牧豎侵塋。榛蕪圮毀。如廢壘者焉。明湖十里㊳。春水猶香。小山四圍。晚霞如繡。立石奠埋香之宅。汀水伊侯㊴。濡毫灑墮淚之碑㊵。臨川樂子。

【題解】

朝雲，宋．錢塘名妓也，姓王氏，字子霞，麗質天生，風華絕代。英宗．治平十年，蘇軾通判杭州，納爲侍妾。初不識字，後從東坡學書，粗知楷法，並略聞佛理。哲宗．紹聖元年，東坡貶惠州，數妾均辭去，獨朝雲相隨南遷，先後歷二十三年，忠敬如一。生子遁，未百日而夭。紹聖三年秋七月，歿於嶺表，葬於惠州．栖禪寺松林中。今廣東．惠陽縣有朝雲墓。

東坡《朝雲詩》云：『世謂樂天有《粥駱馬放楊柳枝詞》，嘉其主老病不忍去也。然夢得有詩云：「春盡絮飛留不住，隨風好去落誰家。」樂天亦云：「病與樂天相伴住，春隨樊子一時歸。」則是樊素竟去也。予家有數妾，四五年相繼辭去，獨朝雲者隨予南遷，因讀《樂天集》，戲作此詩。朝雲姓王氏，錢塘人。嘗有子曰幹兒，未期而夭云。不似楊枝別樂天，恰如通德伴伶玄。阿奴絡秀不同老，天女維摩總解禪。經卷藥爐新活計，舞衫歌扇舊因緣。丹成逐我三山去，不作巫陽雲雨仙。』

又《悼朝雲詩》云：『紹聖元年十一月，戲作《朝雲詩》。三年七月五日，朝雲病亡於惠州，葬之栖禪寺松林中，東南直大聖塔。予既銘其墓，且和前詩以自解。朝雲始不識字，晚忽學書，粗有楷法，蓋嘗從泗上比丘尼義沖學佛，亦略聞大義，且死，誦《金剛經》四句偈而絕。苗而不秀豈其天，不使童烏與我玄。駐景恨無千歲藥，贈行惟有小乘禪。傷心一念償前債，彈指三生斷後緣。歸臥竹根無遠近，夜燈勤禮塔中仙。』」

本篇選自《國朝駢體正宗》卷十，慈谿・馮可鏞校云：『原集（案此指樂蓮裳所著《清芝山館詩文集》）『如廢壘者焉』以下接云：「客艭偶滯，冒雨來尋，村釀莫陳，持花申弔。巡愁臺而彳亍，仰徽靈而側傷。爰告太守伊侯亟加修葺，遂徵鄙製，將琢貞珉。屬工役未遑，故歲月不具，蓋有待耳。明湖十里，春水猶香，小山四圍，晚霞如繡。埋香之宅，生金之碑，以永斯邱，竝諗來者。」此當由曾氏（謂曾燠也）删削移綴。』

姚梅伯評曰：『芊緜其語，摧惻其懷。』張鞠齡曰：『極娟麗，極幽異，筆力奇峭，意境悲涼。』王均卿曰：『輕圓流利。』均屬的評。

【作　者】

樂鈞，字元淑，號蓮裳，清・江西・臨川人。嘉慶六年舉人，秀氣孤秉，翰藻紛陳。少時喜爲駢儷之文，務追古人不傳之隱。壯歲至京師，以才名歷遊王公卿相，然終無所遇。抑鬱無聊之餘，歸奉母僑居江淮間，南城・曾燠招寓題襟館中，遂得博覽羣籍，學乃日進。後負笈從翁方綱遊，治詩古文辭，卓然有成，論者謂江西詩人自鉛山・蔣心餘殂謝後，負盛名者惟蓮裳一人而已，洵非虛譽。著有《青芝山館詩文集》及《耳食錄》等，並傳於世。傳見《清史稿》卷四百九十，《清史列傳》卷七十二，《國朝先正事略》卷四十二。

【箋　注】

㈠紫蘭香徑佳人葬骨之鄉　李商隱詩：『蘇小小墳猶在否，紫蘭香徑與招魂。』又劉克莊詩：『吳兒解記眞娘墓，杭俗猶存蘇小墳。』案蘇小小，六朝時錢塘名妓也，才空士流，豔推國色。時語曰：『錢塘蘇小小，歌聲上林鳥。腰細楚王宮，楊柳搖春風。』今杭州西湖有墓在焉。

㈡青草平原詞客招魂之地　薛能《寒食曲江詩》：『曲水池邊青草岸，春風林下落花盃。』白居易詩：『寒食青青草，春風瑟瑟波。』招魂，謂召喚死者之靈魂也，《楚辭》有《招魂篇》，宋玉所作。王逸序曰：『宋玉憐哀屈原厥命將落，作《招魂》，欲以復其精神，延其年壽也。』

㈢太原博士製西子之挽歌　唐憲宗・元和年間，有太原人王炎者，博學多才，詞章工麗。一夕，夢遊吳宮，侍吳王夫差。有頃，聞宮中出輦鳴笳，吹簫擊鼓，言葬西施。王悲悼不已，立詔詞客作挽歌，炎遂應教。詩曰：『西望吳王國，雲車鳳字牌。連江起珠帳，擇水葬金釵。滿地紅心草，三層碧玉階。春風無處所，悽恨不勝懷。』詞進，王甚嘉之。及寤，能記其事云。見沈亞之《異夢錄》。

㈣同州使君補清娛之墓志　唐高宗・永徽時，褚遂良爲同州刺史，夜夢漢太史公司馬遷愛妾隨清娛來謁，覺而訪得其墓，命工葺治之，並爲撰墓誌。見《褚遂良帖》。

㈤解禪天女曾侍維摩　《維摩詰經・觀衆生品》：『天女居維摩詰室，與舍利弗發明禪理。維摩曰：「此天女已能遊戲，菩薩之神通也。」』案天女爲欲界天之女性，據佛經，色界以上諸天無淫欲，故無男女之相也。東坡《朝雲詩》：『阿奴絡秀不同老，天女維摩總解禪。』卽詠此。

㈥投遠孤臣獨携通德　伶玄《趙飛燕外傳．自敍》：『漢哀帝時，玄買妾樊通德，有才色，知詩書，頗能言趙飛燕姊弟故事。玄閒居命言，厭厭不倦，於是撰趙后別傳。』東坡《朝雲詩》：『不似楊枝別樂天，恰如通德伴伶玄。』此言朝雲隨東坡遠謫嶺表也。

㈦明妃族姓命薄桃花　漢元帝宮人王昭君，秭歸人，容貌之美，冠絕一時。年十七，居後宮，元帝按圖召幸，宮人皆賄畫工，昭君自恃其貌，獨不與，畫工乃惡圖之，久不見幸。會匈奴與漢和親，帝詔後宮欲至匈奴者起，昭君應之。及入辭於帝，豐容靚飾，光彩照人，顧影徘徊，悚動左右。帝悔恨交加，窮案其事，畫工毛延壽等皆棄市。而昭君竟行，沿途奏琵琶以寄其怨。晉時避司馬昭諱，改稱明君，後人又改稱曰明妃。事見蔡邕《琴操》。薛道衡《昭君詞》：『專由妾命薄，悞使君恩輕。』案朝雲姓王氏，與漢明妃同姓，故引以爲比。

㈧蘇小鄉親家藏柳色　《樂府廣題》：『蘇小小，錢塘名倡也，南齊時人。』韓翃《送王少府歸杭州詩》：『吳郡陸機稱地主，錢塘蘇小是鄉親。』白居易《杭州春望詩》：『濤聲夜入伍員廟，柳色春藏蘇小家。』案朝雲錢塘人，與蘇小小同鄉。

㈨青蓮胎性不爲行雨之仙　青蓮，花名，梵語優鉢羅之譯名，佛家以青蓮花比佛眼，唐．李白自號青蓮居士，卽取其清淨香潔，不染纖塵也。李綱《蓮花賦序》：『釋氏以蓮花喻性，蓋以其植根淤泥而能不染，發生清淨殊妙香色，非他草木之花可比，故以爲喻。』《文選》宋玉《高唐賦序》：『楚襄王與宋玉遊於雲夢之臺，望高唐之觀，上有雲氣。王問玉曰：「此何氣也。」

玉曰：「所謂朝雲也。」王曰：「何謂朝雲。」玉曰：「昔者先王嘗遊高唐，怠而晝寢，夢見一婦人曰：『妾巫山之女也，爲高唐之客，聞君遊高唐，願薦枕席。』王因而幸之。去而辭曰：『妾在巫山之陽，高丘之阻，旦爲朝雲，暮爲行雨，朝朝暮暮，陽臺之下。』」案後世稱男女歡合之所曰巫山，曰陽臺，又稱歡合之事曰雲雨，皆出於此。二句言朝雲性行貞潔，非輕佻如巫山神女之無媒自獻可比也。東坡《朝雲詩》：『丹成逐我三山去，不作巫陽雲雨仙。』

⑩白玉鐫名偶共吹箎之婢　《敦煌紀年》：『桀伐岷山，岷山莊王獻二女，曰琬，曰琰，桀愛二女，斵其名於苕華之玉，苕是琬，華是琰也。』楊衒之《洛陽伽藍記》：『後魏・河間王・琛妓女三百人，皆國色，有婢曰朝雲，善吹箎，能爲團扇歌，隴上聲。琛爲秦州刺史，諸羌叛，屢討不降，琛令朝雲假爲貧嫗，吹箎而乞，諸羌聞之，皆流涕相謂曰：「何爲棄墳井在山谷爲寇也。」遂相率降。秦氏語曰：「快馬健兒，不如老嫗吹箎。」』言與後魏・朝雲俱流芳百世也。

⑪先生通犀自病至棹舟明聖之湖　言東坡於宋哲宗・元祐四年以論事忤於當道，遂請外放杭州也。通犀，通天犀也，一名駭雞犀，犀有神異，表靈以角，角中央色白通兩頭，故又有靈犀之稱。李商隱《無題詩》：『心有靈犀一點通。』蓋以喻兩心相印也。又段成式《酉陽雜俎》：『犀角通者是其病，然其理有倒插正插腰鼓插者。』東坡《答李端叔書》：『木有瘿，石有暈，犀有通，以取妍於人，皆物之病也。謫居無事，默自觀省。回視三十年以來所爲，多其病者。足下所見皆故我，非今我也，無乃聞其聲不考其情，取其華而遺其實乎。』磨蝎，一作摩羯，天文學名詞，亦名山羊宮。蘇軾《東坡志林》：『韓退之《三星行詩》：「我生之辰，月宿南

斗。牛奮其角，箕張其口。牛不見服箱，斗不挹酒漿。箕獨有神靈，無時停簸揚。」乃知退之磨蝎為身宮，僕以磨蝎為命宮，平生多得謗譽，殆同病也。』鈞衡，皆所以量物，因借為評量人才之義，此處引伸謂秉持國政者。符竹，古時用為憑信之具，上刻文字，剖分為左右兩半，如朝廷與外官，兩方欲執以為信，則半存朝廷，半付外官。朝廷有事，遣使持半符至，外官復用半符勘合之，以驗眞偽。吉祥寺，在今浙江・長興縣・太湖西南岸。東坡《獨遊吉祥寺詩》：『何人更似蘇夫子，不是花時肯獨來。』明聖湖，西湖舊名。

㉓姬以待闕之鴛鴦為脫籠之鸚鵡　言朝雲本為錢塘名妓，猶是待闕之鴛鴦，其後歸依東坡，則為脫籠之鸚鵡矣。張泌《妝樓記》：『唐・朱子春未婚，先開房室，帷帳甚麗，以待其事，時人謂之待闕鴛鴦社。』《東坡集》：『杭州名妓周韶知詩，子容過杭，述古飲之，求落籍，子容曰：「可作一絕。」援筆立成。曰：「隴上巢空歲月驚，忍看回首自梳翎。開籠若放雪衣女，應念觀音般若經。」韶時衣白，一座嗟歎。遂落籍。』

㉔喬家碧玉四句　言其雅善歌舞，兼曉詩書也。東坡《悼朝雲詩序》云：『朝雲始不識字，晚忽學書，粗有楷法。』洪邁《侍兒小名錄》：『唐右司郎中馮翊・喬知之有婢曰碧玉，美丰姿，善歌舞，知之為之不婚。武承嗣借以教諸姬，遂留不還。知之作《綠珠怨詩》以寄之，碧玉得詩飲泣，蹈井而死。』楊巨源《紅線傳》載唐・潞州節度使薛嵩家有靑衣女俠紅線者，善彈曲，通經史，嵩遣掌牋表，號曰內記室。時魏博節度使田承嗣將併潞州，嵩旁皇無計，紅線夜到魏郡，入田寢所，取其牀頭金合歸，以示儆戒。嵩因遣書承嗣，以金合還之，曰：『便宜知過

自新，不復更貽伊戚。』承嗣遣使謝嵩。紅線亦辭去，不知所終。

㈣小星一點四句　言朝雲下嫁東坡爲侍妾乃是前定之因緣也。小星，衆星之無名者。《詩經・召南》有《小星》之篇，序謂后妃不妒忌以惠其下，故其衆妾進御於君，不敢當夕，見星而往，見星而還。後人因以小星喻妾。文昌，星名，亦稱文星，星宿之主文運者，卽文曲星也。相傳文昌星暗，科場當有事。見裴庭裕《東觀奏記》。三生石，在浙江・杭州・天竺寺後山。唐・李源與圓觀善，圓觀將亡，約死後十二年在杭州天竺寺相見，及期，源到寺前，有牧豎歌曰：『三生石上舊精魂，賞月吟風不要論。慚愧情人遠相訪，此身雖異性長存。』牧童卽圓觀之託身。見袁郊《甘澤謠・圓觀傳》。按此乃宣揚佛教輪迴宿命之故事，後人又加傅會，指天竺寺後之山石爲三生石，謂李源與圓觀卽在此處相會，詞章家遂以三生石作爲因緣前定之典故。玉局，道觀名，在四川・成都縣南楊柳隄，宋徽宗・建中靖國元年，東坡出任玉局觀提擧，卽此。

㈤春娘換馬　相傳蘇東坡被謫嶺南，友人欲以駿馬易其豔婢春娘，東坡作詩答應：『春娘此去太匆匆，不敢啼聲在恨中。只爲山行多險阻，敢將紅粉換追風。』春娘知此事後，悲憤難忍，口占一絕云：『爲人莫作婦人身，百般苦樂由他人。今日始知人賤畜，此生苟活怨誰嗔。』吟罷下階，以頭猛撞槐樹而死。

㈥溫女埋沙　《古今詞話》引《女紅餘志》：『惠州・溫氏女超超，年及笄，不肯字人，聞東坡至，喜曰：「我婿也。」日徘徊窗外，聽公吟詠，覺則亟去。東坡知之，乃曰：「吾將呼王郎與子爲姻。」及東坡渡海歸，超超已卒，葬於沙際。公因作《卜算子》云：「缺月挂疏桐，漏斷人初靜。時見幽人獨往來，縹渺孤鴻影。驚起卻回頭，有恨無人省。揀盡寒枝不肯棲，楓落吳江冷。』

⑰眾呴漂山二毛度嶺 《漢書・中山靖王傳》：『夫眾呴漂山，聚蚊成雷。朋黨執虎，十夫橈椎。是以文王拘於牖里，孔子阨於陳蔡。此乃烝庶之成風，增積之生害也。』顏師古注：『呴，吹也。漂，動也。』東坡《八月七日初入贛過惶恐灘詩》：『七千里外二毛人，十八灘頭一葉身。山憶喜懽勞遠夢，地名惶恐泣孤臣。』人屆中年，鬢髮逐漸斑白而有二色，故謂半老之人曰二毛人。二句言東坡遠謫也。

⑱謝公哀樂已過中年 《世說・言語篇》：『謝太傅語王右軍曰：「中年傷於哀樂，與親友別，輒作數日惡。」王曰：「年在桑榆，自然至此，正賴絲竹陶寫，恆恐兒輩覺，損欣樂之趣。」』

⑲白傅謫遷殊非樂土 唐詩人白居易，字樂天，太原人，貞元十六年進士，開成初，拜太子少傅，世稱白傅。 元和十年，以直言為當道所忌，左遷江州司馬。明年秋，送客湓浦口，夜聞鄰舟琵琶聲，蓋有不勝其幽怨之情者，因作《琵琶行》以寄其遷謫之意。詞中有『我從去年辭帝京，謫居臥病潯陽城』。事見《唐書》本傳及《白氏長慶集》。

⑳雲房寄宿四句 述東坡顛連顑頷，不勝謫居之苦也。東坡《上元夜詩》：『今年江海上，雲房寄山僧。』又《觀碁詩序》：『予素不解碁，嘗獨遊廬山白鶴觀，觀中人皆闔戶晝寢，獨聞碁聲於古松流水之間，意欣然喜之。』又《蜜酒詩》：『質非文是終難久，脫冠還作扶犁叟。』

㉑怨開閣之何遲歎辭樓之不早 言東坡南遷時，諸姬妾均紛紛求去也。 《世說新語・豪爽

篇》：『王處仲（王敦）世許高尚之目，嘗荒恣於色，體爲之敝，左右諫之。處仲曰：「吾乃不覺耳，如此者，甚易耳。」乃開後閤，驅諸婢妾數十人出路，任其所之，時人歎焉。』杜牧《阿房宮賦》：『妃嬪媵嬙，王子王孫，辭樓下殿，輦來於秦，朝歌夜絃，爲秦宮人。』

㉒井水無波　孟郊《烈女操》：『梧桐相待老，鴛鴦會雙死。貞婦貴殉夫，捨生亦如此。妾心古井水，波瀾誓不起。』白居易《寄贈元九詩》：『無波古井水，有節秋竹竿。』世謂寡婦之絕不動情者曰古井無波，言如枯竭之古井不起波瀾也。

㉓昌黎北使侍女潛逃　王讜《唐語林》：『韓退之侍姬，一名絳桃，一名柳枝，退之奉使王庭湊，柳枝竄去。及鎮州初歸，詩曰：「別來楊柳街頭樹，亂擺春風只自飛。唯有小桃園裏住，留花不發待郎歸。」自是專屬意絳桃矣。』

㉔枚叔東歸小妻不往　《漢書．枚乘傳》：『枚乘字叔，淮陰人。景帝召拜弘農都尉。乘不樂郡吏，以病去官，遊梁，孝王薨，歸淮陰。孽子皋，字少孺。乘在梁時，娶皋母爲小妻，乘之東歸也，皋母不肯隨乘，乘怒，分皋數千錢，留與母居。』

㉕芳草詞　蘇軾《蝶戀花詞》：『花褪殘紅青杏小，燕子飛時，綠水人家繞。枝上柳綿吹又少，天涯何處無芳草。牆裏秋千牆外道，牆外行人，牆裏佳人笑。笑漸不聞聲漸悄，多情卻被無情惱。』按《林下詞談》云：『子瞻在惠州，與朝雲閒坐，時青女初至，落木蕭蕭，淒然有悲秋之意，命朝雲把大白，唱「花褪殘紅」。朝雲歌喉將轉，淚滿衣襟。子瞻詰其故，答曰：「奴所不能歌是『枝上柳綿吹又少，天涯何處無芳草』也。」子瞻翻然大笑曰：「是吾正悲秋，而汝

又傷春矣。」遂罷。朝雲不久抱疾而亡，子瞻終身不復聽此詞。』

㉖梨雲夢　朝雲逝後，東坡作《西江月詞》以悼之云：『玉骨那愁瘴霧，冰姿自有仙風。海仙時過探芳叢。倒掛綠毛幺鳳。素面翻嫌粉涴，洗妝不褪脣紅。高情已逐曉雲空。不與梨花同夢。』按下文『託詞幺鳳』亦自此出。

㉗金剛忽誦四句　言其香消玉殞也。東坡《悼朝雲詩引》云：『朝雲且死，誦《金剛經》四句偈而絕。』又《悼朝雲詩》云：『歸臥竹根無遠近，夜燈勤禮塔中仙。』瓊島，海南島之別稱。宋哲宗・紹聖、元符間，東坡以別駕安置昌化軍，昌化即今廣東・海南島・昌江縣。桃葉，晉・王獻之之愛妾，其妹曰桃根，獻之嘗臨渡作歌以送之。其詞曰：『桃葉復桃葉，渡江不用楫。但渡無所苦，我自來迎汝。』見《古今樂錄》。案獻之送桃葉處，在今南京市秦淮河與青溪合流處，後人名其地曰桃葉渡。

㉘託詞幺鳳比曲哀蟬　言朝雲病歿，東坡爲詞以悼之也。幺鳳，鳥名，即桐花鳳，已見前注。王嘉《拾遺記》：『漢武帝思懷往者李夫人不可復得，因賦《落葉哀蟬》之曲，悲不自止。』

㉙心傷響板淚零車鐸　言朝雲死後，東坡哀痛欲絕也。趙令時《侯鯖錄》：『宋・蔡確貶新州，有侍兒名琵琶，嘗養一鸚鵡甚慧，確每呼琵琶，即叩一響板，鸚鵡即傳言呼之。及琵琶卒，偶叩響板，鸚鵡猶傳呼琵琶，乃感傷成疾，賦詩曰：「鸚鵡言猶在，琵琶事已非。傷心瘴江水，同渡不同歸。」』竇鞏詩：『芳菲美豔不禁風，未到春殘已墜紅。惟有側輪車上鐸，耳邊常似叫東東。』（案東東為鞏所眷妓名）

㉚金屋　極言屋之華麗也。漢・陳嬰曾孫女名阿嬌，其母爲武帝姑館陶長公主。武帝幼時，長公主抱置膝上，問曰：『兒欲得婦否。』並指阿嬌曰：『好否。』帝笑對曰：『若得阿嬌，當以金屋貯之。』主大悅。後因要帝成婚，帝既即位，立爲皇后。見班固《漢武故事》。世謂營華屋以居其所愛之女子者曰金屋藏嬌，即本此。

㉛玉魚　刻玉爲魚形也，古用以殉葬。杜甫《諸將詩》：『昨日玉魚蒙葬地，早時金盌出人間。』尹廷高《會稽古陵詩》：『池冷玉魚猶未朽，海深金鴈亦能飛。』

㉜塔仙　東坡《悼朝雲詩》：『歸臥竹根無遠近，夜燈勤禮塔中仙。』王十朋集注：『塔中仙，指言大聖塔也。』

㉝釣臺　廣東・海南島・崖縣南二十里海濱有巨石突起，曰釣臺，宋哲宗時，東坡謫居於海南島，故作者引之。

㉞推愛屋烏　劉向《說苑》：『周武王克殷，召太公而問曰：「將奈其士衆何。」太公對曰：「臣聞愛其人者兼愛屋上之烏，憎其人者惡其餘胥，咸劉厥敵，使靡有餘，何如。」』杜甫《贈射洪李四丈詩》：『丈人屋上烏，人好烏亦好。』今謂推愛曰愛屋及烏，本此。

㉟觸悲墳燕　李公佐《燕女墳記》：『宋末，女子姚玉京，室有雙燕，一爲鷙鳥所獲，其一啾啾翔集玉京之臂，玉京以紅縷繫足，明年復來，凡六七歲。玉京遇疾死，明年燕來，窺窗無人，周回累夕，姚氏語墳在南郭可往，燕遂至墳所，悲鳴而絕。』

㊱山骨　謂石也。歐陽修《吳學士石屏歌》：『虢公刳山取山骨，朝鑱暮斲非一日。』元好問《別

李周卿詩》：『溪光淡於冰，山骨淨如玉。』

㊲溪毛　謂溪間水藻也。《左傳》隱公三年：『君子曰：「苟有明信，澗溪沼沚之毛，蘋蘩蘊藻之菜，筐筥錡釜之器，潢汙行潦之水，可薦於鬼神，可羞於王公。」』范成大詩：『喜有過從南北巷，蘇蘭薪桂瀹溪毛。』

㊳明湖　今廣東·惠陽縣城西有豐湖，廣袤十餘里，亦曰西湖。東坡謫居惠州時，築堤於其左，人稱蘇公堤。湖濱則朝雲之墓在焉。

㊴汀水伊侯　謂伊秉綬也，秉綬字組似，號墨卿，清·福建·寧化人，乾隆五十四年進士，授刑部主事。嘉慶中，擢員外郎，出知惠州，懲治豪滑海盜，捌建豐湖書院，民爭頌之。工詩，尤精篆隸，清秀古媚，卓絕一時，與桂馥齊名。所著有《留春草堂詩集》、《坊表錄》等行於世。見《清史列傳》。案汀水一名汀江，源出福建·寧化縣，南流入廣東省境爲韓江，注入南海。

㊵墮淚碑　亦曰峴山碑，又曰羊碑。晉武帝時，羊祜出鎮襄陽，綏懷遠近，甚得江漢之心，在鎮常輕裘緩帶，身不披甲，與吳·陸抗對境。及病卒，襄陽百姓懷之，乃於峴山祜平生觴詠之所，建碑立廟，歲時饗祭，望其碑者，罔不流涕，杜預因名爲墮淚碑。見《晉書·羊祜傳》。李涉詩：『歇馬獨來尋故事，逢人惟說峴山碑。』劉孝綽《棲隱寺碑銘》：『召棠且思，羊碑猶泣。』皆詠此也。

【通　釋】

紫蘭香徑，是埋葬美人的地方，青青草原，是文人招魂的所在。所以唐朝博士太原人王炎，曾作輓歌以哀悼西施，同州刺史褚遂良曾爲司馬遷的愛妾隨清娛作墓誌。何況是蘇東坡的侍妾朝雲，既通禪學，又講義氣，獨自跟隨夫君遠適蠻荒，魂斷嶺表。像這樣的一代奇女子，能够不加以表揚嗎。

朝雲和王昭君同姓，和蘇小小同鄉，容貌艷麗，風姿綽約，卻同樣是紅顏薄命。她本性貞潔，不同於巫山神女，而與北魏的朝雲才華相當，都足以流芳百世。宋哲宗・元祐四年，蘇東坡因討論國是，與當軸諸公意見不合，自請外放杭州。那時朝雲在杭州當藝妓，由於能歌善舞，頗具慧根，爲東坡所賞識，並納爲侍妾。朝雲在東坡長期薰陶之下，逐漸通曉詩書，而成爲東坡處理文牘的最佳幫手。這和東坡打算送給友人作妾以換得駿馬的春娘，以及想嫁給東坡作如夫人，卻沒有成功，死後葬在沙石堆裏的溫超超比起來，要幸運多了。

不久，東坡受到一羣小人的陷害，被貶到嶺南地區，心情正像中年時期的謝安，每每傷於哀樂，又像謫居潯陽的白居易，不能適應南方的水土。在旅途中，多寄宿在寺廟裏，生活如同山僧，身體虛弱多病。這時身邊的婢妾們都紛紛求去，只有志節堅貞的朝雲相隨南遷而已。從前韓愈出使北方時，侍妾柳枝卻偸跑了。枚乘歸故鄉時，小妻卻不肯跟隨。這兩名女子都是辜負丈夫，製造家庭糾紛。像朝雲對丈夫這樣的專情，又樂意和丈夫同甘共苦，是値得後人尊敬的。

但是朝雲體素羸弱，加上蠻煙瘴霧的侵襲，她的心碎了，她的夢也破了，最後竟死在惠州，不能隨夫君一起到海南島。東坡在傷心之餘，寫了許多詩詞來哀悼她，那種悽惻孤寂的心情，實在不是筆墨所能形容的。唉，可憐的朝雲啊，生前既不曾過過一天好日子，死後也沒有名貴金飾陪葬，和塔寺爲伴，和山鬼爲鄰，懷念母親，瞻望夫君，路途遙遠，都成虛願。時日既久，一抔荒墳全被荒煙蔓草所包圍了。

朝雲生前被譽爲仙妾，死後墳墓也被稱爲賢姬，我們應該尊敬她，把她的墓碣重新修建，以免被牧童樵夫任意踐踏，像一個廢棄的堡壘一樣。她的墳墓旁邊有豐湖，廣袤十里，春水芳香，四周還有小山環繞着，晚霞像錦綉一般，美麗極了。重修墓碑的是汀水伊秉綬，揮淚寫碑文的是臨川樂鈞。

4 洪稚存同年機聲燈影圖序

吳錫麒

（一）舊式排列法

於扶翹布華之日㊀。而念含霜負雪之辰㊁。豈不今昔殊觀。榮悴異致哉。然而陔悲蘭敗㊂。邑愴烏傷㊃。栝棬僅存。晨昏根觸㊄。畫荻之教。尚憶乎之無㊅。鑿楹之書。能傳其讀若㊆。昊天罔極。白雲渺然㊇。何及之嗟。啜其泣矣㊈。

洪子稚存。少失乾蔭。爰依外家㊉。我生不辰。母氏勞苦。糧無越宿。一瓢之飲兼充(十一)。綿定奇溫。九月之衣待授(十二)。翛翛予尾。夭夭此心(十三)。共指南樓。當成宅相(十四)。漫云西塾。大得師風(十五)。蓋惟太夫人茹苦訓心。折葼勵志(十六)。用能染其丹彩。成此鉛華。乃沈淵之劍將飛。而銜索之魚已蠹(十七)。

迨庚戌稚存以第二人及第(十八)。而太夫人之即世也十餘年矣。每憶壞壁蘿懸。

破窗紙裂。咿唔課讀。宛轉鳴機。聲易淒迷。寡女千絲之淚(九)。光何慘淡。貧家一盌之燈。攙砌蟀以鳴秋。雜水螢而閃夏(十)。麻衣對母(十一)。錦字教兒(十二)。馳夕如梭。焚膏易盡。鄰夢醒而殘音未歇。漁謳動而微火猶明。故事流傳。平生閱歷。此情此景。不能忘也。於是表苦節之貞。志傷心之事。楮毫斯託。栩棘重看(十三)。清風入幃。影幢幢其欲焰。寒月在闥。聲軋軋其可聞。欲尋前度之黃昏。空慘今番之白日。自比卷施之草(十四)。將廢蓼莪之詩(十五)。此則五鼎之陳。不如負東郭之米也(十六)。三騶之駕。不如樹北堂之萱也(十七)。

昔有著誓墓之文。寄清襟於山水(十八)。抱守廬之志。動靈感於飛征者(十九)。要皆高世之才。不愧終身之慕(二十)。君果忘情黻冕。雅意煙蘿(二一)。習曾子之傳。好由也之勇(二二)。則梅花百本。江水一灣。營異日之菟裘(二三)。傍先人之馬鬣(二四)。秋墳可唱(二五)。野火常明(二六)。生寄死歸(二七)。達哉斯旨。顧我復我(二八)。請終依二老之魂。松耶柏耶。且待樹十年之木(二九)。

〔二〕新式排列法

於
扶翹布華之日。而念
含霜負雪之辰。
豈不
今昔殊觀。
榮悴異致哉。
然而
陔悲蘭敗。
邑愴烏傷。
栖棬僅存。
晨昏根觸。
畫荻之教。尚憶乎之無。
鑿楹之書。能傳其讀若。
昊天罔極。
白雲渺然。
何及之嗟。
啜其泣矣。第一段

洪子稚存
少失乾蔭。
爰依外家。
我生不辰。
母氏勞苦。
糧無越宿。一瓢之飲兼充。
綿定奇溫。九月之衣待授。
翛翛予尾。
夭夭此心。
共指南樓。當成宅相。
漫云西塾。大得師風。

蓋惟太夫人
茹苦訓心。
折蔆勵志。
用能
染其丹彩。
成此鉛華。
乃沈淵之劍將飛。
而銜索之魚已蠹。第二段
迨庚戌稚存以第二人及第。而太夫人之卽世也十餘年矣。每憶
壞壁蘿懸。
破窗紙裂。
咿唔課讀。
宛轉鳴機。
聲易淒迷。寡女千絲之淚。
光何慘淡。貧家一盌之燈。
擾砌蟀以鳴秋。
雜水螢而閃夏。
麻衣對母。
錦字教兒。
馳夕如梭。
焚膏易盡。
鄰夢醒而殘音未歇。
漁謳動而微火猶明。
故事流傳。
平生閱歷。
此情此景。不能忘也。於是
表苦節之貞。
志傷心之事。
楮毫斯託。
栩棘重看。
清風入幃。影幢幢其欲焰。
寒月在闥。聲軋軋其可聞。

欲尋前度之黃昏。
空慘今番之白日。
自比卷施之草。
將廢蓼莪之詩。

此則
五鼎之陳。不如負東郭之米也。
三騶之駕。不如樹北堂之萱也。第三段

昔有
著誓墓之文。寄清襟於山水。
抱守廬之志。動靈感於飛征者。
要皆高世之才。
不愧終身之慕。

君果
忘情黼冕。
雅意煙蘿。
習曾子之傳。
好由也之勇。

則
梅花百本。
江水一灣。
營異日之菟裘。
傍先人之馬鬣。
秋墳可唱。
野火常明。

生寄死歸。達哉斯旨。
顧我復我。請終依二老之魂。
松耶柏耶。且待樹十年之木。第四段

【題　解】

洪稚存，名亮吉，一字君直，號北江，清・江蘇・陽湖人。生於乾隆十一年，卒於嘉慶十四年（西元一七四六——一八〇九年），年六十四。

北江生六歲而孤，依外家讀書，穎悟異常兒，晚自塾歸，母蔣氏篝燈課讀，機聲軋軋，與書聲相間，恆至雞鳴不輟，閭里美之。乾隆五十五年進士，授編修。嘉慶時，因上書批評朝政，被謫戍伊犂，不久赦還，改號更生居士。博覽羣書，精硏經史、音韻訓詁及輿地學，詩文亦名家。經學與孫星衍齊名，駢文與汪中齊名，詩則與黃景仁並稱。著有《洪北江全集》等十餘種。

同年，卽同歲，作者與洪氏均生於乾隆十一年，故以同年相稱。又科擧時代，凡同榜及第之人均互稱曰同年。作者與洪氏進士及第並非同榜，不宜以同年相稱。題云同年，當指前者。

機聲燈影圖，爲北江倩人繪其母守節撫孤、燈下課子之狀。《淸史列傳》云：『亮吉父名翹，字午峯，娶武進蔣氏。亮吉未及命名而孤，母賢明，督課嚴，風雪夜，受經至雞鳴。亮吉純孝，旣壯，爲嬰兒戲娛母。家貧，槖筆出遊，節所入養母。及歸，聞凶耗，慟絕，墜水，得救免。』

本篇選自《有正味齋駢體文集》，所以表揚洪母之苦節，並稱美北江之孝思。與蔣士銓之《鳴機夜課圖記》並稱淸代歌頌慈母鳴機夜課之兩大名作，同爲天地間之至文。

【作　者】

吳錫麒，字聖徵，號穀人，清・浙江・錢塘人，生於乾隆十一年，卒於嘉慶二十三年（西元一七四六——一八一八年），年七十三。

穀人生而聰穎，博極羣書。乾隆四十年進士，授編修，累官至國子監祭酒。晚年居揚州，主講安定、樂儀兩書院，裁成極衆。著有《有正味齋集》七十三卷。

穀人之文，各體皆工，而駢文尤高視一代，修辭者咸以爲北斗南車。吳鼒選四六，與邵齊燾、劉星煒、孔廣森、孫星衍、洪亮吉、袁枚、曾燠並稱清代駢文八大家。迺論者謂其委婉澂潔，意主近人，圓美可誦，而古義稍失。不知穀人所爲，固合漢、魏、六朝、唐人爲一爐而冶之者，不矜奇，不恃博，詞必澤於經史，體必準乎古初，吳鼒所謂『胎息既深，神采自王』，絕非虛譽。

【箋注】

㈠扶翹布華　翹，謂英也，亦指花。柳宗元《答問》：『觀今之賢智，莫不舒翹揚英，推類援朋。』陸雲《贈顧尚書詩》：『積簣爲山，納流成淵，扶翹布華，養物作春。』此以喻春風得意之時。

㈡含霜負雪　劉楨《魯都賦》：『竹則塡彼山陔，根彌阪域，蒙雪含霜，不渝其色。』此以喻貧困潦倒之時。

㈢陔悲蘭敗　《詩經・小雅》有《南陔》篇，《詩序》謂孝子相戒以養之詩，今但存篇目而亡其辭，晉・束晳補之，載《文選》卷十九。其辭曰：『循彼南陔，言采其蘭。眷戀庭闈，心不遑安。彼居之子，罔或遊盤。馨爾夕膳，潔爾晨餐。』李善注：『采蘭以自芬香也，循陔以采香草者，將以供養其父母。』陔，田埂。

㊃邑愴烏傷　東漢時，有東陽人顏烏者，賦性淳孝，遐邇知名，父亡故，負土成冢，羣烏啣土助之，烏吻皆傷，後卽其處立縣，名曰烏傷。事見劉敬叔《異苑》。案《清一統志》云：漢・東陽人顏烏以淳孝著聞，有羣烏銜鼓集烏所居之村，烏口皆傷，鄉人以爲烏至孝，故慈烏銜鼓欲令烏之孝聲遠聞，卽於鼓處置縣，而名之曰烏傷。唐於縣置綢州，改烏傷爲義烏，卽今浙江・義烏縣也。以上二句喻親亡而不得奉養。

㊄桮棬僅存晨昏棖觸　桮棬，亦名杯圈，屈木所爲，古爲盛羹注酒及盥洗等器之通名。《禮記・玉藻》：『父沒而不能讀父之書，手澤存焉爾。母沒而杯圈不能飲焉，口澤（謂口液所潤也）之氣存焉爾。』孔穎達疏：『書是男子之所有，故父言書。杯圈是婦人所用，故母言杯圈也。言孝子母沒之後，母之杯圈不忍用之飲焉，謂母平生口飲潤澤之氣存在焉，故不忍用之。』棖觸，心有所感動也。李商隱《戲題樞言草閣詩》：『君時臥棖觸，勸客白玉杯。苦云年光疾，不飲將安歸。』此言母沒而遺物猶存，覩之令人神傷也。

㊅畫荻之教尚憶乎之無　《宋史・歐陽修傳》：『修四歲而孤，母鄭氏親誨之學，家貧，至以荻畫地學書。』後世常引此事以稱頌母教。《唐書・白居易傳》：『其始生七月能展書，姆指「之」「無」兩字，雖試百數不差。九歲暗識聲律。其篤於才章，蓋天稟然。』今俗識字無多者曰略識之無，本此。

㊆鑿楹之書能傳其讀若　《晏子春秋・雜篇》：『晏子病，將死，鑿楹納書焉。謂其妻曰：「楹

語也，子壯而示之。」』李商隱詩：『經出宣尼壁，書留晏子楹』，即用此事。後因謂先人所遺書籍曰楹書。讀若，謂甲字讀若乙字之音，爲漢儒訓讀之法，蓋古無反切，字音只云『讀若某』。趙頤光《說文長箋・凡例》云：『古無音切二法，音聲之道無邊，而同音者甚少，故許氏但有讀若，若者，猶言相似而已。』案古書中尚有讀如、讀爲、讀當爲之例，許氏《說文》列述甚詳，不遑徧舉矣。此言其外祖母家藏書甚豐，稚存得其薪傳，遂亦精通音韻訓詁之學。

㊇昊天罔極白雲渺然　昊天，天之泛稱也。《詩經・小雅・蓼莪》：『父兮生我，母兮鞠我。拊我畜我，長我育我。顧我復我，出入腹我。欲報之德，昊天罔極。』鄭玄箋：『之，是也，我欲報父母是德，昊天乎，我心無極。』朱子集傳：『言父母恩之大，如天無窮，不知所以爲報也。』白雲，以喻思親。《唐書・狄仁傑傳》：『薦授并州法曹參軍，親在河陽，仁傑登太行山，反顧，見白雲孤飛，謂左右曰：「吾親舍在其下。」瞻悵久之，雲移乃得去。』二句言親恩浩大，欲報無從也。

㊈何及之嗟啜其泣矣　痛慈親之亡，不及奉養也。《詩經・王風・中谷》：『有女仳離，啜其泣矣。啜其泣矣，何嗟及矣。』啜，泣貌。（此段敘稚存篤孝，傷父母已逝，報德無從，作一總冒。）

㊉少失乾蔭爰依外家　少失乾蔭，謂幼喪父而失所庇蔭也。《易經》有《乾》《坤》二卦，乾以象天，坤以象地，故借爲父母之稱。詳《易經・說卦》。《京氏易傳》云：『乾象堅剛，天地之尊，故曰君父。』《南史・袁昂傳》：『夙以不天，幼傾乾蔭，資敬未奉，過庭莫承。』外家，謂母之父母家也。案稚存六歲喪父，七歲隨母蔣氏暨三姊一弟寄居外家，《北江集》中有《外家紀

聞》，備言其事。

㈡糧無越宿一瓢之飲兼充　糧無越宿，言無隔夜之糧也。一瓢飲，極言其貧困也。《論語・雍也篇》：『子曰：「賢哉回也，一簞食，一瓢飲，在陋巷，人不堪其憂，回也不改其樂，賢哉回也。」』案回，顏回也。後人本此，每以簞食瓢飲爲安貧守儉之辭。

㈢綿定奇溫九月之衣待授　言稚存幼時家貧，無綿衣以禦寒也。《南史・隱逸傳》：『朱百年家貧，母以冬月亡，衣並無絮，自此不衣綿帛。嘗寒時就孔顗宿，衣悉裌布，飲酒醉眠，顗以臥具覆之。百年既覺，謂顗曰：「綿定奇溫。」因流涕悲慟。』《詩經・豳風・七月》：『七月流火，九月授衣。』毛氏傳：『九月霜始降，婦功成，可以授冬衣矣。』杜甫《雨詩》：『多病久加飯，衰容新授衣。』唐國學每歲五月有田假，九月有授衣假。見《唐書・選舉志》。

㈢翛翛予尾夭夭此心　翛翛，鳥羽勞敝貌。《詩經・豳風・鴟鴞》：『予羽譙譙，予尾翛翛，予室翹翹，風雨所漂搖，予維音嘵嘵。』鄭玄箋：『言己勞苦甚。』孔穎達疏：『鴟鴞言作巢之苦，手口既病，羽尾殺敝，乃有此室巢。以喻先王勤脩德業，勞神竭力，得成此王業。』夭夭，木少盛貌。《詩經・邶風・凱風》：『凱風自南，吹彼棘心。棘心夭夭，母氏劬勞。』孔穎達疏：『言凱樂之風，從南長養之方而來，吹彼棘木之心，故棘心夭夭然得盛長。以興寬仁之母以己慈愛之情，養我七子之身，故七子皆得少長。然棘，木之難長者，凱風吹而漸大。猶七子亦難養者，慈母養之以成長，我母氏實亦劬勞病苦也。』案《詩序》云：『《凱風》，美孝子也。衞之淫風流行，雖有七子之母，猶不能安其室，故美七子能盡其孝道，以慰其母心而成其志爾。』二句言其母因教養兒女而身心交瘁也。

㊃共指南樓當成宅相　《晉書・魏舒傳》：『舒少孤，爲外家寗氏所養。寗氏起宅，相宅者云：「當出貴甥。」舒曰：「當爲外祖成此宅相。」』後因以宅相爲外甥之美稱。梁武帝《贈亡舅張弘籍詔》：『雖宅相克成，輅車靡贈，興言永往，觸目慟心。』南樓，指稚存外祖母龔氏怡老之室，稚存少時寄居外家，爲龔氏所鍾愛，龔氏取南樓藏書以贈之，冀其成大器也。稚存嘗撰《南樓贈書圖記》（見《卷施閣文》乙集卷四），敘其事甚詳。

㊄漫云西塾大得師風　《北齊書・元文遙傳》：『文遙令其子行恭與虞思道遊，嘗謂思道曰：「小兒白擲劇飲，可謂甚得師風。」』呂培《北江年譜》云：『先生年二十二歲，適汪氏姊以先生制義不進，因與蔣太宜人謀，復令先生在張王廟西潘氏塾，從時月圃先生元福受作文法。』大得師風，謂制義甚得師法。西塾，謂稚存所就讀之潘氏家塾。

㊅折葼　葼，木之細枝也。揚雄《方言》：『木細枝謂之杪，青、齊、兗、冀之間謂之葼。故傳曰：「慈母之怒子也，雖折葼笞之，而慈惠存焉。」』李軌注：『言教在中也。』後人稱頌母教，多引用之。

㊆乃沈淵之劍將飛而銜索之魚已蠹　晉朝時，雷華持劍行經延平津，劍忽於腰間躍出入水，化爲龍。詳見本書王勃《秋日登洪府滕王閣餞別詩序》注。此以寶劍喻稚存之才。將飛，喻將顯名於世也。《孔子家語・致思篇》：『子路見於孔子曰：「負重涉遠，不擇地而休，家貧親老，不擇祿而仕。昔者由也事二親之時，常食藜藿之實，爲親負米百里之外。親沒之後，南遊

於楚，從車百乘，稱粟萬鍾，累茵而坐，列鼎而食，欲食藜藿爲親負米之時不可復得也。枯魚銜索，幾何不蠹，二親之壽，忽若過隙。』孔子曰：「由也事親可謂生事盡力，死事盡思也。』事又見劉向《說苑·建本篇》。案枯魚銜索者，言以朽索貫枯魚之口而售之，不久卽生蠹也，後因以爲親沒思慕之詞。此處喩洪母勞瘁而卒。二句言稚存甫欲出仕而慈親告殂。（此段敍稚存幼孤，依外家，太夫人茹苦含辛，以長以教，以至於成人，及稚存甫欲揚名而母氏已歿。）

⑱庚辰稚存以第二人及第　庚辰，卽乾隆五十五年也。案稚存母卒於乾隆四十一年。第二人及第，卽科舉時代進士及第名列一甲（科舉時代稱進士曰甲榜，舉人曰乙榜。）第二者，舊稱榜眼。《稱謂錄》云：『一甲止三人，曰狀元、榜眼、探花，賜進士及第。榜眼名目，始於北宋。古者原以第二、三兩名爲一榜眉目，眼必有二，故第二第三皆爲榜眼，後以第三爲探花，遂專以第二爲榜眼。又按以一甲第二人爲榜眼，第三人爲探花，至明始爲定制。』

⑲寡女絲　《賈氏說林》：『蠶最巧，作繭往往遇物成形。有寡女獨宿，倚枕不寐，私於壁孔中視鄰家蠶離箔，明日繭都類之，雖眉目不甚悉，而望去隱然似愁女。蔡邕見之，厚價市歸，繅絲制琴絃，彈之有憂愁哀怨之音。問其女琰，琰曰：此寡女絲也。』此言機中所織亦寡女絲。

⑳砌蟀鳴秋水螢閃夏　案『砌蟀鳴秋』所以上應『聲易淒迷』二句，『水螢閃夏』所以上應『光何慘淡』二句。

㉑麻衣　布衣也。古無木棉，凡言布，皆以麻爲之。見《說文通訓定聲》。案：古者深衣亦謂之麻衣，有緦服與朝服之別。《禮記·間傳》：『期而大祥，素縞麻衣。』鄭玄注：『麻衣，深衣

也。謂之麻者，純用布，無采飾也。』此緦服之麻衣也。《詩經・曹風・蜉蝣》：『蜉蝣掘閱，麻衣如雪。』鄭玄箋：『麻衣，深衣，諸侯之朝服。』此朝服之麻衣也。陳奐《詩毛氏傳疏》謂朝服用麻十五升，緦則去朝服之半，二者精粗不同，而其用麻則一，故皆得謂之麻衣也。後世所謂布衣，皆爲麻衣，故亦謂之白衣，唐、宋舉子未第者皆著之。《摭言》：『劉虛白與裴垣同硯席，垣主文，虛白猶是舉子，簾前獻一絕句云：「二十年前此夜中，一般燈燭一般風。不知歲月能多少，猶著麻衣待至公。」』是也。王禹偁詩：『麻衣皎皎光如雪，一一重瞳親鑒別。孤寒得路荷君恩，聚首皆言盡臣節。』亦謂布衣。後來則專稱喪服中之斬衰、齊衰爲麻衣矣。

㉒錦字　前秦時，扶風人竇滔，恨其妻蘇若蘭，及鎮襄陽，攜寵姬趙陽臺之任，與若蘭絕音問。若蘭悔恨自傷，因織錦迴文題詩二百餘首寄滔，滔覽錦字，感其妙絕，因具車從迎若蘭，恩愛逾常。事見《侍兒小名錄》。杜甫《江月詩》：『誰家挑錦字，燭滅翠眉顰。』李商隱《卽日詩》：『幾家緣錦字，含淚坐鴛機。』

㉓栩棘重看　栩棘，皆木名。《詩經・唐風・鴇羽》：『肅肅鴇羽，集於苞栩，王事靡盬，不能蓺稷黍，父母何怙，悠悠蒼天，曷其有所。肅肅鴇翼，集於苞棘，王事靡盬，不能蓺黍稷，父母何食，悠悠蒼天，曷其有極。肅肅鴇行，集於苞桑，王事靡盬，不能蓺稻粱，父母何嘗，悠悠蒼天，曷其有常。』《詩序》云：『鴇羽，刺時也。昭公之後，大亂五世，君子下從征役，不得養其父母而作是詩也。』案舊說鴇鳥連蹄，性不樹止，樹止則爲苦，故以喻君子從征役爲危苦。此文栩棘重看，卽用詩意，喻稚存作此圖以申孺慕，睹此猶重讀《鴇羽》詩也。

㉔卷施草 一名宿莽，拔其心亦不死。見《爾雅・釋草》。《離騷》：『朝搴阰之木蘭兮，夕攬洲之宿莽。』王逸注：『草冬生不死者，楚人名曰宿莽。』李白《留別龔處士詩》：『贈君卷施草，心亂復何言。』案稚存名其書室曰卷施閣，名其詩文集曰《卷施閣集》，皆取義於此。

㉕蓼莪詩 《詩經・小雅》有《蓼莪》之篇，《詩序》云：『《蓼莪》，刺幽王也。民人勞苦，孝子不得終養爾。』觀其詩爲孝子痛傷不得終養父母之辭，而考之時世，則知由於幽王虐政之所致，民生疾苦，固政治之反映也。作者念復育之深恩，銜鮮民之至痛，宛轉陳述，黯然神傷，千載以下讀之，汗未有不霑衣浹背者。《晉書・孝友傳》云：王裒，字偉元，性篤孝，父儀爲司馬昭所殺，裒痛父死於非命，終身不向西坐，徵辟皆不就，所以示不臣之意也。於是隱居教授，廬於墓側，旦夕常至墓所，拜跪攀柏，悲號竟日。及聞門人誦《詩》至『哀哀父母，生我劬勞』，恆三復流涕，門人遂爲廢《蓼莪》之篇。於此可見《蓼莪》一篇感人之力量。牟融《翁母些詩》：『獨有賢人崇孝義，傷心共詠《蓼莪》詩。』

㉖五鼎之陳不如負東郭之米 《孟子・梁惠王篇》：『魯平公曰：「孟子之後喪踰前喪，是以不往見也。」樂正子曰：「何哉君所謂踰者，前以士，後以大夫，前以三鼎，後以五鼎與。」』趙岐注：『禮，士祭三鼎，大夫祭五鼎故也。』案《四書逸箋》引《禮記鼎數圖》曰：『一鼎特豚無配，三鼎特豚而以魚臘配之，五鼎皆用羊豕而魚臘配之。』蓋禮以鼎之三五爲隆殺，不以實鼎之數計三五也。陸游詩：『人生富貴不逮親，萬鍾五鼎空酸辛。』東郭負米，係子路養親事，已見前注。李商隱《爲張評事謝辟啓》：『負米東郊，止勤色養，獻書北闕，未奉明恩。』

㉗三騶之駕不如樹北堂之萱　三騶，謂前導與從騎之盛也。古時顯者出行，前後侍從之騎卒稱騶從。杜佑《通典》：『侍御書史梁·天監初重其選，車前依尚書二丞給三騶，執盛印青囊，舊事糾彈官印授在前故也。』樹，種也。北堂，母所居也。萱，卽萱草，舊說萱草可使人忘憂。《詩經·衞風·伯兮》：『焉得萱草，言樹之背。』屈萬里釋義：『古背北同字，言樹之背，謂種萱草於房北也。』孔穎達疏：『背者鄉北之義，故知在北，婦人所常處者堂也，故知北堂。』案黃以周謂古時寢之東堂後有房，北鄉無牆，亦謂之北堂。又案古人寢室之制，前堂後室，其由室而之內有側階，卽所謂北堂，凡遇祭祀，主婦位於此，故北堂者，母之所在也。北堂既可樹萱，遂稱母曰萱堂，亦曰北堂，尊稱人母曰令堂或尊萱。韓愈《示兒詩》：『主婦治北堂，膳服適親疏。』葉夢得《遺模歸覲石林詩》：『白髮萱堂上，孩兒更共誰。』《野客叢談》云：『今人稱母曰北堂，蓋本於《毛詩·伯兮》。萱草令人忘憂，其意謂君子爲王前驅，過時不返，家人思念之切，安得萱草種於北堂以忘其憂。北堂幽陰之地，可以種萱，初未嘗言母也，不知何以遂相承爲母事。』以上四句言陳設最隆重之禮以祭親，猶不如菽水承歡於生前之爲愈，卽歐陽永叔所謂『祭而豐不如養之薄』（《瀧岡阡表》）之意。（此段追敘洪母機畔課讀之情景，及稚存身已顯貴而親不在，彌覺風木銜悲。）

㉘著誓墓之文寄清襟於山水　《晉書·王羲之傳》：『王述爲揚州刺史，檢察會稽，羲之稱病去郡，於父母墓前自誓曰：「維永和十一年三月癸卯朔九日辛亥，小子羲之敢告二尊之靈。羲之不天，夙遭閔凶，不蒙過庭之訓。母兄鞠育，得漸庶幾，遂因人乏，蒙國寵榮。進無忠孝

之節，退違推賢之義。每仰詠老氏、周任之誡，常恐死亡無日，憂及宗祀，豈在微身而已。是用寤寐永歎，若墜深谷。止足之分，定之於今。謹以今月吉辰，肆筵設席，稽顙歸誠，告誓先靈。自今之後，敢渝此心，貪冒苟進，是有無尊之心而不子也。子而不子，天地所不覆載，名教所不得容。信誓之誠，有如皦日。」羲之既去官，與東土人士盡山水之遊，朝廷以其誓苦，亦不復徵之。』後人於去官歸隱，每用此事。

㉙抱守廬之志動靈感於飛征　《新唐書・孝友傳》：『侯知道、程俱羅者，靈州・靈武人也，居親喪，廬墓次，哭泣無節，知道七年，俱羅三年，率夜半傅墳踴而哭，鳥獸爲之悲號。李華作《二孝贊》表其行。』飛征，卽飛走，謂飛禽與走獸也。見《後漢書・馬融傳》注。

㉚終身慕　李德林《立寺建碑詔》：『空切欲報之心，徒有終身之慕。』案沈約《爲齊竟陵王解講疏》：『終天之慕，不續於短年，欲報之誠，思隆於永劫。』終身卽終天也，故亦曰終天慕。《孟子・萬章篇》：『人少則慕父母，知好色則慕少艾，有妻子則慕妻子，仕則慕君，不得於君則熱中。大孝終身慕父母，予於大舜見之矣。』此言稚存亦如大舜之終身思念父母也。

㉛忘情黻冕雅意煙蘿　黻冕，謂顯者之服也。《論語・泰伯篇》：『子曰：「禹，吾無閒然矣，菲飲食而致孝乎鬼神，惡衣服而致美乎黻冕。」』案古制大夫以上官，冕服皆有黻，故言黻冕。後人因借用黻冕以指官位爵祿，或爲顯貴者之代稱。謝朓《高松賦》：『夷黻冕之隆貴，懷汾陽之寂寥。』煙蘿，喻大自然也。張喬《宿齊山僧舍詩》：『一宿經窗臥白波，萬重歸夢隔煙蘿。』二句言稚存不欲仕宦，甚願隱居。

㉒習曾子之傳好由也之勇　《論語・學而篇》：『曾子曰：「吾日三省吾身，爲人謀而不忠乎，與朋交而不信乎，傳不習乎。」』又《先進篇》：『子路、曾皙、冉有、公西華侍坐。子曰：「以吾一日長乎爾，毋吾以也。居則曰，不吾知也。如或知爾，則何以哉。」子路率爾而對曰：「千乘之國，攝乎大國之間，加之以師旅，因之以饑饉，由也爲之，比及三年，可使有勇，且知方也。」夫子哂之。』案孔子爲曾子作《孝經》，子路性鄙而好勇，皆以孝著，作者引此，所以贊美稚存好學則如曾子，而從政則又侔乎子路也。

㉓菟裘　地名，春秋時魯邑，今山東・泗水縣北有菟裘城。《左傳》隱公十一年：『羽父請殺桓公，將以求大宰。公曰：「爲其少故也，吾將授之矣，使營菟裘，吾將老焉。」』服虔云：『菟裘，魯邑也，營菟裘以作宮室，欲居之以終老也。』後因稱致仕退隱所居之處爲菟裘。孫覿詩：『便買一舟爲泛宅，此生何必老菟裘。』

㉔馬鬣　卽馬鬣封，墳墓封土之狀，此指墳墓。《禮記・檀弓》：『孔子之喪，有自燕來觀者，舍於子夏氏。子夏曰：「聖人之葬人，與人之葬聖人也，子何觀焉。昔者夫子言之曰：吾見封之若堂者矣，見若坊者矣，見若覆夏屋者矣，見若斧者矣。從若斧者焉，馬鬣封之謂也。今一日而三斬板而已封，尚行夫子之志乎哉。」』劉禹錫《傷丘中丞詩》：『馬鬣今無所，龍門昔共登。』

㉕秋墳可唱　李賀《秋來詩》：『桐風驚心壯士苦，衰燈絡緯啼寒素。誰看靑簡一編書，不遺花蟲粉空蠹。思牽今夜腸應直，雨冷香魂弔書客。秋墳鬼唱鮑家詩，恨血千年土中碧。』

㊱野火　燐火也。《列子・天瑞篇》：『人血之爲野火也。』案舊說謂兵死及牛馬之血爲燐，燐卽俗所謂鬼火者也。王充《論衡・論死篇》：『人之兵死也，世言其血爲燐，人夜行見燐，若火光之狀。』

㊲生寄死歸　視生猶寄，視死如歸，達觀者之見解也。《淮南子・精神訓》：『禹南省方濟於江，黃龍負舟，舟中之人五色無主，禹乃熙笑而稱曰：「我受命於天，竭力而勞萬民，生，寄也，死，歸也，何足以滑和，視龍猶蝘蜓。」』

㊳顧我復我　語本《詩經・小雅・蓼莪》詩句。案：顧，旋視回顧也。復，反覆也。言父母愛護子女，就其所養之處，顧視反覆，不能暫捨，其精神無時不貫注於子女之身也。

㊴十年樹木　《管子・權修篇》：『一年之計，莫如樹穀，十年之計，莫如樹木，終身之計，莫如樹人。一樹一穫者穀也，一樹十穫者木也，一樹百穫者人也。』此以樹木喻稚存誓依母墳以終老。（此段言稚存欲隱居墓旁。）

【通釋】

在人生最得意的時候，回想當年最貧困的日子，今日的榮華，和昔日的憔悴，兩相比較，不是有絕大的不同嗎。然而最令人傷痛的乃是，父親早已去世，後來母親的辛勤課讀，看到父親所遺留下來的書籍，親恩浩蕩，欲報無從，只有獨自飲泣。

洪稚存先生幼年喪父，所以住在外婆家裏，太夫人日夜操勞，生活非常艱苦，家裏沒有隔夜的米糧，也沒有溫暖的棉被。而太夫人操持家務，心力交瘁，從無怨言。他的外婆非常疼他，送許多書給他，她看出這個外孫將來必非凡品。而洪氏也從私塾老師那裏學到了許多文章義法。凡此種種優異的表現，都仰賴太夫人苦心督導所致。可是當洪氏正要飛黃騰達的時候，太夫人卻很不幸的死了。

乾隆五十五年，洪氏參加殿試，考中榜眼，可是太夫人逝世已經有十幾年了。每想到破敗的牆壁上懸掛着藤蘿，破窗上紙張裂開，太夫人一邊織布，一邊教讀的情景，眞令人難忘。書聲咿唔，機聲宛轉。聲音淒迷，摻雜着寡婦的眼淚。光線暗淡，那是貧家的油燈。秋天只聽到蟋蟀的鳴叫，夏天只看到螢火蟲的閃光。兒子穿着布衣對着母親，母親用美詞教導兒子。而她所擔心的是時間過得眞快，膏油卽將點完。當左右鄰人夜半夢醒時，織布機的殘聲還響着，漁夫唱着歌兒要出外打魚時，微弱的燈光還亮着。這種事情是永遠忘不了的。於是洪氏決意要表彰母親的苦節，請人畫了一張寡母課子圖，以申孺慕之情。這張圖畫着清風吹入幃帳，燈光搖搖欲滅，寒月照在門窗，機聲依稀可聞。從前黃昏時候的情景，和今天對比起來，只有更令人哀傷罷了。洪氏以卷施草自比，不忍再讀蓼莪詩。因爲卽使用豐盛的祭品來祭祀母親，也不及負米養親的好，用派頭十足的儀仗隊迎養母親，也不及在北堂奉養母親哪。

晉朝的王義之在父母墳前發誓，要去官歸隱，唐代的侯知道和程俱羅二人長年守着父母的墳墓，鳥獸都受感動。可見名高一世的人傑，都是終身思念父母的。現在，洪氏已經決定要辭去官職，縱情煙霞，專心學習曾子和子路的長處，讀書練身，以此終老。並且在父母墳前造一間屋子，有百株梅樹和一灣江水相伴，環境清幽，足以隱居。平時聽聽野鬼唱詩，看看燐火閃爍，視生猶寄，視死如歸，做一個曠達的人。洪氏追憶父母鞠育之恩情，如今卻是無從回報，於是決定終身守着父母的墳墓，陪伴父母的靈魂。

5 出關與畢侍郎箋

洪亮吉

自渡風陵。易車而騎。朝發蒲坂。夕宿鹽池。陰雲蔽虧。時雨淩厲。自河以東。與關內稍異。土逼若衖。塗危入棧。原林黯慘。疑披谷口之霧㈠。衢歌哀怨。恍聆山陽之笛㈡。日在西隅。始展黃君仲則殯於運城西寺㈢。見其遺棺七尺。枕書滿篋。撫其吟案。則阿嬭之遺牋尚存㈣。披其繐帷。則城東之小史已去㈤。蓋相如病肺。經月而難痊㈥。昌谷嘔心。臨終而始悔者也㈦。猶復丹鉛狼藉。几案紛披㈧。手不能書。畫之以指。此則杜鵑欲化。猶振哀音。鷙鳥將亡。冀留勁羽。遺棄一世之務。留連身後之名者焉。

伏念明公生則爲營薄宦。死則爲卹衰親。復發德音。欲梓遺集。一士之身。玉成終始㈨。聞之者動容。受之者淪髓㈩。冀其遊岱之魂。感恩而西顧。返洛之旐。銜酸而東指(十一)。又況龔生竟夭。尚有故人(十二)。元伯雖亡。不無死友(十三)。他日傳公風義。勉其遺孤。風茲來祀㈣。亦盛事也。今謹上其詩及樂府共四大册。此君平生與亮吉雅故。惟持論不同。嘗戲謂亮吉曰。『予不幸早死。集經君訂定。必乖余之指趣矣。』省其遺言。爲之墮淚。今不敢輒加朱墨。皆封送閣下。冀與述菴廉使、東友侍讀共删定之㈤。即其所就。已有足傳。方乎古人。無愧作者。惟稿草皆其手寫。別無副本。梓後尚望付其遺孤。以爲手澤耳㈥。

亮吉十九日已抵潼關。馬上率啟。不宣。

【題解】

本篇選自清·曾燠所輯《國朝駢體正宗》卷九。作者與黃景仁爲總角交，少時齊名江左，時稱洪黃。乾隆四十八年，景仁自京遊陝，客次山西·解州，病亟，乃致書亮吉，以身後事相屬。亮吉時客陝西巡撫畢沅幕，聞訊，由西安借馬疾馳，四晝夜走七百餘里，至運城而景仁已逝，殯古寺中，乃哭臨其喪，並籌資送其柩歸，妥爲營葬。時人義之，爲繪《蕭寺哭臨圖》，咸以當代巨卿譽之。

此爲作者於護喪途中郵致畢沅之書，蓋請其資助刊行黃氏遺稿，並申其哀悃者。字字悽惋，語語沈痛，眞不愧爲死友。熟讀此種文章，朋友之義，爲之加篤，有益世風不少。昔人謂得一知已，死可無恨。若黃氏者，魂兮有知，又奚止無恨而已，亦當感泐無旣者矣。

【作　者】

洪亮吉，字君直，一字稚存，號北江，清・江蘇・陽湖人。生於乾隆十一年，卒於嘉慶十四年（西元一七四六——一八〇九年），年六十四。

亮吉生六歲而孤，依外家讀書，刻苦力學。性純孝，母卒，值客遊，聞耗慟絕墮水，遇汲者救甦，其後每遇忌日輒不食，里中稱爲孝子。

乾隆五十五年進士及第，授編修。嘉慶四年，因上書批評朝政，被謫戍伊犂，不久赦還，改號更生居士。博覽羣書，精研經史、音韻、訓詁及輿地學。詞章尤稱大家，詩與黃景仁齊名，駢文與汪中並稱。著有《洪北江詩文集》。傳見《清史稿》卷三百六十二、《清史列傳》卷六十九。

【箋　注】

㈠風陵蒲坂鹽池谷口　皆古地名。風陵，亦作封陵，在山西・永濟縣南之黃河北岸，有風陵渡，爲由潼關北渡之要津。蒲坂，故城在今山西・永濟縣北十八里，虞舜建都於此。鹽池，在今山西・解縣東安邑縣南，水出石鹽，故名。谷口，在今陝西・涇陽縣西北，顏師古《漢書・郊祀志》注謂谷口者，仲山之谷口也，漢置谷口縣，今呼治谷，以仲山之北寒涼，故謂此谷爲寒門，其地煙霧極盛，相傳爲黃帝昇仙處。

㊁山陽笛 西晉名士向秀，與嵇康、呂安爲莫逆交，俱好老莊之學。嵇呂既卒，秀經其山陽(今河南·修武縣)舊廬，聞鄰人有吹笛者，感念昔遊，乃作《思舊賦》以悼之。其序云：『余與嵇康、呂安，居止接近，其人並有不羈之才。然嵇志遠而疏，呂心曠而放，其後各以事見法。余逝將西邁，經其舊廬，於時日薄虞淵，寒冰淒然。鄰人有吹笛者，發聲寥亮，追思曩昔遊宴之好，感音而歎，故作賦云。』(見《文選》卷十六及《晉書·向秀傳》)後人思念亡友，輒引此爲比。庾信《傷王褒詩》：『惟有山陽笛，悽余《思舊》篇。』劉長卿《過裴舍人故居詩》：『籬花猶及重陽發，鄰笛那堪落日聽。』

㊂黃仲則 清·江蘇·武進人，名景仁，字漢鏞，仲則其號也。生四歲而孤，家貧，母屠氏親課之讀，所業倍常童。常熟·邵齊燾主講常州·龍城書院，與同郡洪亮吉偕受業焉。已而浪遊四方，攬九華，涉匡廬，泛彭蠡，歷洞庭，登衡嶽觀日出，過湘潭酹酒招魂，弔屈原賈生，作《浮湘賦》以寄意，悲慨傷懷，蓋以自況也。時湖南按察使以才自負，見之亦爲心折。自湖南歸，創作日富。朱筠督學安徽，招入幕，三月上巳，爲會於采石磯之太白樓，賦詩者數十人，仲則年最少，著白袷立日影中，頃刻數百言立就，座客爲之擱筆。自是詩益奇肆，四方慕名乞詩者絡繹不絕。乾隆四十一年，高宗東巡召試，名列二等，以武英殿書籤，例得主簿。時陝西巡撫畢沅見其《都門秋思詩》，奇其才，速其西遊，厚貲之。乃由西安入都，銓敘爲縣丞，不日赴任，惜爲宵小所弄。抱病逾太行，出鴈門，將復遊陝西，次解州病殆，卒於河東鹽運使沈業富運城官署，時乾隆四十八年四月十五日也，得年僅三十五。友人洪亮吉持其喪以歸。著有

《兩當軒詩文集》行世。傳見《清史稿》卷四百九十、《清史列傳》卷七十二。

㊃阿嬭遺牋　齊人呼母爲嬭，唐詩人李賀學語時，呼母曰阿嬭，江南曰阿媽，皆母之轉也。見方以智《通雅》。李商隱《李賀小傳》：『長吉將死時，忽晝見一緋衣人駕赤虯，持一板書召長吉，長吉下榻叩頭，言阿嬭老且病，賀不願去。』案此借用其辭，以李賀比黃仲則也。

㊄披其繐帷城東之小史已去　凡布細而疏者謂之繐，古人用爲靈帳之衣，後因沿用，以繐帷爲靈帷，亦稱靈帳，又稱繐帳。魏武帝遺令諸子云：『吾婕妤伎人皆著銅雀臺，於臺堂上施八尺牀繐帳，朝晡上脯糒之屬，月朝十五，輒向帳作妓，汝等時時登銅雀臺，望吾西陵墓田。』見《文選》陸機《弔魏武帝文》。謝朓《銅雀臺詩》：『繐帷飄井幹，罇酒若平生。』城東小史，謂黃仲則也。洪亮吉《城東酒樓記》：『城東酒樓者，余弱冠之時與亡友黃君景仁、馬君鴻達及蔣君青曜諸人讌遊之所也。』

㊅相如病肺　漢·司馬相如字長卿，成都人。少好書，學擊劍，慕藺相如之爲人。景帝時爲武騎常侍，武帝召爲郎，通西南夷有功，拜孝文園令。長於辭賦，所作有《上林》、《子虛》、《大人》等賦，詞藻瑰麗，氣韵排宕，爲一代文宗。《史記》本傳云：『相如口吃，而善著書，常有消渴疾，與卓氏婚，饒於財。其進仕宦，未嘗肯與公卿國家之事，稱病閒居，不慕官爵。』陸龜蒙《謝友人惠人參詩》：『殷勤潤取相如肺，封禪書成動帝心。』案消渴疾今稱糖尿病，患者身體羸瘠，又多口渴，故名。然非肺病也，陸洪二氏不察，亦云病肺，殊失之。

㊆昌谷嘔心　唐詩人李賀，字長吉，籍隸河南·昌谷。幼穎異，七歲能辭章，韓愈、皇甫湜始聞

未信，過其家，使賀賦詩，援筆立成，二人大驚，自是有名。爲人纖瘦，通眉長指甲，能疾書。其爲詩，不先立題。每旦出，騎弱馬，從小奚奴，背古錦囊，得句卽投囊中，及暮歸，於燈下綴成篇什。母每探囊，見所書多，卽怒曰：『是兒要嘔出心（言苦思如嘔出心血也）乃已耳。』卒年僅二十七。著有《昌谷集》五卷行世。新舊《唐書》皆有傳。

㈧丹鉛狼藉几案紛披　丹鉛，丹砂與鉛粉也，古人點勘書籍多用之。韓愈《南山詩》：『不如覷文字，丹鉛事點勘。』故校訂之事亦曰丹鉛。明・楊愼有《丹鉛錄》。狼藉，散亂也，狼藉草而臥，去則滅亂，故凡物之縱橫散亂者謂之狼藉。《史記・滑稽傳》：『履舃交錯，杯盤狼藉。』紛披，布散也。《文選》沈約《宋書・謝靈運傳論》：『升降謳謠，紛披風什。』此言丹鉛與書籍充滿案上，零亂不堪。（此段敘出關至運城省視仲則遺棺，見其殘篇斷簡，觸目煎心。）

㈨玉成　愛而成就之也。張載《西銘》：『富貴福澤，將厚吾之生，貧賤憂戚，庸玉女於成也。』案此蓋用《詩經・大雅・民勞》『王欲玉女，是用大諫』意。鄭玄箋云：『玉者，君子比德焉，王（周厲王也）乎，我欲令女（同汝）如玉然，故作是詩，用大諫正女，此穆公（召穆公也）至忠之言。』後世泛用爲成全之意。

㈩淪髓　卽淪肌浹髓，喻感受之深也。《朱子全書・論語》：『今須且將此一段反復思量，渙然冰釋，怡然理順，使自會淪肌浹髓。』

⑪遊岱之魂四句　喻感恩於死後也。岱，卽岱宗，泰山之別名。劉楨《贈五官中郎將詩》：『常恐遊岱宗，不復見故人。』《文選》李善注引《援神契》：『泰山，天帝孫也，主召人魂。』又陸游

《老學庵筆記》：『楊文公云：「尙期遊岱之魂，遂協生桑之夢。」』按舊時迷信謂泰岱爲人死後鬼魂所歸之地，故以『遊岱宗』或『岱宗之限』爲死之代稱。旐，旗名。《文選》潘岳《寡婦賦》：『龍轜儼其星駕兮，飛旐翩以啓路』，則以稱喪柩之旌，後人文中亦多沿用。《文選》劉峻《廣絕交論》：『瞑目東粵，歸骸洛浦，繐帳猶懸，門罕漬酒之彥，墳未宿草，野絕動輪之賓。』李善注：『東粵，謂新安。昉（任昉）死所也。洛浦，謂歸葬揚州也。《莊子》曰：「夫差瞑目東粵。」《楚辭》曰：「歸骸舊邦莫誰語。」』案返洛之旐，即《楚辭》歸骸舊邦（故鄉）之意，不必拘泥於字句間之解釋也。

⑫龔生竟夭尙有故人　龔生，指龔勝。勝字君賓，漢・彭城人，好學明經，與龔舍相友，並著名節，世稱兩龔。初爲郡吏，三擧孝廉，又擧茂才，爲重泉令，旋病去。哀帝時，徵爲諫議大夫，徙光祿大夫。王莽秉政，與舍俱歸隱鄉里，莽旣簒國，奉印綬，安車駟馬，徵拜上卿。勝語門人高暉等曰：『吾受漢家厚恩，豈以一身事二姓哉。』遂絕食死，時年七十九。有老父來弔，哭甚哀，旣而曰：『嗟乎，薰以香自燒，膏以明自銷，龔生竟夭天年，非吾徒也。』遂趨而出，不知其誰。見《漢書》本傳。

⑬元伯雖亡不無死友　《後漢書・獨行傳》：『范式，字巨卿，山陽・金鄉人。少遊太學，與汝南・張劭爲友。劭字元伯，二人並告歸鄉里。式謂元伯曰：「後二年當過拜尊親。」乃共剋期日。後期方至，元伯具以白母，請設饌以候之。母曰：「二年之別，千里結言，爾何相信之審邪。」對曰：「巨卿信士，必不乖違。」母曰：「若然，當爲爾醞酒。」至其日巨卿果到，升堂拜

飲，盡歡而別。後元伯寢疾篤，同郡郅君章、殷子徵晨夜省視之，元伯臨盡歎曰：「恨不見吾死友。」子徵曰：「吾與君章盡心於子，是非死友，復欲誰求。」元伯曰：「若二子者，吾生友耳，山陽・范巨卿，所謂死友也。」尋卒。式忽夢見元伯呼曰：「巨卿，吾以某日死，當以爾時葬，永歸黃泉，子未我忘，豈能相及。」式怳然覺寤，悲歎泣下，投其葬日，馳往赴之。式未及到，而喪已發引，既至壙，將窆，而柩不肯進。其母撫之曰：「元伯，豈有望邪。」遂停柩，移時，乃見有素車白馬號哭而來。其母望之曰：「是必范巨卿也。」巨卿既至，叩喪言曰：「行矣元伯，死生異路，永從此辭。」會葬者千人，咸爲揮涕。式因執紼而引，柩於是乃前。式遂留止冢次，爲脩墳樹乃去。』友朋之最親愛者爲死友，言其交情至死不變也。

㈣風玆來祀　風，用作動詞，教化也。殷人謂年曰祀，如元年曰元祀，取四時祭祀一訖之義。來祀，猶云來年，謂將來也。一說：來祀猶云來裔。

㈤述庵廉使東友侍讀　述庵，清・王昶之號。昶字德甫，江蘇・青浦人，乾隆十九年進士，歷官江西、直隸、陝西按察使，並擢刑部右侍郎。傳見《國朝漢學師承記》卷四、《國朝先正事略》卷二十。東友，清・嚴長明之號。長明字道甫，乾隆時以諸生獻賦行在，召試賜舉人，累官內閣侍讀。著有《歸求草堂詩文集》。傳見《清史稿》卷四百九十、《國朝先正事略》卷四十二。

㈥手澤　猶言手汗，謂常用之物經汗澤者也。《禮記・玉藻》：『父沒而不能讀父之書，手澤存焉耳。母沒而杯圈不能飲焉，口澤之氣存焉耳。』孔穎達疏：『謂其書有父平生所持手之潤澤存在焉，故不忍讀也。』後通稱先人之遺物、遺墨爲手澤。（此段稱頌畢公風義，請爲仲則梓行遺集。）

【通　釋】

當我駕車度過風陵渡以後，就捨掉車子騎馬。早晨從蒲坂出發，晚上在鹽池住宿。天氣陰霾，大雨急促。黃河以東地區，風景和關內稍有不同，兩岸突起，中夾曲徑，形同巷弄，路途艱險，如行棧道。原野樹林悽慘陰暗，有如披着谷口的濃霧，路上歌聲哀怨，彷彿聽到山陽的笛聲。直到日落西山，才看見停放在運城西寺的黃仲則棺木。看到他的七尺遺棺，和滿箱書籍，撫摸他的書桌，桌上尚有詩人的遺稿，掀開他的靈帳，才察覺到詩人已經去世了。就像司馬相如得了糖尿病，久治不癒，又像李賀因作詩而嘔出心血，直到臨終時才懊悔啊。黃君在病危時，仍在校勘書籍，卷帙滿桌，手不能執筆，則改用指頭。這就如同杜鵑將要死時，仍然發出哀音，鷙鳥將要死時，希望保留勁羽。（此四句比喻黃氏臨死猶極力校勘書籍，修飾文稿，有立言以求身後名聲之意。）才會拋開一生的事務，追求身後的美名啊。

我經常在想，黃君生前，您推薦他作小官，黃君死後，您撫卹他的遺眷，而又懷着一番美意，要印行他的遺集。如此有始有終的成全一個寒士，聽到的人，無不爲之感動，身受的人，更將刻骨銘心的感謝。我總希望黃君死後有知，能够對您念念不忘。何況黃君雖已亡故，還有我這個生死之交的朋友在，將來必定傳播您的風義，並以此勗勉他的後代，教化他的後代，也是一件好事。現在呈上他的詩和樂府，一共四大册。黃君生前和我交情很深，只是立論不同而已。他曾經對我開玩笑說：『我若不幸早死，詩集經你訂定，一定會違背我的旨趣。』仔細想想他的遺言，不禁潸然淚下。現在我不敢隨便評點他的遺作，全部把它封好送給您，希望您和王昶、嚴長明二君共同删定。就憑這些遺稿，已經足以傳世，比起古人來，眞不愧爲大作家。不過原稿都是黃君親手寫的，並沒有副本，希望在出版後交給他的兒子，作爲先人所遺留的紀念品。

我已於十九日安抵潼關，在馬上草率書寫，無法寫盡胸中的話。

【附　錄】

洪亮吉的悲劇性格

馮明之

凡是涉獵過清代的學術史與文學史的人，大概總會注意到乾、嘉之際有一個相當突出的人物，那就是以文人而兼學者的洪亮吉。他的可注意之處，不僅在於他的多才多藝，而且特別在於他的悲劇性格。

五四運動以後，由於郁達夫先生的推崇與介紹，許多人都讀過乾、嘉時代名詩人黃仲則的詩句。比如『十有九人堪白眼，百無一用是書生』，『全家都在風聲裏，九月衣裳未剪裁』之類的名句，都是膾炙人口的。這一位詩人，他的性格也可以說是悲劇的性格，他的詩詞，蕭颯如秋，帶着極端的浪漫與感傷的情調，而洪亮吉就是與他齊名的。他們不僅齊名，而且在詩文的格調與性格的傾向上，也有很大的相似之點，所以他們生前曾是絕好的朋友，這一點倒不是偶然的。

不過，洪亮吉與黃仲則到底是不同的，兩人的文學作風，雖然同屬感傷一派，兩人的性格，雖則同近悲劇一型。但是，黃仲則的感傷，只是一個文人的飲泣，而洪亮吉的憂抑，却等於一個壯士的哀吟。在基本的格調上，兩人自有其不同之處。比方我們讀洪亮吉的《傷知己賦序》，中間表現一種廻環往復的悲痛之情道：

一鳥飛返鄉，值弋者而登俎，獸窮走壙，遭野虞而褫革。戴日而出，秉燭以歸。萬事迫於窮冬，百憂生於長夜。秦聲揚，不能激已沮之氣，魯酒薄，不能消未來之憂。叢臺有霜，殘月無影。鄰笛起於東西，荒雞鳴乎子亥。

這中間所流露的人生梗悵之情，却仍然帶着極深的雄邁之氣。又如他的《蔣清容先生冬青樹樂府序》說道：

蓋聲何哀怨，杜鵑為望帝之魂，變亦倉皇，猿鶴盡從軍之侶。遇金人於灞上，能言茂陵，值銅駝於棘中，誰知典午。又況南遷烽火，北狩軒輿。言締造則東南置尉，拓疆無劉濞之雄，嗟淪胥則五百從亡，歸骨少田橫之島。嗟乎，江山半壁，非仙人劫外之棋，金粉六朝，盡才子傷心之賦。今之作者，意在斯乎。

這一段文章，也很有慷慨激昂的感憤。他這種消極，這種感傷，完全是『烈士暮年，壯心不已』的狂吟，與黃仲則那種『春鳥秋蟲自作聲』的低喟，事實上有着很大的不同。他這種文風，與他本身的人格，是有很大關係的。我們也可以說，就因爲他有了悲劇的性格，才發生了這樣的一種文風。所以，與他同時的一個駢文作家吳鼒，曾經引用劉勰在《文心雕龍》中間的話來批評他，說他『英華出於情性』，這話的確是不錯的。

他本身是一個有才能的作者，又是個在研究方面具有功力的學人。若論學術與文藝兩方面的成就，他是不落人後的。他的詩詞、古文、駢文，在他自已的那一個時代，都可以卓然成家。至於在學術方面，他著有《左傳詁》十卷、《公羊穀梁古義》二卷、《比雅》十二卷，以及其他音韻、戔注、輿地之類的書籍多種，在小學與地理學方面，都有獨到的造詣。但是，就由於他本身具有悲劇的性格，所以他的詩詞才露出了那樣一種『猿鶴哀吟』的風調。所謂『文如其人』，應用在洪亮吉的身上，倒是相當貼切的。

我們綜觀洪亮吉的一生，很可以看到他的立身行事，都受到他本身的性格影響。比方：他因爲早年喪父，所以對母親的感情極深，他在母喪的時候，正巧在處州按試，他的弟弟洪靄吉因爲知道哥哥的性格，怕他悲慟過度，不敢驟然把噩訊告訴他，只通知他說是母親病危，叫他趕返故鄉。誰料他在將抵家園的時候，路上碰到一個熟人，告訴他以事情的眞相，他登時就痛極昏倒，跌在水中，險些兒就溺死了。此外，還有一件事，頗足以表現他的感情豐富，他在陝西巡撫畢秋帆幕府中做事的時候，聽到詩人黃仲則在汾州客死，馬上就不分晝夜，趕到山西的汾州去爲他『奔喪』，這樣的友誼，這樣一種無間死生的情感，若不是出於天性，那就很難理解了。

還有一件事，是影響他的一生的，大概也應該說是由他的性格而來。原來他既然是個志士型的感傷客，所以他對於當時朝廷上不順眼的許多事情，自然感到很大的不滿。爲了『裨補當時』，他竟然向一位成親王和幾位執政大臣上了萬言書，指陳時政的得失，中間甚至連皇帝臨朝不守時刻，也大大攻擊起來。因此大遭時忌，軍機處馬上把他逮捕，交刑部審訊，遂以『大不敬』問成死罪，後來改戍伊犁，也就造成了他生平最大的一次挫折。其後雖因京師天旱之故，把他赦回來。但是，他身經大變，也就再沒有從前的那種豪情勝概。觀於他後來自號爲更生居士，我們可以想見這一件事對他的影響之深了。

6 自序

汪中

昔劉孝標自序平生。以為比跡敬通。三同四異。後世誦其言而悲之。嘗綜平原之遺軌。喻我生之靡樂。異同之故。猶可言焉。夫亮節慷慨。率性而行。博極羣書。文藻秀出。斯惟天至。非由人力。雖情符曩哲。未足多矜。余玄髮未艾㈠。野性難馴。麋鹿同遊。不嫌擯斥㈡。商瞿生子。一經可遺㈢。凡此四科。無勞舉例。

孝標嬰年失怙。藐是流離。託足桑門。棲尋劉寶㈣。余幼罹窮罰。多能鄙事㈤。賃舂牧豕。一飽無時㈥。此一同也。孝標悍妻在室。家道轗軻。余受詐興公。勃谿累歲㈦。里煩言於乞火㈧。家構釁於蒸藜㈨。蹀躞東西。終成溝水㈩。此二同也。孝標自少至長。戚戚無懽。余久歷艱屯。生人道盡。春朝秋夕。登山臨水。極目傷心。非悲則恨。此三同也。孝標夙嬰羸疾。慮損天年⑪。余藥裹關心。負薪永曠(十二)。鰥魚嗟其不瞑。桐枝惟餘半生(十三)。鬼伯在門。四序非我(十四)。此四同也。

孝標生自將家。期功以上。參朝列者十有餘人。兄典方州。餘光在壁(十五)。余衰宗零替。顧景無儔。白屋藜羹。饋而不祭(十六)。此一異也。孝標倦遊梁楚。兩事英王(十七)。作賦章華之宮。置酒睢陽之苑(十八)。白璧黃金。尊爲上客。雖車耳未生。而長裾屢曳(十九)。余簪筆傭書。倡優同畜(二十)。百里之長。再命之士。苞苴禮絕。問訊不通(二一)。此二異也。孝標高蹈東陽。端居遺世。鴻冥蟬蛻。物外天全(二二)。余卑棲塵俗。降志辱身(二三)。乞食餓鴟之餘(二四)。寄命東陵之上(二五)。生重義輕。望實交隕(二六)。此三異也。孝標身淪道顯。籍甚當時。高齋學士之選(二七)。安成類苑之編(二八)。國門可懸。都人爭寫(二九)。余著書五車。數窮覆瓿(三十)。長卿恨不同時(三一)。子雲見知後世(三二)。昔聞其語。今無其事。此四異也。孝標履道貞吉。不干世議(三三)。余天讒司命。赤口燒城(三四)。笑齒啼顏。盡成罪狀。跬步才蹈。荊棘已生(三五)。此五異也。

嗟乎。敬通窮矣。孝標比之。則加酷焉。余於孝標。抑又不逮。是知九淵之下。尚有天衢(三六)。秋荼之甘。或云如薺(三七)。我辰安在。實命不同(三八)。勞者自歌。

非求傾聽。目瞑意倦。聊復書之。

【題解】

自序者，自爲文章敍述自己之生平也。劉知幾《史通・序傳篇》嘗論其由來云：『作者自序，其流出於中古。案屈原《離騷經》，其首章上陳氏族，下列祖考，先述厥生，次顯名字。自敍發跡，實基於此。降及司馬相如，始以自敍爲傳，然其所敍者，但記自少及長立身行事而已，逮於祖先所出則蔑爾無聞。至馬遷又徵三閭（屈原嘗為三閭大夫）之故事，放文園（司馬相如嘗為文園令）之近作，模楷二家，勒成一卷。於是揚雄遵其舊轍，班固酌其餘波，自敍之篇，實煩於代，雖屬辭有異，而茲體無易。』爲文自述著書之旨者無論矣，其自述平生之作，司馬相如而降，著稱文苑而膾炙人口者厥爲梁・劉峻（孝標）之《自序》。峻自述其平生際遇以馮衍（敬通）爲比，擧三同四異。汪中仿其體亦作《自序》，以峻爲比，擧四同五異。自是步武者甚多，世所習知者有：㈠清・楊芳燦《自序》，比跡李商隱，四同三異，凡六四三字。㈡清・李慈銘《四十自序》，敍五悲五窮，凡一五四七字，爲自序文最長之作。㈢民國・李詳《自序》，比跡汪中，三同四異，凡五五六字。㈣民國・黃侃《自序》，比跡馮衍、劉峻、汪中，不相類者三事，凡三九一字。茲將劉峻所作《自序》錄附篇末，以供參較。

本篇選自《述學》補遺，氣息深厚，逼近魏、晉，自傷身世，幾於和淚代書，足以動人心絃，感人肺腑。自昔遺佚阨窮之士，功名頓挫，時命齟齬，往往有感時觸事之作，以洩其無憀不平之鳴，若虞卿之愁、韓非之憤、墨翟之悲、梁鴻之噫、唐衢之哭是也。容甫才性卓異，博通經史，有志用世，於國計民生，古今沿革之事，罔不潛心探研。惟因性情偏宕，言詞過激，以至赤舌燒城，橫逆蠭至。益以弱年孤苦，貧不聊生，憤世嫉俗，由之而起，發爲文章，遂多悲號激楚之音。此自古才人，莫不皆然，固不獨容甫一人而已。姚梅伯評曰：『楚些吳歈，能使座人摧愴，況哀響軋軋，抽機中獨繭絲耶。』（《國朝駢體正宗》）張菊齡曰：『兩兩比較，四同五異，激昂悲憤，慨當以慷，有志感絲篁，氣變金石之概。』（同上）據此，則容甫實爲乾、嘉時代富有悲劇性格之大作家。

【作者】

汪中，字容甫，清·江都人。生七歲而孤，家酷貧，不能就外傅，母鄒氏，授以小學四子書。稍長，助書賈鬻書於市，因徧讀經史百家，經耳無遺，過目成誦，遂爲通人。年二十，李因培督學江蘇，試《射鴈賦》第一，入學爲附生。時杭世駿主講安定書院，見中製述，深加禮異。乾隆四十二年拔貢，提學謝墉，每試別置一榜，署名諸生前，謂所取士曰：『予之先容甫，爵也，若以學，當北面事之矣。』以病怔忡及母氏又老，竟不赴朝考。年三十，顓意經術，與高郵·王念孫、寶應·劉台拱爲友，時共討論。於清代諸儒，最服膺顧炎武、閻若璩、梅文鼎、胡渭、惠棟、戴震六人，擬作六儒頌，未成。事母至孝，貧無菽水，則賣文以養。母疾篤，侍疾晝夜不寢，滌腧之事，不任僕婢，無愁苦之容，有孺子之慕。居喪，哀戚過人。其於知友故舊，沒後衰落，相存問過於生前。蓋其性之篤厚然也。晚年絕意仕進，潛心著作，後校《四庫全書》於杭州之文瀾閣。乾隆五十九年卒於西湖之葛嶺園僧舍，年五十一。著有《述學》、《經義知新記》、《大戴禮記正誤》、《廣陵通典》等書。

乾隆六十年中，區宇乂寧，學術昌盛，名儒蔚起，才士輩出，容甫生丁玆世，以孤童自奮，黽勉成名，雖以母老不赴朝考，科第止於明經，春秋僅及中壽，然聲光煒然，深爲時流所重。乾隆三十五年，儀徵鹽船火，壞船百有三十，焚及溺死者千有四百，容甫爲《哀鹽船文》以悼之，杭世駿擊節稱賞，爲作短序，稱其『采遺製於《大招》，激哀音於變徵，驚心動魄，一字千金。』此文傳京師，皆知江都有汪中焉。時容甫年僅二十七歲。厥後書卷閱歷，發其才情，文境益進。五十二年，朱珪提學浙江，容甫往謁，答述揚州割據之迹，死節之人，作《廣陵對》三千言，博綜古今，天下奇文字也。餘如《自序》、《經舊苑弔馬守眞文》、《弔黃祖文》、《蘭韻軒詩集序》、《狐父之盜頌》、《漢上琴臺之銘》、《黃鶴樓銘》、《泰伯廟銘》等，奇情壯采，皆爲百載下人所愛誦。

容甫學富文美，雖盛稱於世，無間然者。惟賦性傲岸，狂放不羈，譏彈謾罵，靡稍寬假，舉世目爲狂生，至今談者，猶以『嬈城赤口汪容甫』爲言。或謂人之怪癖，其形成之因素，略可區爲內在的與外在的兩種：所謂內在的者，如身體孱羸，神經衰弱，醫學所稱中樞神經不能控制情感之類是也。所謂外在的者，如受外物刺激，長期抑鬱，生活艱困之類是也。有一於此，則成爲詭激之怪癖。容甫之狂，蓋合抑鬱艱困而然也。李元度《汪容甫先生事略》云：『生七歲而孤，家酷貧，冬夜藉薪而臥，且供爨給以養親。稍長，傭書村塾中，代學子爲文，塾師大驚異。久之，就書賈借讀經史百家，觸目成誦，遂爲通人。』又容甫《先母鄒孺人靈表》云：『値歲大饑，再徙北城，所居止三席地，其左無壁，覆之以苫，日常使姊守舍，攜中及妹傫然匄於親故，率日不得一食。歸則藉棄於地，每多夜號寒，母子相擁，不自意全濟，比見晨光，則欣然有生望焉。方中幼時，三族無見卹者。母九死流離，撫其遺孤，至於成立。蓋終其身，尟一日之歡焉。』身世屯蹇若此，故其性行偏宕，憤世嫉俗，在所不免，一若孟軻、韓愈之流，皆因弱年孤苦而有同一發洩也。

【箋　注】

㈠玄髮未艾　玄髮，黑髮也。艾，老也。揚雄《方言》：『艾，老也，東齊、魯、衞之間凡尊老謂之艾。』《禮記．曲禮》：『人生十年曰幼學，二十曰弱冠，三十曰壯，四十曰強，五十曰艾，六十曰耆，七十曰老，八十九十曰耄。』孔穎達疏：『年至五十，氣力已衰，髮蒼白色如艾也。』玄髮未艾，卽黑髮未白之意。

㈡麋鹿同遊不嫌擯斥　麋鹿，喻鄙野無知也。《孟子．盡心篇》：『舜之居深山之中，與木石居，與鹿豕遊，其所以異於深山之野人者幾希。』蘇軾《赤壁賦》：『漁樵於江渚之上，侶魚蝦而友麋鹿。』擯斥，排斥也，棄絕也。二句言己伏處鄉野，恬然自適，雖見棄於朝廷，亦誠甘樂之。

㈢商瞿生子一經可遺　商瞿，字子木，春秋．魯人，孔子弟子，少孔子二十九歲，雅好《易經》，孔子如其志傳之。見《史記．仲尼弟子列傳》。《孔子家語．七十二弟子解》：『梁鱣，字叔魚，少孔子三十九歲，三十未有子，欲出其妻。商瞿謂曰：「子未也，昔吾年三十八無子，吾母爲吾更取（同娶）室，夫子（孔子）使吾之齊，母欲請留吾。夫子曰：『無憂也，瞿過四十當有五丈夫子。』今果然，吾恐子自晚生耳，未必妻之過。」從之，二年而有子。』《漢書・韋賢傳》：『遺子黃金滿籯，不如一經。』案容甫年四十二生子名喜孫，字孟慈，嘉慶丁卯舉人，官至河南・懷慶府知府。孟慈九歲而孤，其《禮堂授經圖自序》云：『喜孫年六歲，先君寫定皇象本《急就篇》、《管子・弟子職》教授於禮堂。明年，更寫鄭康成《易注》、衞包未改本《尚書》、顧炎武《詩本音》、《儀禮・喪服》子夏傳，以次授讀。先君《自序》以爲「商瞿生子，一經可遺。」二句言己亦如商瞿之年過四十而始得子，其貴重之一經亦可遺傳矣。

㈣孝標嬰年失怙四句　嬰年，謂嬰兒之年，即小兒始生不久者也。怙，賴也。《詩經・小雅・蓼莪》：『缾之罄矣，維罍之恥。鮮民之生，不如死之久矣。無父何怙，無母何恃。出則銜恤，入則靡至。』今以父死爲失怙，母死爲失恃，本此。藐，幼小也。是時通叚字。藐是卽俗言『小時候』。庾信《哀江南賦序》：『信年始二毛，卽逢喪亂，藐是流離，至於暮齒。』一說：藐是爲藐然或藐爾之義，謂孤獨也。桑門，梵語沙門之異譯，出家修道者之稱，今泛稱寺院，取勤勞不息之義，謂勤修善法，止息惡行也。《翻譯名義集》：『沙門或云桑門，此言功勞，言修道有多勞也。《阿含經》：「捨離恩愛，出家修道，攝御諸根，不染外欲，慈心一切，無所傷害，遇樂不欣，逢苦不慼，能忍如地，故名沙門。」或以沙門翻勤息，謂勤行衆善，止息諸惡也。』又《魏書・釋老志》：『諸服其道者，則剃落鬚髮，釋累辭家，謂之沙門，或曰桑門，亦聲相近，總謂之僧。』栖，通棲，居也。尋，求也。栖尋劉寶，謂求居於劉寶之家也。《南史》孝標本傳云：『峻生期月而琁之（孝標父名）卒，其母許氏攜峻及其兄法鳳還鄉里。宋・泰始初，魏克青州，峻時年八歲，爲人所略爲奴至中山。中山富人劉寶愍峻，以束帛贖之，教以書學。魏人聞其江南有戚屬，更徙之代都。居貧不自立，與母並出家爲尼僧，既而還俗。』

㊄幼罹窮罰多能鄙事　幼罹窮罰，言其幼時遭受窮困之打擊也。《晉書・孝友・劉殷傳》：『殷七歲喪父，哀毀過禮，曾祖母王氏盛冬思堇，殷乃於澤中慟哭曰：「殷罪釁深重，幼丁艱罰，王母在堂，無旬月之養。」聲不絕者半月，忽若有人云止聲，殷視地，便有堇生焉。』又《孟子・梁惠王篇》：『鰥寡孤獨，天下之窮民而無告者也。』窮罰之義本此。鄙事，謂鄙賤之事。《論語・子罕篇》：『子曰：「吾少也賤，故多能鄙事。」』案江藩《國朝漢學師承記》云：『容甫生七歲而孤，家夙貧，母鄒氏緝屨以繼饔飧，多夜藉薪而臥，且供爨給以養親。力不能就外傳讀，母氏授以小學四子書。及長，鬻書於市，與書賈處，得借閱經史百家。於是博綜典籍，諳究儒墨，遂爲通人焉。』

㊅賃舂牧豕一飽無時　賃舂，爲人擣粟而受其值也。牧豕，餵豬也。《後漢書・逸民・梁鴻傳》：『鴻字伯鸞，平陵人。家貧而尚節介，牧豕於上林苑中。娶妻孟光，共入霸陵山，以耕織爲業。後適吳，依大家皐伯通，居廡下，爲人賃舂，每歸妻爲具食，舉案齊眉。』案作者此言賃舂牧豕，無非是說自己曾爲人執勞役，不必眞有其事也。一飽無時，極言其貧也，事已見前。

㊆受詐興公勃谿累歲　晉・孫綽，字興公，太原人，嘗以詐言將己女阿恆與王虔之（小字阿智）婚，婚後，女頑嚚不賢，乃知興公之詐。《世說新語・假譎篇》：『王文度弟阿智，惡乃不翅，當年長而無人與婚。孫興公有一女，亦僻錯，又無嫁娶理，因詣文度求見阿智。既見，便陽言

此定可，殊不如人所傳，那得至今未有婚處。我有一女，乃不惡，但吾寒士，不宜與卿計，欲令阿智娶之。文度欣然而啓藍田云：「興公向來，忽言欲與阿智婚。」藍田驚喜。旣成婚，女之頑嚚，欲過阿智，方知興公之詐。』容甫引此，言己亦受騙娶入不賢之妻也。勃谿，猶言爭鬥。《莊子・外物篇》：『室無空虛，則婦姑勃谿。』成玄英疏：『勃谿，爭鬥也，室屋不空，則不容受，故婦姑爭處，無復尊卑。』陸德明釋文：『勃，爭也。谿，空也。司馬云：「勃谿，反戾也，無空虛以容其私，則反戾共鬥爭也。」』凌廷堪《汪容甫墓志銘》云：『初娶妻孫氏，不相能，援古禮出之。』又孟慈《母行記》云：『先君容甫先生初娶於孫，好詩，不事家人生計。鄒太宜人獨任井爨，有二姑相助爲理。于歸後不能同親操作，遂歸老母氏之黨。』案容甫續娶朱氏，以孝著，卽孟慈之生母也。

㊇里煩言於乞火　《漢書・蒯通傳》：『臣之里婦與里之諸母相善也，里婦夜亡肉，姑以爲盜，怒而逐之。婦晨去，過所善諸母，語以事而謝（謂告辭也）之。里母曰：「汝安（徐也）行，我今令而家追汝矣。」卽束緼請火於亡肉家，曰：「昨暮夜犬得肉，爭鬭相殺，請火治之。」亡肉家遽追呼其婦。』徐鉉《吳王李煜墓誌銘》：『投杼致慈親之惑，乞火無里婦之辭』，卽用此事。煩言，言人衆而爭辯多也。《左傳》定公四年：『會同難，嘖有煩言，莫之治也。』此言鄰里紛紛談論其母妻鬥爭之事，並參與勸解也。

㊈家構舋於蒸藜　《孔子家語・七十二弟子解》：『曾參，字子輿，武城人。事親至孝，後母遇之無恩，供養不衰。其妻以蒸藜不熟，因出之。參曰：「蒸藜，小物也，吾欲使熟而不用吾命，

況大事乎。』構釁，謂構成釁隙也，卽結怨之意。《北史・楊昱傳》：『太后問狀，昱具對元氏構釁之端，言至哀切。』此言其妻事姑不敬，終至家道失和也。

⑳蹀躞東西終成溝水　言與其妻離婚也。蹀躞，亦作躞蹀，徘徊貌，小步貌。溝水，喻分別各不相涉。卓文君《白頭吟》：『皚如山上雪，皎若雲間月。聞君有兩意，故來相決絕。今日斗酒會，明日溝水頭。蹀躞御溝上，溝水東西流。』案劉歆《西京雜記》云：『司馬相如將聘茂陵人女爲妾，卓文君作《白頭吟》以自絕，相如乃止。』

㉑慮損天年　天年，謂天然之年壽也。庾信《小園賦》：『崔駰以不樂損年，吳質以長愁養病。』又《漢書・張安世傳》：『願將軍強餐食，近醫藥，專精神，以輔天年。』

㉒藥裹關心負薪永曠　藥裹，卽藥袋。容甫體素羸弱多病，故不得不時時關心於藥袋也。杜甫《酬郭十五判官詩》：『才微歲老尙虛名，臥病江湖春復生。藥裹關心詩總廢，花枝照眼句還成。』負薪，謂任樵采之事也。《禮記・曲禮》：『問庶人之子，長曰能負薪矣，幼曰未能負薪也。』案何休《公羊傳》桓公十六年注：『天子有疾稱不豫，諸侯稱負茲，大夫稱犬馬，士稱負薪。』曠，廢缺也。二句言己疾病連年，未能任薪采之事以養親也。

㉓鰥魚嗟其不瞑桐枝惟餘半生　劉熙《釋名・釋親屬》：『無妻曰鰥。鰥，昆也。昆，明也。愁悒不寐，目恆鰥鰥然也。故其字從魚，魚目恆不閉者也。』陸游詩：『愁似鰥魚夜不眠。』《文選》枚乘《七發》：『龍門之桐，高百尺而無枝，中鬱結之輪菌，根扶疏以分離，其根半死半生。』二句言己勞心焦思，神經衰弱，恆至通夜不眠，留此殘軀，猶是龍門之桐，已呈半生半死狀

態矣。

㈣鬼伯在門四序非我　鬼伯，謂鬼卒也。《古蒿里歌》：『蒿里誰家地，聚斂魂魄無賢愚。鬼伯一何相催促，人命不得少踟躕。』白居易《二月五日花下作詩》：『羲和趁日沈西海，鬼伯驅人葬北邙。』四序，謂一年四季也。《魏書・律曆志》：『四序遷流，五行變易。』又《漢書・禮樂志》：『日出入安窮，時世不與人同，故春非我春，夏非我夏，秋非我秋，冬非我冬。』二句言己二豎纏身，生命垂危，故春夏秋冬四時已非我屬也。

㈤孝標生自將家至餘光在壁　案《南史・劉懷珍傳》載：懷珍，齊平南將軍。伯父奉伯，宋世官陳、南頓二郡太守。懷珍弟靈哲，齊・兗州刺史。孝標兄孝慶，齊末爲兗州刺史，舉兵應梁武，封餘干縣男。懷珍從子懷慰，齊・齊郡太守。懷慰父乘人，冀州刺史。子霽，西昌相，尚書主客侍郎。杳，尚書左丞。懷珍從孫訏之祖承宗，宋太宰參軍。訏父靈眞，齊鎭西諮議、武昌太守。孝標爲懷珍從父弟，所謂參朝列者十有餘人是也。期功，皆喪服名，此處意指親屬。方州，州刺史所治之處也。典，主其事也。兄典方州，謂其兄任刺史之官也，時孝標之兄孝慶爲齊末兗州刺史，故云。餘光在壁，猶言餘榮猶存。《戰國策・秦策》：『江上之處女，有家貧而無燭者，處女相與語，欲去之，家貧無燭者將去矣，謂處女曰：「妾以無燭，故常先至，掃室布席，何愛餘明之照四壁者，幸以賜妾，何妨於處女。」』此言劉孝標家世顯赫。

㈥白屋藜羹饋而不祭　白屋，貧賤者所居之屋也。古者宮室有度，官不及數，則屋室皆露本材，不容僭施采畫，是爲白屋。見程大昌《演繁露》。《孔子家語・賢君篇》：『周公居冢宰之尊，而下白屋之士。』藜羹，即藜菜湯，貧賤者所食。饋，猶歸也，祭祀進黍稷謂之饋食。《呂氏春秋・任數篇》：『孔子窮乎陳、蔡之間，藜羹不斟，七日不嘗粒，晝寢，顏回索米，得而爨之，食熟，孔子起曰：「今者夢見先君，食潔而後饋。」』二句言住宅敝陋，黍稷不佳，雖有祭祀，亦不成祭禮也。

㈦孝標倦遊梁楚兩事英王　倦遊，飽遊而倦也。梁，指豫州，漢時爲梁國，南齊時豫州，先僑置壽春，後魏陷壽春，遷治歷陽。齊明帝時，孝標爲蕭遙欣豫州府刑獄，甚見禮遇，遙欣爲齊宗室，始安王・蕭鳳之子，英武有大略，卒謚康。楚，指荆州，古楚國也。梁・安成王・秀治荆州，任孝標爲戶曹參軍，使撰《類苑》。以上見《梁書》、《南史》各本傳。

㈧作賦章華之宮置酒睢陽之苑　章華，楚宮名，戰國時楚靈王所建，故址在今湖北・監利縣西北。《後漢書・文苑・邊讓傳》：『邊讓，字文禮，陳留人也。少辯博能屬文，作《章華賦》，雖多淫麗之辭，而終之以正，亦如相如之諷也。』睢陽，古地名，故城在今河南・商丘縣南。漢文帝次子梁孝王嘗於此築東苑，方三百餘里，臺苑屏榭，勢並皇居，四方賢俊，聞風歸之。未幾又修兔園，中多植竹，時與賓客司馬相如、枚乘、鄒陽等遊宴其中。事見《史記・梁孝王世家》。二句言孝標備受齊宗室蕭遙欣、梁・安成王・蕭秀之禮遇。

㈨雖車耳未生而長裾屢曳　車耳，車兩輢上橫木向前鉤曲反出者，謂之車耳，其形如人之耳，上鉤以銅爲之，故又謂金耳，周朝時以此爲卿大夫以上之車飾，凡人不與也。詳見孫詒讓《周禮・考工記》正義。揚雄《太玄經》：『君子積善，至於車耳。』范望注：『積善成位，故車生耳，車服有章，以顯賢也。』曳裾，卽曳裾侯門之義，謂奔走於王侯權貴之門也。裾，外衣之大襟。《文選》鄒陽《諫吳王書》：『飾固陋之心，則何王之門不可曳長裾乎。』二句言孝標雖未能膺高官，食厚祿，而屢蒙王侯之青睞，亦足以聞達於當世也。

⑳簪筆傭書倡優同畜　簪筆，謂插筆於首也，古之爲人書記者，插筆於首，以備記事。《漢書・趙充國傳》：『安世本持槖簪筆事孝武帝。』後人因以簪筆或槖筆表文人之所事。李嶠《皇帝上禮撫事述懷詩》：『小臣濫簪筆，無以頌唐風。』傭書，謂受雇於人作書寫之事也，今俗稱紹興師爺，此種職業並非高尚，故作者引以自歎。《後漢書・班超傳》：『超家貧，常爲官傭書以供養，嘗輟業投筆歎曰：「大丈夫無他志略，猶當效傅介子、張騫立功異域，以取封侯，安能久事筆研間乎。」』倡優，與俳優同，以演劇爲業者之通稱，俗所謂戲子者也，今則名女伶爲倡，男伶爲優矣。《漢書・灌夫傳》：『田蚡曰：「天下幸而安樂無事，蚡得爲肺附，所好音樂狗馬田宅，所愛倡優巧匠之屬。」』又《嚴助傳》：『上尤親信者，東方朔、枚皋、嚴助、吾丘壽王、司馬相如，相如常稱疾避事，朔、皋不根持論，上頗俳優畜之。』二句言己爲人作嫁，地位之微賤直如倡優一般也。

㉑百里之長四句　百里之長，猶云一縣之長，縣大率屬地百里，故云。《三國志・蜀志・龐統傳》：『先主領荆州，統以從事守耒陽令，在縣不治，免官。吳將魯肅遺先主書曰：「龐士元非百里才也，使處治中別駕之任，始當展其驥足耳。」』再命之士，謂官位之低微者。案周代官秩，一命開始受職，爲下士，官位最低，猶今委任十六級之官也。再命晉升爲上士，官位之

較高者也。詳見《周禮・典命》。苞苴，謂包裹也，世多用爲饋遺之通稱。《莊子・列禦寇篇》：『小夫之知，不離苞苴竿牘。』郭象注：『苞苴以遺，竿牘以問。』案《荀子・大略篇》：『苞苴行與，讒夫興與。』楊倞注：『貨賄必以物苞裹，故總謂之苞苴。』則由饋遺之意轉爲貨賄之義也。四句言己官職卑小，不爲世重，遂無人送禮及問訊也。

㉑孝標高蹈東陽四句　高蹈，謂隱居也。《文選》顏延之《陶徵士誄》：『賦詩歸來，高蹈獨善。』《宋史・程頤傳》：『司馬光、呂公著疏其行義曰：「力學好古，安貧守節，眞儒者之高蹈，聖世之逸民。」』東陽，郡名，三國・吳置，故治在今浙江・金華縣，縣北有金華山，兩崖對峙，風景奇佳，相傳爲赤松子得道處，亦當年孝標隱居之所也。鴻冥，謂高翔遠引也。揚雄《法言・問明篇》：『君子治則見，亂則隱，鴻飛冥冥，弋人何簒焉。』李軌注：『君子潛神重玄之域，世網不能制禦之。』言鴻鴈飛升於遠空之中，與塵世脫離，圖害者不能及也，此所謂遠患。蟬蛻，以喻解脫。《史記・屈原傳》：『濯淖汙泥之中，蟬蛻於濁穢，以浮游塵埃之外，不獲世之滋垢，皭然泥而不滓者也。』案此以蟬脫去其汚穢之外皮，僅餘其潔淨之內部，喻屈原之仕濁世而不同流合汚也。今言人解脫，多用此語。物外，猶言世外，佛家謂吾人所居之國土世界爲器世間，器卽器物，故世外亦云物外。天全，卽潔己保眞之意。四句言孝標高臥東陽之金華山，解脫塵世之羈絆，韜光養晦，悠然自得，雖神仙不啻也，此容甫所以深致歆羡歟。

㉒降志辱身　《論語・微子篇》：『子曰：「逸民，伯夷、叔齊、虞仲、夷逸、朱張、柳下惠、少連。不降其志，不辱其身，伯夷、叔齊與。柳下惠、少連，降志辱身矣。」』邢昺疏：『言其直己之

心，不降志也。不入庸君之朝，不辱身也。』

㊹乞食餓鴟之餘　《莊子・秋水篇》：『惠子相梁，莊子往見之。或謂惠子曰：「莊子來，欲代子相。」於是惠子恐，搜於國中三日三夜。莊子往見之曰：「南方有鳥，其名鵷鶵，子知之乎。夫鵷鶵發於南海，而飛於北海，非梧桐不止，非練實不食，非醴泉不飲。於是鴟得腐鼠，鵷鶵過之，仰而視之曰，嚇。今子欲以子之梁國而嚇我邪。」』案：鵷鶵，鳳類，亦言鳳子。鴟，鳶也，狀與鷹略似，惟嘴較短，尾較長，常攫取蛇鼠雞雛等，亦嗜食腐敗之肉，俗謂之鷂鷹。嚇，怒聲，蓋恐其相奪也。馬吉甫《蝸牛賦》：『本忘情於蚌守，亦何憚於鴟嚇。』鮑照《蕪城賦》：『飢鷹厲吻，寒鴟嚇鶵。』皆取義於此。此以餓鴟腐鼠形容俗士覓食之賤，作者用以自喻，蓋自歎其降志辱身之可悲，不能如孝標之高潔也。

㊺寄命東陵之上　言己行險求生，不能如孝標之縱情山水，優遊卒歲也。東陵，山名，在山東章丘縣南，盜跖死於此，山南有盜跖冢，亦名跖山。《莊子・駢拇篇》：『伯夷死名於首陽之下，盜跖死利於東陵之上，二人者，所死不同，其於殘生傷性，均也。』

㊻生重義輕望實交隕　《文選》陸機《演連珠》：『臣聞理之所守，勢所常奪，道之所閉，權所必開。是以生重於利，故據圖無揮劍之痛，義貴於身，故臨川有投迹之哀。』李善注：『性命之道，含靈所惜，以利方生，則生重利，不以利喪生，是理之所守，道之所閉也。以身方義，則義貴身，而以義棄身，是勢之所奪，權所必開也。是以據圖無揮劍之痛，以利輕於生，臨川有投迹之哀，以身輕於義。《文子》曰：「左手據天下之圖，而右手刎其喉，愚者不爲。」身貴乎天

下也。死君之難者，視死若歸，義重於身故也。天下大利也，比身則小，身所重也，比義則輕。』望實，猶名實也。《資治通鑑》晉成帝・咸和四年：『求之望實，懼非良計。』胡三省注：『望者，見於外者也。實者，有諸中者也。』二句言己只求生存，不顧道義，遂使名望實學交相墮落也。

㉗高齋學士之選 《南史・庾肩吾傳》：『初爲晉安王國常侍，王每徙鎭，肩吾常隨府，在雍州，被命與劉孝威、江伯搖、孔敬通、申子悅、徐防、徐摛、王囿、孔鑠、鮑至等十人抄撰衆籍，豐其果饌，號高齋學士。』案《梁書》、《南史》本傳均謂孝標召入西省，與學士賀縱典校祕閣，高齋之選，不及峻名，且未侍晉安，難膺此號，蓋誤以劉孝威爲劉孝標耳。若云西省學士，則無議矣。

㉘安成類苑之編 《南史》本傳云：『安成王・秀雅重峻，及遷荆州，引爲戶曹參軍，給其書籍，使撰《類苑》，未及成，復以疾去。』案《隋書・經籍志》載孝標撰《類苑》一百二十九卷，頗見重於當世，今佚不傳。 劉之遴《與孝標借類苑書》云：『間聞足下作《類苑》，括綜百家，馳騁千載，鉛摘已畢，殺靑已就，義以類聚，事以羣分，雖復子野調聲，寄知音於後世，文信購覽，懸百金於當時，居然無以相尙。』（見《藝文類聚》卷五十八）

㉙國門可懸都人爭寫 言其文章著作飲譽當世也。《史記・呂不韋傳》：『不韋使其客人人著所聞集論，二十餘萬言，以爲備天地萬物古今之事，號曰《呂氏春秋》。布咸陽市門，懸千金其上，延諸侯游士賓客，有能增減一字者予千金。』京師之城門曰國門，咸陽時爲秦都邑，故

其城門曰國門。《晉書・文苑・左思傳》：『思欲賦《三都》，移家京師，詣著作郎張載，訪岷邛之事。構思十年，門庭藩溷，皆著紙筆，偶得一句，卽便疏之。賦成，時人未之重，皇甫謐稱善，爲其賦序。張載爲注《魏都》，劉逵注《吳》、《蜀》而序之。司空張華見而歎曰：「班、張之流也，使讀之者，盡而有餘，久而更新。」於是豪貴之家競相傳寫，洛陽爲之紙貴。』按洛陽爲東漢國都，故洛陽之人亦曰都人。

㉚著書五車數窮覆瓿　言己著作雖多而無人賞識也。《莊子・天下篇》：『惠施多方，其書五車。』言書之多，以五車載之也。後因稱淹貫羣書者曰學富五車。數，定數也，俗稱命運。覆瓿，謂以書蓋瓶子。《漢書・揚雄傳》：『雄家素貧，嗜酒，人希至其門，時有好事者，載酒肴從游學，而鉅鹿侯芭常從雄居，受其《太玄》、《法言》焉。劉歆亦嘗觀之，謂雄曰：「空自苦，今學者有祿利，然尚不能明《易》，又如《玄》何，吾恐後人用覆醬瓿也。」雄笑而不應。』後人謙言著述之無足重者曰覆醬，或曰覆瓿。

㉛長卿恨不同時　漢武帝時，蜀人楊得意爲狗監，侍上，上讀司馬相如《子虛賦》而善之，曰：『朕獨不與此人同時哉。』得意曰：『臣邑人司馬相如自言爲此賦。』上驚，乃召相如。事見《史記・司馬相如傳》。長卿，司馬相如字。

㉜子雲見知後世　漢・揚雄，字子雲，成都人。天才橫溢，文藻清華。成帝時召對承明庭，奏《甘泉》、《河東》、《長楊》等賦，多仿司馬相如。尋復薄詞賦而不爲，於是作《太玄》以擬《周易》，作《法言》以擬《論語》，仿《蒼頡篇》作《訓纂》，仿《虞箴》作《州箴》。其書文義至深，而論不詭

於聖人，故後世學者宗之，注《太玄》者有張衡、王肅、宋衷、陸績、范望五家，注《法言》者有李軌、司馬光二家。是見知後世也。

㉝履道貞吉不干世議　言其動止禎祥，不遭物議也。《易經・履卦》：『履道坦坦，幽人貞吉。』履道，謂所行之道。干，觸犯也。世議，猶言物議，謂當世之譏議也。

㉞天讒司命赤口燒城　天讒，星名。《隋書・天文志》：『卷舌六星在天街北，主口語以知佞讒也，中一星曰天讒。』赤口燒城，猶言衆口鑠金，意謂衆口若火，積非成是，雖堅如城牆，亦將爲之燒毀也。今以喻讒言爲害之烈。《太玄經》：『赤舌燒城，吐水於瓶。』陳本禮闡祕：『赤舌燒城，猶衆口鑠金之意，小人架辭誣害君子，其舌赤若火，勢欲燒城。』二句言輿論界紛紛責議，乃使己之命運前途深受打擊也。

㉟跬步才蹈荆棘已生　跬步，謂半步也。《大戴禮記・勸學》：『是故不積跬步，無以致千里。』荆棘，以言梗阻之狀。《老子》：『師之所處，荆棘生焉。』以上四句言己動輒得咎。

㊱九淵之下尙有天衢　九淵，形容水之極深。《漢書・賈誼傳》：『襲九淵之神龍兮，沕深潛以自珍。』顏師古注：『九淵，九旋之川，言至深也。』天衢，猶言天路，天空遼闊，任人翱翔，引伸爲暢通無阻之大路也。《易經・大畜》：『何天之衢，道大行也。』

㊲秋荼之甘或云如薺　荼，苦菜也，道旁荒地，到處產生，莖高三四尺，葉闊而黃。薺，蔬類植物，莖高尺餘，嫩葉可供食用，味甚甘。《詩經・邶風・谷風》：『誰謂荼苦，其甘如薺。』鄭玄箋：『荼則苦矣，君子於己之苦毒，又甚於荼。比方之，荼則甘如薺。』屈萬里釋義：『荼，苦

菜也，言荼本苦菜，而己則以爲甘美如薺菜，以喻己之心更苦也。』此言荼雖苦，而我之苦猶過於荼，故嘗荼猶甘如薺。以喻孝標雖牢騷滿腹，自歎不如敬通遠甚，然我於孝標，更望塵莫及，使我而有孝標之際遇者，則亦心滿意足矣。

㊳我辰安在實命不同　《詩經・小雅・小弁》：『天之生我，我辰安在。』鄭玄箋：『言我生所值之辰安所在乎。』案辰，時也，言我生所應值之時安在乎，蓋自歎生不得時也。又《召南・小星》：『嘒彼小星，三五在東，肅肅宵征，夙夜在公，實命不同。』實命不同者，言己生平之所以如此顛厄，實由於命運與人異也。

【通　釋】

從前劉孝標爲文敍述自己的生平，和馮敬通比較起來，有三點相同，四點相異。後世誦讀這篇《自序》的人，都爲他的身世坎坷而悲傷。我曾經綜合觀察孝標的行誼，和自己不快樂的一生作個比較，相同和相異的事情也可以說一說。孝標志節高超，賦性慷慨，凡事都照著自己的心意去作，而且學問淵博，文才出衆。這是與生俱來的，不是由於人爲的。雖然有若干情節和前賢相符，也不值得過分自誇。我的頭髮還沒有蒼白，野性不能馴服。和麋鹿作朋友，不在乎被人排斥。像商瞿那樣年過四十才有兒子，經學可以傳下去。以上四點事屬平常，無須舉例說明。

孝標幼年喪父，孤苦伶仃，到處流浪，曾寄居在和尚廟裏，也曾借住在劉寶家中。我幼年家境清寒，做過許多低賤之事，有時爲人舂米，有時爲人放牧豬隻，欲求一飽而不可得。這是第一點相同的。孝標娶了一個兇悍的妻子，遂使家道坎坷多事。我也是受人欺騙而結婚，以致多年來婆媳之間一直處得不好，甚至還爲燒菜的小事而鬧得很不愉快，因而麻煩左右鄰居費神調解，最後只好分手。這是第二點相同的。孝標從小到大，憂鬱無歡。我也久經艱難困苦，毫無人生樂趣，春天的早晨，秋天的晚上，有時爬上高山，有時走到水邊，眼睛所看到的都是傷心之事，不是悲哀，就是怨恨。這是第三點相同的。孝標早年被病魔所糾纏，擔心自己不會長壽。我也經常服藥，一直沒有好轉，並且患了長期失眠症，正像梧桐樹的半死半活，厲鬼在門口等待，四季之中沒有一個季節是屬於我的。這是第四點相同的。

孝標出身將門，族人在朝廷作官的有十幾名，他哥哥作兗州刺史，可以讓他分享餘榮。而我卻宗族衰落，孤零零一個人，住的是破舊房子，吃的是粗劣飯菜，沒有豐盛的酒餚祭祀祖先。這是第一點不同。孝標曾經漫遊河南、湖北，兩次事奉英明的王子，備受皇親貴族的禮遇，還被尊爲上賓，接受黃金珠寶的賞賜，他本人雖然沒有作過什麼大官，卻屢蒙王侯的青睞。而我則長期作人家的祕書，地位低賤，即使是一個縣長，一個小官，逢年過節都不會送禮物給我，或者向我問候。這是第二點不同。孝標隱居在金華山，心境安寧，遺落世事，像鴻雁飛上高空，像蟬兒脫去表皮，超然世外，保全天眞。而我則混跡在汚濁的塵世裏，降低志願，委屈身體，撿取別人賸餘的食物，生活在只重財利的豪貴之家，但求苟活，不顧道義，遂使名望和實學一齊墮落。這是第三點不同。孝標身雖沈淪，學術地位卻極崇高，大名滿天下，曾經被選爲西省學士，又奉安成王之命編纂《類苑》，這部書價值極高，流傳甚廣。而我雖然著了許多書，卻時運不佳，無人賞識，漢武帝恨不能和司馬相如生在同一時代，揚雄的著作得到後人的極高評價，我只聽說過這兩個故事，卻未曾發生在我身上。這是第四點不同。孝標一生，平穩吉祥，不受世人批評。而我則命裏犯了口舌，備受非議，笑也不是，哭也不是，才走半步，就受阻擋。這是第五點不同。

唉，敬通已經够窮困了，孝標比起他來，還要厲害，而我更遠不及孝標。由此可見孝標雖然怨歎命運不如敬通，總還差強人意，假如我有孝標的命運，那就心滿意足了。我之所以生不逢辰，實在是因爲命不如人啊。內心憂苦的人往往會藉唱歌來發洩情緒，但他並不希望別人的傾聽。走筆至此，眼睛已經張不開了，身體也疲倦了，就此結束吧。

【附錄】

一 劉峻《自序》

余嘗自比馮敬通，而有同之者三，異之者四。何則，敬通雄才冠世，志剛金石。余雖不及之，而節亮慷慨。此一同也。敬通値中興明君，而終不試用。余逢命世英主，亦擯斥當年。此二同也。敬通有忌妻，至於身操井臼。余有悍室，亦令家道轗軻。此三同也。

敬通當更始之世，手握兵符，躍馬食肉。余自少迄長，戚戚無歡。此一異也。敬通有子仲文，官成名立。余禍同伯道，永無血胤。此二異也。敬通膂力剛強，老而益壯。余有犬馬之疾，溘死無時。此三異也。敬通雖芝殘蕙焚，終塡溝壑，而爲名賢所慕，其風流郁烈芬芳，久而彌盛。余聲塵寂寞，世不吾知，魂魄一去，將同秋草。此四異也。所以力自爲序，遺之好事云。

㊁《南史・劉峻傳》

劉峻，字孝標，梁・平原（今山東・鄒平縣）人。幼孤，好學家貧，寄人廡下，自課讀書，常燎麻炬，從夕達旦，時或昏睡，爇其髮，既覺復讀，終夜不寐，其精力如此。聞人有異書者，必往祈借，清河・崔慰祖謂之書淫。天監初，召入西省，典校祕書。安成王・秀引爲戶曹參軍，使撰《類苑》，未成，以疾去，遊東陽・紫巖山，築室而居，吳會人士多從之學。武帝嘗召見，峻對失旨，不見用，乃著《辯命論》以寄懷。又嘗著《廣絕交論》，慨世情澆薄也。所注《世說新語》，甚典贍。普通二年卒，時年六十，門人私謚曰玄靖先生。

按劉峻隱居之處向有二說：《梁書》、《南史》均作紫巖山，獨張溥所輯《漢魏六朝百三名家集・劉戶曹集》作金華山，本書從後者。

㊂《後漢書・馮衍傳》

馮衍，字敬通，杜陵人。幼有奇才，九歲能誦詩，至二十而博通羣書。不肯仕新莽。莽遣廉丹討山東賊，丹辟衍爲掾，衍勸以屯兵觀變，不爲所納。及丹戰死，衍亡命河東，與鮑永從更始帝，官至狼孟長。後歸光武，帝怨衍不時至，黜之。旋起爲曲陽令，遷司隸從事，未幾廢放於家。妻爲北地任氏女，悍妒不許置媵妾，老年爲所逐，坷坎以終，年八十餘。作有《顯志賦》等行於世。

7 上尹制府乞病啓

袁枚

(一) 舊式排列法

枚歷官有年。奉職無狀。蒙明公恩勤並至。薦擢交加。雖停年之資格難回㈠。而知己之深恩未報。人雖草木。必不謝芳華於雨露之秋㈡。水近樓臺。益當效涓滴於高深之世㈢。不意本月三日。故里書來。慈親臥病。枚違養之餘。已深踧踖。得信之後。愈覺驚疑。

伏念枚東浙之鄙人也。世守一經。家徒四壁㈣。對此日琴堂之官燭㈤。憶當年丙舍之書燈㈥。授稚子之經。畫殘荻草㈦。具先生之饌。撤盡簪環。餘膽罷含。斷機尚在㈧。未嘗不指隨心痛。目與雲飛㈨。

自蒙丹陛之恩。得奉板輿之樂㈩。春暉寸草。養志八年⑪。然而萱愛家鄉。

種河陽而不茂。筍生冬日。覺梓里之尤甘⑬。客秋之蓴菜香時。堂上之魚軒返矣。枚欲再行迎養。則衰年有恙。難涉關河。倘遠訊平安。則隅坐無人。誰調湯藥。在親闈喜少懼多之日。實人子難進易退之時⑭。瞻望鄉關。何心簪笏⑮。

夫人情於日暮頹唐之際。顧子孫侍側。而能益精神。儒生於方寸瞀亂之餘⑯。雖星夜辦公。而必多叢脞⑰。在朝廷無枚數百輩。未必遽少人才。在老母撫枚三十年。原為承歡今日。情雖殷於報國。志已決於辭官。

第養之一言。固須臾所難緩。而終之一字。非人子所忍言。且高堂之年齒未符⑱。或恐事違成例。大府之遭逢難遇。未免官愛江南。茲當五內焚如。忽而三秋痁作⑲。思歸無路。得疾為名。

伏願明公念枚烏鳥情深⑳。允其養親之素志。憐枚犬馬力薄㉑。准以乞病之文書。實緣依戀晨昏㉒。退而求息。非敢膏肓泉石㉓。借此鳴高。得蒙篆攝有人㉔。當即星馳就道。或老人見子。頓減沉痾。則故吏懷恩。還思努力。此日得歸膝下。皆仁人之曲體穌生㉕。他年重謁軍門。如嬰兒之再投慈母。

〔二〕新式排列法

枚

歷官有年。
奉職無狀。

蒙明公

恩勤並至。
薦擢交加。

雖停年之資格難回。
而知己之深恩未報。

人雖草木。必不謝芳華於雨露之秋。
水近樓臺。益當效涓滴於高深之世。

不意本月三日。故里書來。慈親臥病。枚

違養之餘。已深踧踖。
得信之後。愈覺驚疑。第一段

伏念枚東浙之鄙人也。

世守一經。
家徒四壁。

對此日琴堂之官燭。
憶當年丙舍之書燈。

授稚子之經。畫殘荻草。
具先生之饌。撤盡簪環。

餘膽罷含。
斷機尚在。

未嘗不

指隨心痛。
目與雲飛。第二段

自蒙丹陛之恩。
得奉板輿之樂。

春暉寸草。
養志八年。

然而
萱愛家鄉。種河陽而不茂。
筍生冬日。覺梓里之尤甘。
客秋之蓴菜香時。
堂上之魚幷返矣。

枚
欲再行迎養。則衰年有恙。難涉關河。
倘遠訊平安。則隅坐無人。誰調湯藥。
在親闈喜少懼多之日。
實人子難進易退之時。
瞻望鄉關。
何心簪笏。第三段

夫
人情於日暮頹唐之際。顧子孫侍側。而能益精神。
儒生於方寸瞀亂之餘。雖星夜辦公。而必多叢脞。

在朝廷無枚數百輩。未必遽少人才。
在老母撫枚三十年。原爲承歡今日。
情雖殷於報國。
志已決於辭官。第四段

且
第養之一言。固須臾所難緩。
而終之一字。非人子所忍言。
高堂之年齒未符。或恐事違成例。
大府之遭逢難遇。未免官愛江南。
玆當五內焚如。
忽而三秋痁作。
思歸無路。
得疾爲名。第五段

伏願明公

念枚烏鳥情深。允其養親之素志。
憐枚犬馬力薄。准以乞病之文書。
實緣依戀晨昏。退而求息。
非敢膏肓泉石。借此鳴高。
得蒙篆攝有人。
當卽星馳就道。

或老人見子。頓減沈痾。
則故吏懷恩。還思努力。
此日得歸膝下。皆仁人之曲體甄生。
他年重謁軍門。如嬰兒之再投慈母。第六段

【題 解】

尹制府，名繼善，字元長，晚號望山，姓章佳氏，淸。滿州鑲黃旗人。性溫厚，有幹才，雍正進士，授翰林院編修。雍、乾兩朝，嘗一督雲貴，三督川陝，四督兩江。而在兩江最久，前後三十餘年。在京時又嘗歷充三禮、綱目、國史三館總裁，終文華殿大學士，卒諡文端。見《淸史稿》卷三百十三，《國朝先正事略》卷十，《碑傳集》卷二十八。

本篇選自《小倉山房集》外集。隨園事母至孝，無意功名，乾隆初年，出宰江寧，聞老母不適，因上此書乞歸承歡菽水。時尹文端總督兩江，素知其才，見其去意甚堅，遂亦聽之。

【作　者】

袁枚，字子才，號簡齋，清・浙江・錢塘人。幼有異稟，年十二爲縣學生，爲學自成，後至廣西，省叔父於巡撫幕中，巡撫金鉷一見異之，試以《銅鼓賦》，援筆立就，詞甚瑰麗，由是聲譽日盛。乾隆四年進士及第，歷知江寧、溧水、江浦、沭陽諸縣，並著能聲。十三年，丁父憂歸，並牒請養母，卜居江寧之小倉山下，崇飾池館、疏泉架石，釐爲二十四景，讀書吟嘯，以著作課徒自娛，號曰隨園，時稱隨園先生。性通侻，頗放情於聲色，尤好賓客，四方人士，聞名造請交歡無虛日。獎掖後進，不遺餘力。尤刻意提倡婦女文學，名門淑女，大家閨秀，相率執贄者甚衆，彬彬然稱一時之盛焉。嘉慶二年卒，年八十有二。著有《小倉山房詩文集》七十餘卷，及《隨園詩話》、《隨園隨筆》、《子不語》等說部之屬凡三十餘種，並行於世。傳見《清史稿》卷四百九十、《清史列傳》卷七十二、《國朝耆獻類徵》卷二百三十四、《國朝先正事略》卷四十二。

隨園天才橫逸，文藻清華，所爲古文，類能自發其思，通乎古法。四六駢體，具見《小倉山房外集》中，雖未能泆漢超唐，而玩索篇章，咸能斟酌前修，擺脫凡猥，尤能於駢體中獨抒所見，辨論是非，縱橫排蕩，純以神氣行乎其間。故吳山尊輯《八家四六文鈔》，舉以與邵齊燾、劉星煒、吳錫麒、孔廣森、孫星衍、洪亮吉、曾燠並列，號爲八大家，實亦獨具隻眼者。至其對文學方面之貢獻，足資後人參證者，則爲詩主抒寫性靈，不爲格律所拘是也。蓋清初詩家輩出，喜言宗派，在當日之復古潮流中，作者大都取法前代，好尚不同，遂有門戶派別之分。於是王漁洋倡爲神韻之說，沈歸愚倡爲格調之說，翁覃溪倡爲肌理之說，一時天下奔走，翕然相應。隨園見三派俱有利弊，乃倡性靈之說以矯之。所謂性靈，乃是指性情與靈機二者。詳言之，性與情乃是一物之動靜兩面，情是動的，既有刺激，便有感覺，靈敏的感覺，便是靈感，由本性中發出靈敏的感覺，便是性靈。蓋詩是人類發抒情感之工具，故詩不能離開性情，性情之外無詩。但缺乏靈機，依然不能生動，故性靈二字又不可分。作詩唯必有眞情流露，纔能動人，纔稱好詩，故隨園極力提倡性靈詩。此說一出，上自朝廷公卿，下至市井負販，皆靡然從風，競傚其體，於是隨園老人便成爲一代詩壇之盟主。其仕雖不顯，而備林泉之清福，享文章之盛名，三百年來，蓋無有及之者。

【箋　注】

㈠停年資格　言官吏之登用以年資長短爲標準也。《魏書・崔亮傳》：『亮奏創停年格，不問士之賢愚，專以停解日月爲斷。其甥劉景安書規之曰：「取士之途不溥，沙汰之理未精，而舅屬當銓衡，宜須改張易調，如之何反爲停年格以限之，天下士子誰復修厲名行哉。」』

㈡人雖草木必不謝芳華於雨露之秋　言草木爲無情之物，尚且逢雨露而開花，而競豔，況其爲萬物之靈的人類乎。

㈢水近樓臺益當效涓滴於高深之世　宋・范仲淹知杭州，兵官皆獲薦書，獨蘇麟適外任巡檢，未得與，會因事入府，獻詩曰：『近水樓臺先得月，向陽花木易爲春。』仲淹卽薦之。見俞文豹《清夜錄》。今謂屬僚之接近長官者，多以近水樓臺爲喩。涓滴，極言水少也，世每用爲微小之義，如云涓滴歸公。「高深之世」，以喻尹制府有如江海之崇深，爲衆流所薈萃也。以上四句言己遭遇明主，矢志報效。

㈣世守一經　家徒四壁　漢・韋賢及子玄成，俱以明經位至宰相，時諺有云：『遺子黃金滿籯，不如一經。』漢・司馬相如家酷貧，無以自存，至臨邛，臨邛富人卓王孫有女，字曰文君，與通殷勤，夜亡奔之，相如與馳歸成都，家徒四壁立，以其室中空無所有，徒見牆壁也。以上俱見《漢書》本傳。言己家世貧薄，亦以一經相傳而已。

㈤琴堂　《呂氏春秋・察賢篇》：『宓子賤治單父，彈鳴琴，身不下堂而單父治。』後因謂縣官治事之處曰琴堂。劉長卿《出豐縣界寄韓明府詩》：『音容想在眼，暫若升琴堂。』

㈥丙舍　小舍也。虞承隆《偶得》：『丙舍云者，乃正室兩旁之屋，次於甲乙，故以丙丁爲號，如今官署堂下兩側公廨是也。』世多泛指正室旁之別室。

㈦畫荻　宋・歐陽修四歲喪父，母鄭氏立誓守節，親課之讀，家貧無紙筆，常以荻草畫地學書。見《宋史・歐陽修傳》。後人稱頌母教，多引此事。

㈧餘膽罷含斷機尚在　《孔帖》：『唐・柳仲郢嗜學，母韓，丸熊膽（揉和熊膽爲丸也）以助其勤。』《列女傳・母儀類》：『孟軻母者，鄒孟軻之母也，號孟母。孟子之少也，既學而歸，孟母方績，問曰：「學何所至矣。」孟子曰：「自若也。」孟母以刀斷其織，孟子懼而問其故。孟母曰：「子之廢學，若吾斷斯織也。夫君子學以立名，問則廣知，是以居則安寧，動則遠害，今而廢之，是不免於廝役，而無以離於禍患也。何以異於織績而食，中道廢而不爲，寧能衣其夫子，而長不乏糧食哉。女則廢其所食，男則墮於修德，不爲竊盜，則爲虜役矣。』孟子懼，旦夕勤學不息，師事子思，遂成天下之名儒。君子謂孟母知爲人母之道矣。』作者引此，蓋所以稱頌其母。

⑨指隨心痛目與雲飛　言思親也。王充《論衡》：『周・曾參，字子輿，事母至孝，參嘗採薪山中，家有客至，母無措，望參不還，乃嚙其指，參忽心痛，負薪以歸，跪問其故。母曰：「有遠客至，吾嚙指以悟汝爾。」』《唐書・狄仁傑傳》：『仁傑薦授并州法曹參軍，親在河陽，仁傑登太行山，反顧，見白雲孤飛，謂左右曰：「吾親舍在其下。」瞻悵久之，雲移乃得去。』

⑩自蒙丹陛之恩得奉板輿之樂　言自爲縣令後，乃得迎養慈親，略盡人子之道也。宮殿之階，以朱丹漆之，曰丹陛，亦曰丹墀。丹陛之恩，以言皇帝之恩澤也。吳融《出潼關詩》：『飛軒何滿路，丹陛正求才。』板輿，板車也，古時自天子至於庶人通得乘之。逮晉・潘岳作《閒居賦》，述閒居奉親之事，後人輒用爲在官者迎養其親之代詞。岑參《成少尹駱谷行詩》：『榮祿上及親，之官隨板輿。』

⑪春暉寸草養志八年　言甘旨承歡凡八年也。孟郊《遊子吟》：『慈母手中線，遊子身上衣。臨行密密縫，意恐遲遲歸。誰言寸草心，報得三春暉。』三春，謂春季三月也。暉，日光也。春時日光和煦，故假三春暉以喻親恩之深厚無極。寸草，喻子女能力之薄弱有限。詩意謂慈母撫愛子女之恩，如春暉之長養草木，子女雖有報親之心，然力如寸草，又安得報親恩之萬一耶，此所以令人長號永慕，不能自已也。　養志，謂奉養之道，能承順父母之意志也。《孟子・

離婁篇》『孟子曰：「曾子養曾晳，必有酒肉，將徹，必請所與，問有餘，必曰有。曾晳死，曾元養曾子，必有酒肉，將徹，不請所與，問有餘，曰亡矣。將以復進也。此所謂養口體者也。若曾子，則可謂養志也，事親若曾子者，可也。」』朱子集注：『曾晳，名點，曾子父也。曾元，曾子子也。曾子養其父，每食必有酒肉，食畢，將徹去，必請於父曰：「此餘者與誰。」或父問此物尚有餘否，必曰有，恐親意更欲與人也。曾元不請所與，雖有，言無，其意將以復進於親，不欲其與人也。』趙岐注：『必曰有，恐違親意也，故曰養志。曾元曰無，不求親意，故曰養口體也。』

㊂萱愛家鄉四句　言慈母不勝羈旅之苦，亟欲返鄉也。萱，即萱草，孟郊《遊子詩》：『萱草生堂階，遊子行天涯。慈親倚堂門，不見萱草花。』以萱比母，蓋始於此。河陽，舊縣名，故城在今河南．孟縣西。晉．潘岳嘗宰是邑，境內徧植桃花，舉世傳為美談。後之稱縣官者，每以桃花百里為言。作者引此，蓋以自喻也。時隨園先生為江寧縣令，故云。三國時，江夏人孟宗，字恭武，性至孝，母嗜筍，而冬日筍尚未生，宗入竹林哀號，孝感天地，筍忽迸出。見郭居敬《二十四孝》。梓里，謂故鄉也。劉迎詩：『吾不愛錦衣，榮歸誇梓里。』

㊃客秋之蓴菜香時堂上之魚鯡返矣　蓴菜，蔬類植物，夏季開花，秋日更生新葉，可供食用，味甚美，向為江、浙一帶特產。晉．吳郡人張翰，字季鷹，賦性純孝，入洛陽，仕齊王．冏為大司馬東曹掾，因見秋風起，乃思吳中菰菜、蓴羹、鱸魚膾，曰：『人生貴得適志，何能羈宦數千里，以要名爵乎。』遂命駕歸。（見晉書．張翰傳）今人謂鄉思曰蓴鱸之思，本此。魚鯡，即魚

軒，古時貴婦人所乘車輿，以魚皮爲飾，故云。見杜預《左傳》閔公二年注。二句言老母已於去年秋季返鄉。

⑭在親闈喜少懼多之日實人子難進易退之時　言母年已老，正人子辭官歸養之時也。《論語·里仁篇》：『子曰：「父母之年不可不知也，一則以喜，一則以懼。」』朱子注：『知，猶記憶也，常知父母之年，則既喜其壽，又懼其衰，而於愛日之誠，自有不能已者。』邢昺疏：『言孝子當知父母之年也。其意有二：一則以父母年多，見其壽考，則喜也。一則以父母年老，形必衰弱，見其衰老，則憂懼也。』《禮記·表記》：『子曰：「事君難進而易退，則位有序，易進而難退，則亂也。故君子三揖而進，一辭而退，以遠亂也。」』鄭玄注：『進難者，爲主人之擇已也。退速者，爲君子之倦也。』

⑮簪笏　謂冠簪與象笏，皆仕宦者之所用也。江總《侍宴婁苑湖應制詩》：『朽劣叨榮遇，簪笏奉周行。』

⑯方寸瞀亂　方寸，用以指心。瞀，亦亂也，瞀亂係同義之複合詞。《三國志·蜀書·諸葛亮傳》：『徐庶母爲操所獲，庶辭先主而指其心曰：「本欲與將軍共圖王霸之業者，以此方寸之地也，今失老母，方寸亂矣，無益於事。」』

⑰叢脞　煩瑣貌。《尚書·益稷》：『元首叢脞哉，股肱惰哉，萬事墮哉。』孔安國傳：『叢脞，細碎無大略。』蔡沈傳：『叢脞，煩碎也。』

⑱高堂年齒未符　高堂，謂父母也，此專指慈母而言。李白《送張秀才從軍詩》：『抱劍辭高

堂，將役霍冠軍。』案舊制，官吏父母年老，家無次丁，例得上疏告終養，惟親年須屆滿六十歲，始合於成例。作者上此書時，其母年未六十，故曰年齒未符。

⑲三秋痁 杜甫詩：『瘧癘三秋孰可忍，寒熱百日交相戰。』三秋，謂秋季也。痁，瘧疾也。

⑳烏鳥 孝鳥名。母烏老死，子能反哺六十日，世稱孝養父母曰展烏私，卽取其能報本之義。《文選》李密《陳情表》：『烏鳥私情，願乞終養。』

㉑犬馬 人臣對君自卑之詞，喻效忠於君，如犬馬之報主也。《漢書・孔光傳》：『臣智謀短淺，犬馬齒臷，誠恐一旦顚仆，無以報稱。』又爲自稱其年歲之謙詞，如云馬齒徒增，犬馬之齒是。

㉒晨昏 卽晨昏定省之意。《禮記・曲禮》：『凡爲人子之禮，冬溫而夏凊，昏定而晨省。』蓋昏時則爲其親安定牀衽，晨起則省問安否也。

㉓膏肓泉石 《唐書・田游巖傳》：『游巖入箕山，居許由祠旁，自號許由東鄰，頻召不出。調露中，高宗幸嵩山，親至其門，游巖山衣田冠出拜。帝謂曰：「先生養道山中，比得佳否。」游巖曰：「臣所謂泉石膏肓，煙霞痼疾者也。」』言癖好山水，若疾之入於膏肓也。

㉔篆攝 凡官非實授者，或代理或兼理，並曰攝篆。自來官署印信，概用篆文，攝篆者，謂代掌其印信也。

㉕鯫生 小人也。《史記・項羽本紀》：『沛公曰：「鯫生說我曰：距關，毋納諸侯，秦地可盡王也。」』案章太炎《新方言・釋言》云：『古人凡言短小，義兼愚陋。高祖罵人，一曰鯫生，二

曰豎儒，三曰腐儒，皆同意。』後多用爲自稱之謙詞。

【通　釋】

我擔任官職已歷多年，卻毫無功績可言。承蒙您對我恩情篤厚，一再的保薦我，提拔我。雖然您是依循以年資長短爲選官標準來任用我，沒有違背中央的規定，但是我總覺得您那份賞識我的深厚恩情尚未報答，實在過意不去。卽使是無情的草木，也會在雨露普施的時候開花競艷，何況是萬物之靈的人類呢。我眞有幸做了您的屬下，理當盡其棉薄，矢志報效。沒想到本月三日突然接到家書，說家母生病了。我遊宦在外，沒能親自奉養老母，內心已感不安，現在獲知她的病訊，則愈加驚恐疑慮。

我本來是浙江東部的鄉野之人，世世代代都以詩禮相傳，家境十分貧寒。每當我面對着縣長辦公室裏的燈燭的時候，便想起當年在家鄉的小屋子裏挑燈苦讀的情形。在我童年時期，起初由母親給我啓蒙，稍後母親變賣首飾，延請老師。母親對我恩威並用，一方面呵護備至，一方面又嚴加管教。一想起這些情事，就恨不得飛回家鄉，拜見慈母。

自從蒙受皇上的恩典，便獲得板車迎親的快樂。我把母親接到官邸來奉養，歷時八年。然而母親卻不習慣長期客居外地，認爲還是住在老家的好，因此在去年秋天便乘車回去了。我要再行迎來官邸奉養，可是她老人家年老多病，難以跋涉關河，假如只寫信回家問問平安，可是她老人家身邊卻沒有人給她侍奉湯藥。在老母喜少懼多的時候，也就是人子難進易退的時候。遙望鄉關，那裏還有心情作官呢。

就以人之常情來說，一個體弱多病的老人，看到子孫繞膝，一定會振奮精神，增長壽命。而一個心亂如麻的書生，縱然是在夜闌人靜的時候處理公務，也一定會雜亂而沒有條理。在人才濟濟的官場裏，卽使去掉幾百個像我這樣的縣長，也未必就會缺乏人才。而老母撫養我三十年，原來爲的是要我承歡在今日。我雖然想要繼續爲國家效力，但是事實上卻不可能，所以我已決定辭去官職，返家奉母。

不過奉養老母固然是刻不容緩之事，而『終』這個字卻不是人子所忍心講出口的。何況家母還不到六十歲，恐怕不符合兒子上疏告終養的規定，而且像您這樣的好長官實在很難遇到，我眞想長期做您的部屬，繼續在江南作官呢。正當我心煩慮亂，不知所從的時候，忽然罹患痺疾，在急欲回家卻無法可想的情況下，只好向您請長期病假，以遂所願。

我誠懇的請求您體念我反哺報恩的情懷，成全我奉養老母的意願，憐憫我能力薄弱，批准我請病假的簽呈。我實在是因爲要對母親略盡晨昏定省之禮，並且藉此機會卸下仔肩，回家養病。絕對不是癖好山水，自鳴清高。只要一找到代理縣長的人，我立刻就星夜趕路。或許老母看到了我，病情馬上減輕也說不定。那麼我將感激不盡，依舊會再回來爲您效力。我今天如果能够回到母親的身邊，都是由於您體諒下情之所致，將來重行謁見軍門，正像嬰兒再度投入慈母的懷抱一般。

8 聊齋志異自序

蒲松齡

被蘿帶荔。三閭氏感而爲騷㊀。牛鬼蛇神。長爪郎吟而成癖㊁。自鳴天籟㊂。不擇好音。有由然矣。

松齡落落秋螢之火。魑魅爭光㊃。逐逐野馬之塵。魍魎見笑㊄。才非干寶。雅愛搜神。情同黃州。喜人談鬼㊅。聞則命筆。遂以成編。久之四方同人。又以郵筒相寄㊆。因而物以好聚。所積益夥。甚者人非化外。事或奇於斷髮之鄉。睫在目前。怪有過於飛頭之國㊇。遄飛逸興。狂固難辭。永託曠懷。癡且不諱。展如之人得毋向我盧胡耶㊈。

然五父衢頭㊉。或涉濫聽。而三生石上⑪。頗悟前因。放縱之言。有未可概以人廢者。松懸弧時⑫。先大人夢一病瘠瞿曇⑬。偏袒入室。藥膏如錢。圓黏乳際。寤而松生。果符墨誌。且也少羸多病。長命不猶。門庭之淒寂。則冷淡如僧。

筆墨之耕耘。則蕭條似鉢。每搔頭自念。毋亦面壁人果是我前生耶(十四)。蓋有漏根因。未結人天之果(十五)。而隨風蕩墮。竟成藩溷之花(十六)。茫茫六道(十七)。何可謂無其理哉。

獨是子夜熒熒。燈昏欲蕊。蕭齋瑟瑟(十八)。案冷疑冰。集腋爲裘。妄續幽冥之錄(十九)。浮白載筆。僅成孤憤之書(二十)。寄託如此。亦足悲矣。

嗟乎。驚霜寒雀。抱樹無溫。弔月秋蟲。偎欄自熱。知我者其在青林黑塞間乎(二一)。

【題　解】

《聊齋志異》，小說名，簡稱《聊齋》，凡八卷，或析爲十六卷，四百三十一篇，清・蒲松齡撰。此書多借神仙鬼狐精魅故事，以抒發對現實社會之不滿，刻畫各行各業之黑暗污濁，官場科舉之腐敗虛僞，淋漓盡致，屈曲洞達。而抨擊舊社會不合理之婚姻制度，伸張舊時代被摧殘之婦女人權，尤深具意義，饒有價值。爲我國短篇小說名著，三百年來，深入民間，已成家喻戶曉之書。言愛情者無不知有《紅樓夢》，言鬼狐者無不知有《聊齋》。其後袁枚撰《子不語》，紀昀撰《閱微草堂筆記》，刻意模仿，欲相陵駕。然細加比觀，終有未逮。始知此等傑構，誠屬曠世鉅鑄，固不可無一，亦不能有二也。

《三借廬筆談》云：『蒲留仙先生《聊齋志異》，用筆精簡，寓意處全無跡相，蓋脫胎於諸子，非僅抗手於左史龍門也。相傳先生居鄉里，落拓無偶，性尤怪癖，爲村中童子師，食貧自給，不求於人。作此書時，每臨晨，攜一大磁甖，中貯苦茗，具淡色菰一包，置行人大道旁，下陳蘆襯，坐於上，煙茗置身畔，目行道者過，必強執與語，搜奇詫異，隨人所知。渴則飲以茗，或奉以煙，必令暢談乃已。偶聞一事，歸而粉飾之。如是二十餘寒暑，此書方告蕆，故筆法超絕。王阮亭聞其名，特詣之，避不見，三訪皆然。先生嘗曰：「此人雖風雅，終有貴家氣，田夫不慣作緣也。」其高致如此。既而漁洋欲以三千金售其稿，代刊之，執不可。又託人數請，先生鑒其誠，令急足持稿往，阮亭一夜讀竟，略加數評，使者仍持歸，時人服先生之高品，爲落落難合云。』又《桐蔭清話》云：『國朝小說家所作談狐說鬼之書，當以蒲留仙《聊齋志異》爲第一，相傳其書初成，曾就正於王漁洋，王欲以百千市其稿，蒲堅不許，因加評騭，並題詩一絕還之。』案王漁洋《奉題志異詩》云：『姑妄言之妄聽之，豆棚瓜架雨如絲。料應厭作人間語，愛聽秋墳鬼唱詩。』留仙依韵和之云：『《志異》書成共笑之，布袍蕭索鬢如絲。十年頗得黃州意，冷雨寒燈夜話時。』

本篇選自《聊齋志異》卷首，落落詞高，飄飄意遠，似不食人間煙火者。王文濡評曰：『作者不以駢文擅長，而幽思逸韻，亦自落落不羣。』（《清代駢文評注讀本》）

【作　者】

蒲松齡，字留仙，一字劍臣，別號柳泉居士，又號西周生。清初山東・淄川縣人。生於明思宗・崇禎十三年，卒於清聖祖・康熙五十四年（西元一六四〇——一七一五年），年七十六。

松齡少有文名，爲施閏章、王士禎等所器重。屢試不第，七十一歲始成貢生。畢生以教塾、著述爲業，著有《聊齋文集》、《聊齋詩集》、《聊齋俚曲》。而其短篇小説集《聊齋志異》歷二十年成書，尤爲著名。

松齡既逝，其友人張元爲撰墓表，述其行誼，語極詳賅。其末段云：『先生穎悟絶倫，淹貫羣書，作文空諸所有，一縷清思爲題，曲曲傳神寫照，詩文中白描高手也。初應童子試，卽以縣府道三第一，補博士弟子員，文名藉藉諸生間，然入棘闈輒見斥，慨然曰，其命也夫。用是決然捨去，而一肆力於古文辭，奮發砥礪，與日俱新。而其生平之侘傺失志，濩落鬱塞，俯仰時事，悲憤感慨，又有以激發其志氣。故其文章穎發苕豎，恢詭魁壘，用能絶去町畦，自成一家。而蘊結未盡，則又搜抉奇怪，著爲《志異》一書。雖事涉荒幻，而斷引謹嚴，要歸於警發薄俗，扶持道教，則猶是其所以爲古文者而已，非漫作也。性樸厚，篤交遊，重名義，而孤介峭直，尤不能與時相俯仰。少年與同邑李希梅及張歷友視旋結爲郢中詩社，以風雅道義相劘切，終一節無少間。新城・王士禎素奇其才，屢寓書，將致之於門下，卒以病謝，辭不往。』蓋能深知蒲氏者也。

【箋　注】

㈠被薜帶荔三閭氏感而爲騷　《楚辭・九歌・山鬼》：『若有人兮山之阿，被薜荔兮帶女蘿。

既含睇兮又宜笑，子慕予兮善窈窕。乘赤豹兮從文狸，辛夷車兮結桂旗。被石蘭兮帶杜衡，折芳馨兮遺所思。』王逸注：『女蘿，兔絲也。言山鬼彷彿若人，見於山之阿，被薜荔之衣，以兔絲爲帶也。薜荔兔絲皆無根，緣物而生，山鬼亦晻忽無形，故衣之以爲飾也。』又《離騷經序》：『《離騷經》者，屈原之所作也，屈原與楚同姓，仕於懷王，爲三閭大夫，三閭之職，掌王族三姓，曰昭屈景。屈原序其譜屬，率其賢良以厲國士，入則與王圖議政事，決定嫌疑，出則監察羣下，應對諸侯，謀行職修，王甚珍之。同列大夫上官靳尚妬害其能，共譖毀之，王乃疏屈原。屈原執履忠貞而被讒邪，憂心煩亂，不知所愬，乃作《離騷經》。離，別也，騷，愁也，經，徑也。言已放逐離別，中心愁思，猶依道徑以諷諫君也。』

㈡牛鬼蛇神長爪郎吟而成癖　長爪郎，謂李賀也。賀字長吉，唐宗室後，幼穎異，七歲能辭章，爲韓昌黎所激賞。爲人纖瘦，通眉長指甲，能疾書。其爲詩，不先立題，每旦出，騎弱馬，從小奚奴，背古錦囊，得句卽投囊中，及暮歸，於燈下綴成篇什。母每探囊，見所書多，卽怒曰：『是兒要嘔出心乃已耳。』阮閱《詩話總龜》評其詩有鬼才。見新舊《唐書》本傳。杜牧《李長吉集序》云：『鯨呿鼇擲，牛鬼蛇神，不足爲其虛荒誕幻也。』

㈢天籟　自然之音也。《莊子・齊物論》：『南郭子綦謂顏成子游曰：「汝聞人籟而未聞地籟，汝聞地籟而未聞天籟夫。」』郭象注：『籟，簫也，夫管簫參差，宮商異律，故有短長高下萬殊之聲，聲雖萬殊，而所禀之度一也。然則優劣無所錯其閒矣，況之風物，異音同是，而咸自取焉，則天地之籟見矣。』案成玄英疏，天籟卽比竹(謂人籟)衆竅(謂地籟)之類，其發爲音響，雖大小不同，而各稱所受，率性而動，不由心智，故以天言之，並出乎自然，此天籟之大意也。後人謂詩文之自然者，亦曰天籟。

㊃落落秋螢之火魑魅爭光　《晉書・車胤傳》：『胤博學多通，家貧不常得油，夏月則練囊盛數十螢火以照書，以夜繼日焉。』《靈鬼記》：『嵇康嘗於燈下彈琴，忽有一人入室，初見時面甚小，須臾轉大，長丈餘，著黑單衣革帶。康熟視甚久，乃吹火滅之曰：「吾恥與魑魅爭光。」』落落，猶言落寞，寂寞冷落之意。

㊄逐逐野馬之塵魍魎見笑　《南史・劉損傳》：『損宗人伯龍爲武陵太守，貧窶尤甚，慨然將營什一之利，一鬼在旁拊掌大笑。伯龍曰：「貧富固有命，乃復爲鬼所笑也。」遂止。』逐逐，競求貌。《易經・頤卦》：『虎視眈眈，其欲逐逐。』野馬，謂塵也，卽田野間蒸騰浮游之水氣，亦稱遊塵。見《莊子・逍遙遊》注。

㊅才非干寶四句　言己亦雅好談神說怪也。《晉書・干寶傳》：『寶字令升，新蔡人。博學多才，嘗爲著作郎。其父有寵婢，母甚妒之。父亡，母生納之墓中，寶時年小，不知也。後十餘年母喪，開墓而婢扶棺如生，載歸經日，因言其父常與飲食，故不死。嫁之生子。寶兄嘗病，氣絕積日不冷，尋復蘇，言天地間鬼神事，如夢覺。寶於是撰《搜神記》三十卷，集古今神祇靈異諸變幻狀甚悉。』《續世說》：『蘇子瞻在黃州，客與遊，詼諧放蕩，有不能談者，則強之使說鬼。』子瞻，宋・蘇軾字。

㊆郵筒　古時封寄書函之竹管。王讜《唐語林》：『白居易爲杭州刺史時，吳與太守錢徽、吳郡

太守李穠悉平生舊交，日以詩相寄贈。後元稹守會稽，參與酬唱，多以竹筒盛詩往來，謂之郵筒。』貫休詩：『尺書裁罷寄郵筒。』今郵局所設投寄信件之筒亦稱郵筒。

⑧斷髮鄉飛頭國　皆謂蠻荒之地也。《漢書・地理志》：『越人文身斷髮，以避蛟龍之害。』《唐書・南蠻傳》：『有飛頭獠者，頭欲飛，周項有痕如縷，妻子共守之，及夜如病，頭忽亡，比旦還。』

⑨展如之人得毋向我盧胡　言至誠之人毋見笑也。《詩經・鄘風・君子偕老》：『展如之人兮，邦之媛也。』毛氏傳：『展，誠也。』《太平御覽》五十一引《闞子》：『宋之愚人得燕石於梧臺之東，歸而藏之，以爲天寶，周客聞而觀焉，主人端冕玄服以發寶，客見之，盧胡而笑曰：「此燕石也，與瓦甓不異。」主人大怒，藏之愈固。』案盧胡亦作胡盧，笑聲在喉間也。

⑩五父　地名，在今山東・曲阜縣東南，孔子之母顏太夫人殯於五父之衢。見《禮記・檀弓》。

⑪三生石　在今浙江・杭州・天竺寺後山上。唐・李源與惠林寺僧圓觀爲忘言交，同遊三峽，見一婦人負甕引汲，圓觀曰：『是我託身之所，更後十二年，杭州・天竺寺外與君相見也。』是夕，圓觀亡。及期，源如約往，見有牧童歌竹枝詞，卽圓觀也。歌曰：『三生石上舊精魂，賞月吟風不要論。慚愧情人遠相訪，此身雖異性長存。身前身後事茫茫，欲話因緣恐斷腸。吳越溪山尋已遍，卻迴煙棹上瞿塘。』事見袁郊《甘澤謠》。參閱本書《重修朝雲墓碑》『片石三生』句注。

⑫懸弧　弧，弓也，古禮男子生則懸弧於其門，明必有射事也，見王肅《孔子家語・觀鄉射篇》

注。《禮記・內則》：『子生，男子設弧於門左，女子設帨於門右。』鄭玄注：『表男女也。弧者，示有事於武也。帨，事人之佩巾也。』後人本此，因謂男子生日爲懸弧令旦，女子生日爲設帨良辰，亦曰帨辰。

㈢瞿曇　釋尊之姓，亦稱喬答摩，佛家語，其義爲甘蔗。佛之先世，本姓瞿曇，故世稱佛爲瞿曇。曹伯啓詩：『眼中梵刹如比櫛，焉知曉事無瞿曇。』

㈣面壁　佛家坐禪之異名。《神僧傳》：『天竺菩提達摩大師，梁武帝・普通元年泛海至金陵，與帝語，師知機不契，遂去梁，折蘆渡江，止嵩山少林寺，終日面壁而坐，九年，形入石中，拭之益顯，人謂其精誠貫金石也。』後因謂人造詣純熟者曰面壁功深。

㈤有漏根因末結人天之果　有漏，佛家語，謂三界之煩惱也。漏者，煩惱之異名，三界中之一切，悉含有煩惱，故謂之有漏，而斷除煩惱則謂之無漏。《傳燈錄》：『梁武帝問達摩曰：「朕造寺寫經，不可勝紀，有何功德。」答曰：「寫經度僧，並無功德，此但人天小果，有漏之因。」』言但能轉生人類或上生天耳，得報至小，不能成佛果也。

㈥隨風蕩墮竟成藩溷之花　《南史・范縝傳》：『齊・竟陵王・蕭子良精信釋教，而縝盛稱無佛。子良問曰：「君不信因果，何得富貴貧賤。」縝答曰：「人生如樹花同發，隨風而墮，自有拂簾幌墜於茵席之上，自有關籬牆落於糞溷之中。墜茵席者，殿下是也，落糞溷者，下官是也。貴賤雖復殊途，因果竟在何處。」子良不能屈，然深怪之。』

㈦六道　佛家語。《談藪》：『金剛怒目，所以降伏四魔，菩薩低眉，所以慈悲六道。』案六道者，一曰天道，二曰人道，三曰魔道，四曰餓鬼道，五曰畜生道，六曰地獄道。諸天最樂，地獄最苦，世人死後，輪迴於六道之中，視其生前善惡，以爲報應。

⑱蕭齋　梁・蕭子雲善飛白書，武帝於京都造寺，命子雲以飛白作一蕭字於寺壁上。後寺燬，僅此一字獨存，好事者取入南徐・海榴堂中，以爲奇觀。至唐爲李約所見，重金購之，載壁歸洛陽・仁風里，構大廈以覆之，目爲蕭齋。張諗特爲記其事。見《宣和書譜》。詞章中所用蕭齋、蕭寺，以蕭爲蕭條，名或本此，然取義有別。今則習用爲書齋之稱，兼取蕭瑟爲義，猶言寒齋。

⑲集腋爲裘妄續幽冥之錄　集腋爲裘，喻合衆力以成一事也。《太平御覽・獸部》引《愼子》：『廟堂之材，非一木之枝，白狐之裘，非一腋之皮也。』《幽冥錄》，書名，凡二十卷，南朝・宋・劉義慶撰，所記皆冥間之事。

⑳浮白載筆僅存孤憤之書　俗謂罰人飲酒曰浮白。劉向《說苑・善說篇》：『魏文侯與大夫飲酒，使公乘不仁爲觴政，曰：「飲不釂者浮以大白。」文侯飲而不盡釂，公乘不仁擧白浮君。』孤憤，謂憤世嫉俗也。《韓非子》有《孤憤篇》，謂孤直不容於時也。王先愼釋其義云：『言法術之士，既無黨與，孤獨而已，故其材用，終不見明。卞生既以抱玉而長號，韓公由之寢謀而內憤。』

㉑青林黑塞　杜甫《夢李白詩》：『死別已呑聲，生別常惻惻。江南瘴癘地，逐客無消息。故人入我夢，明我長相憶。恐非平生魂，路遠不可測。魂來楓林靑，魂返關塞黑。今君在羅網，何

以有羽翼。落月滿屋梁，猶疑照顏色。水深波浪闊，無使蛟龍得。』案此蓋指落寞失意之人而言。

【通釋】

屈原看見身穿薜荔之衣，腰束兔絲之帶的山中妖怪，內心感發興起而作騷賦。李賀所作古詩，多吟詠牛鬼蛇神之事，世有『詩鬼』之稱。由此可見自古詩人所欣賞的是自然界的聲音——包括妖魔鬼怪的聲音在內。

我生性孤獨，交遊不廣，加以家境淸寒，以囊螢照書，居然和鬼火爭光。卑棲塵世，追求蠅頭小利，也被鬼魅所笑。才華比不上干寶，卻喜歡搜集神怪故事，心情如同蘇軾在黃州時的恬淡，經常和朋友在一起談神說怪。只要有新的題材，就隨時作筆記，積稿漸多，遂成一本小書。時日既久，四方友朋知道我有這種嗜好，紛紛把他們所聽到的神怪故事寄來，因而使這本書的內容更加豐富。甚至連南越的斷髮文身，南蠻的頭顱飛而復返等稀奇古怪故事都有。我對功名富貴看得很淡泊的曠達胸襟，對精靈鬼狐的瘋狂愛好，大概不會被至誠之人所譏誚吧。

相傳孔子之母顏氏殯於五父之衢，圓觀和尚與李源訂了身後之約，這些事情雖稍涉怪誕，但仍有其價値，我們絕不可一概加以否定。當我出生之前，先父夢見佛祖釋迦牟尼帶著病容，裸露左肩，進入寒舍，用一帖如銅錢般大的藥膏貼在乳頭旁邊，夢醒後我卽誕生，果然乳頭邊有一顆黑痣。因此我幼時體弱多病，長大後命途多舛，門庭衰落，靠筆耕爲生，和沿門托鉢的苦行僧沒有兩樣。我常常搔頭自思，我的前身可能是在嵩山少林寺面壁九年的天竺菩提達摩大師吧。由於生性憂鬱，無法修成正果，身世就像隨風飄蕩的花朵一樣，最後竟然掉進廁所裏，再也不能振作起來。佛家所說的輪迴報應，居然應驗在我身上，難道沒有它的道理嗎。

我經常一個人坐在書房裏，面對殘燈，振筆疾書，希望能像劉義慶著《幽冥錄》一樣，描述一些陰間鬼怪故事。於是一邊喝酒，一邊撰寫，像韓非一樣完成了一部憤世疾俗的著作。把終身的志趣寄託在描鬼述怪上面，眞是可悲呀。唉，在寒霜裏飛舞的痲雀，卽使棲息在樹枝上，也不會溫暖。在月光下唧唧鳴叫的秋蟲，若能依偎在欄干旁，就不會覺得寒冷。了解我作書旨趣的人，大概是那些窮困潦倒的失意之人吧。

9 中書平章政事常遇春追封開平王制

王禕

天開鴻業。篤生英傑之臣。星隕將營㊀。載舉哀榮之典。肆大勳之垂集。俄上將之云亡。庸錫褒封。誕頒渙號㊁。

具官常某㊂。英敏而沈毅。嚴肅而恢宏。自初建於義旗。卽來歸於戎旆。首從淮右。揚采石之鋒㊃。旋定江東。振丹陽之捷㊄。拓邊疆於全楚㊅。殲強敵於三吳㊆。掃河洛而奠中原。指幽燕而平朔土㊇。功成百戰。允爲一世之豪。氣蓋三軍。豈特萬人之勇。近報灤陽之凱㊈。益窮漠北之追㊉。攬哀訃之遽來。知力疾而猶戰。眷言忠藎。深用悼傷。海宇一家。既已成爲大統。君臣同體。期共享於太平。事乃若斯。情何能已。秩庸陞於次相。爵兼錫於眞王⑪。雖禮數之有加。於予心其猶歉。

嗚乎。金書鐵券。曷忘佐運之功[十二]。袞衣繡裳。尚服飾終之命[十三]。寵靈弗替。祚胤彌昌[十四]。可贈翊運、推誠、宣德、靖遠功臣。開府儀同三司、上柱國、太保、中書右丞相。追封開平王。謚忠武。

【題解】

常遇春，字伯仁，明初懷遠人。相貌奇偉，勇力絕人，猿臂善射。初爲盜，後歸太祖，嘗攻采石，授先鋒，驚勇善戰，屢出奇以挫元兵。尋守溧陽，攻建康。又從平陳友諒，擒張士誠，轉戰江、浙、皖、贛，所向無敵。元順帝・至正二十七年，復率師二十五萬北伐，追元帝與蒙古兵至今多倫之北，爲太祖奠定天下。累官左副將軍，進中書，平章軍國政事，封鄂國公。生平沈毅果敢，善撫士卒，不習書史，而用兵輒與古合。嘗自言能將十萬衆橫行天下，軍中稱爲常十萬。卒贈中書右丞相，封開平王，謚忠武。傳見《明史》卷一百二十五、《明史稿》卷一百十六。案宋理宗・寶祐四年，蒙古主蒙哥欲建城市，修宮室，爲都會之所，忽必烈以劉秉忠薦，因命相宅，秉忠以恆州東灤水北之龍岡爲吉，詔秉忠營之，命曰開平府。洪武二年六月，常遇春大敗元兵於此，冀北悉平，七月卒於軍，故追封開平王。

【作　者】

王禕，字子充，明・義烏人。幼敏慧，及長，師事柳貫、黃溍，遂以文章名世。時值元朝末葉，朝政不綱，禕上皇帝萬言書，痛陳時弊，爲權臣所尼，不果用。遂隱於青岩山，潛心著作，聲華日盛。明太祖起兵討元，聞其賢，拜中書省掾史。喜曰：『江南有二儒，卿與宋濂耳。學問之博，卿不如濂，才思之雄，濂不如卿。』旋授江南儒學提擧，後同知南康府事，卓著政績。洪武初，上疏言祈天永命，在忠厚寬大，法天道，順人心，雷霆霜雪，可暫而不可常。帝嘉納之，然不能盡從也。明年修《元史》，詔與宋濂爲總裁，禕擅長史事，裁煩剔穢，力任筆削。書成，擢翰林待制，同知制誥，兼國史院編修官。五年正月，議招雲南，命禕齎詔往，抗節成仁，謚文節。正統中，改謚忠文。成化年間，命建祠祀之。著有《王忠文公集》二十四卷及《大事記續編》，又曾重修《華象新書》，並傳於世。傳見《明史・忠義傳》、《宋元學案》卷七十、《明史稿》卷二百七十。

【箋　注】

㈠星隕將營　陰陽五行家言，凡聖賢豪傑，達官貴人，天上皆有星宿與之相應，故其生謂之星降，沒謂之星隕。若其人將死，其星必先隕。相傳蜀漢時，丞相諸葛亮出師攻魏，師次五丈原，有大星落於軍中，未幾亮死。

㈡渙號　大號也。《易經・渙卦》：『九五，渙汗其大號。』程子傳：『當使號令洽於民心，如人身之汗，浹於四體。』案《漢書·劉向傳》注，言王者渙然大發號令，如汗之出也。

㈢具官　唐·宋以來，稱備具官爵履歷者曰具官，如云具官某。

㈣首從淮右揚采石之鋒　淮右，淮水以西之地也，亦曰淮西。采石，即采石磯，在今安徽·當塗縣西北二十五里江邊，有山名牛渚，山下突入江中，曰采石磯，形勢險要，兩漢以降，每爲兵家必爭之地。明太祖起義之時，率常遇春等渡江，於此大破元兵。《明史》本傳云：『至正十五年，遇春自請爲前鋒，太祖兵薄牛渚磯，元兵陳磯上，舟距岸且三丈餘，莫能登。遇春飛舸至，太祖麾之前，遇春應聲，奮戈直前，敵接其戈，乘勢躍而上，大呼跳躍，元軍披靡，諸將乘之，遂拔采石，進取太平。授總管府先鋒，進總管都督。』

㈤旋定江東振丹陽之捷　江東，謂長江下游東部沿岸之地也，此處指今安徽沿江東部與江蘇之鎭江、常州等地，皆經遇春戡定者。丹陽，古地名，即今安徽·當塗縣治。遇春於采石破元兵後，元中丞蠻子海牙復以舟師襲據采石，遇春復大敗之。采石在當塗境內，故云『振丹陽之捷』。本傳云：『時將士妻子輜重皆在和州，元中丞蠻子海牙復以舟師襲據采石，道中梗，太祖自將攻之，遣遇春多張疑兵，分敵勢，戰既合，遇春操輕舸衝海牙，舟爲二，左右縱擊，大敗之，盡得其舟，江路復通。尋命守溧陽，從攻集慶，功最。從元帥徐達取鎭江，進克常州，遷中翼大元帥。』

㈥拓邊疆於全楚　謂敗陳友諒也。元朝末年，天下喪亂，羣雄蠭起，沔陽人陳友諒投奔徐壽輝，旋殺壽輝，併其軍，稱帝於采石磯，國號漢，盡有江西、湖、廣地。至正二十年，復欲東取應天，明太祖以計敗之，退走江州，諸將相率降，疆土日蹙，乃大治樓船，進攻南昌。二十三年，兩軍會戰於鄱陽湖，爲遇春所敗，中流矢死。其後太祖視師武昌，漢丞相張必先自岳州來援，遇春又大敗之，遂奄有湖、廣、江西，勝利基礎，於焉奠定。

㊆殲強敵於三吳　謂敗張士誠也。士誠字九四，元末泰州人，業操舟運鹽，至正間起兵，陷泰州，據高郵，稱誠王，國號大周。據吳中後，又改稱吳王，所據地，南抵紹興，北踰徐州，西及汝、潁，東薄於海，共約二千里，帶甲數十萬。至正二十七年，爲常遇春大敗於太湖，擒送建康，在舟中絕食死。於是自川、楚之交，以至大江南北，悉爲太祖所有。三吳，古地名，其說不一，概指今江蘇、浙江濱太湖之大邑如蘇州、武進、吳興、會稽等地。

㊇掃河洛而奠中原指幽燕而平朔土　謂掃蕩元京驅逐順帝也。至正二十七年，明太祖命徐達、常遇春統兵二十五萬北伐，首定山東，明年轉入河南，下汴梁、洛陽，西據潼關，復回師北趨，連克衞輝、彰德、德州，直下長蘆、通州，進薄北京，順帝倉惶北走，遇春等縱兵追奔數百里，斬獲數萬人，師入大都，遂覆元祚。計自遇春出師，至大都克服，爲時僅十月。

㊈灤陽　灤，謂灤河，源出於今察哈爾省境內，東南流，至河北・樂亭縣境，注入渤海。其上源曰上都河，盤迴於察哈爾・多倫縣之四周，常遇春追逐元帝至於多倫以北數百里之境外，大敗蒙古兵於開平。水北曰陽，開平在灤河之北，故曰灤陽。

⑩漠北　謂大漠以北也。至正二十七年，常遇春帥步騎九萬敗元將江文清於錦州。元將也速復傾師迎戰，又敗之，也速遁。遂整軍進攻開平，順帝先已北走，追奔數百里，俘其宗王應生

等，斬之，故云『益窮漢北之追』。

㈡眞王　對假王而言。《史記‧淮陰侯傳》：『漢四年，平齊，信使人言漢王曰：「齊僞詐多變，反覆之國也，南邊楚，不爲假王以鎮之，其勢不定，願爲假王便。」當是時，楚方圍漢王於滎陽，韓信使者至，發書，漢王大怒。張良、陳平躡漢王足，漢王悟，因罵曰：「大丈夫定諸侯，卽爲眞王耳，何以假爲。」乃遣張良往，立信爲齊王，徵其兵擊楚。』

㈢金書鐵券曷忘佐運之功　言其勳績永不磨滅也。金書鐵券，亦稱丹書鐵券，古以頒賜功臣者，文以丹書，券以鐵製，故名。其本人及後世如遇犯罪，則取鐵券爲證，朝廷得推念其功，予以赦減。取堅久愼重之義，故以丹書之，以鐵爲之。淩揚藻《蠡酌編》釋丹書鐵券云：『其制如瓦，外刻履歷恩數之詳，以記其功，中鐫免罪減祿之數，以防其過。字嵌以金，各分左右，左頒功臣，右藏內府，有故則合之以取信。』佐運，猶言佐命，謂佐王命也。古稱創業之君，受天命而爲天子，其輔助創業之臣謂之佐命。

㈢袞衣繡裳尚服飾終之命　言死後以隆重之禮加之也。袞衣繡裳，謂所賜之王服。《詩經‧豳風‧九罭》：『我覯之子，袞衣繡裳。』屈萬里釋義：『之子，謂周公也。袞衣，九章之衣，上公之服也。』飾終，謂對於死後致其尊榮之禮。《隋書‧豆盧毓傳》：『褒顯名節，有國通規，加等飾終，抑推令典。』

㈣祚胤　《詩經‧大雅‧既醉》：『君子萬年，永錫祚胤。』謂錫福及於子孫也，因謂後嗣爲祚胤。《史記》司馬貞《補三皇本紀》：『聖人德澤廣大，故其祚胤繁昌。』

【通釋】

一個開國君主，當他奉天承運，創立基業的時候，一定會有英雄豪傑來輔佐他。而一個輔佐開國君主建立帝業的大將軍逝世時，朝廷給他的飾終之禮一定是相當隆重優厚的。現在有一位大將軍卻在爲國家立下汗馬功勞之後，不幸去世了，政府決定褒揚他，並且追贈他的官爵。

常遇春將軍天性英敏而沈毅，外表嚴肅，器量寬宏。我一開始高舉推翻元朝的義旗，他就來投奔我。最初他跟著我在淮水以西一帶作戰，就大敗元兵於采石磯。不久又從丹陽傳來捷報，長江下游東部地區都被他平定了。然後擊敗陳友諒，佔有楚地，生擒張士誠，佔有吳地。接著揮師北伐，攻陷北京，趕走元順帝。他身經百戰，所向無敵，堪稱曠世英豪。他勇冠三軍，氣吞胡虜，豈止是萬夫莫敵而已。最近又大敗元兵於開平，把元順帝趕到大漠以北地方。他這樣奮不顧身的努力作戰，卻不幸死在軍中。我每想到他赤膽忠心的爲國捐軀，就深深的爲他壽命不永而哀傷。如今胡虜已被驅逐了，大明王朝已經建立了，應該是君臣共享太平之樂的時候，可是常將軍卻沒有這個福分，我怎麼不會歉然於懷呢。因此朝廷已決定了崇功報德的辦法，那就是追贈他的官階爲副宰相，追封他的爵位爲開平王。

唉，常將軍的豐功偉績，朝廷是永遠不會遺忘的。今特賜以王服，以示尊榮之禮。希望他英靈長在，庇佑子孫，永遠昌盛。可以追贈爲翊運、推誠、宣德、靖遠功臣，開府儀同三司，上柱國、太保、中書右丞相，追封開平王，諡號是忠武。

10 隆祐太后告天下手書

汪藻

比以敵國興師。都城失守。祲纏宮闕。既二帝之蒙塵。誣及宗祊。謂三靈之改卜㊀。眾恐中原之無統。姑令舊弼以臨朝㊁。雖義形於色。而以死爲辭。然事迫於危。而非權莫濟㊂。內以拯黔首將亡之命。外以紓鄰國見逼之危。遂成九廟之安㊃。坐免一城之酷。

乃以衰癃之質。起於閒廢之中。迎置宮闈。進加位號。舉欽聖已行之典。成靖康欲復之心。永言運數之屯。坐視邦家之覆。撫躬獨在。流涕何從㊄。

緬惟藝祖之開基。實自高穹之眷命㊅。歷年二百。人不知兵。傳序九君㊆。世無失德。雖舉族有北轅之釁。而敷天同左袒之心㊇。乃眷賢王。越居近服。已徇羣情之請。俾膺神器之歸。繇康邸之舊藩。嗣我朝之大統㊈。漢家之厄十世。宜光武之中興㊉。獻公之子九人。惟重耳之尚在⑪。茲爲天意。夫豈人謀。尚期中外之協心。共定安危之至計。庶臻小愒。同底丕平⑫。用敷告於多方⑬。其深明於吾意。

【題解】

宋欽宗・靖康二年，金兵大舉入寇，攻陷汴京，虜徽、欽二帝北去，北宋亡。金人自知文化落後，統治中原，恐非易事，因決定以漢制漢，扶立宋臣張邦昌爲傀儡皇帝，國號楚，指定金陵爲都，責其統治江南。邦昌僭位之後，不爲人心所歸，在位僅三十三日即自去僞號，迎哲宗廢后隆祐入宮聽政。隆祐太后遂於是年五月降手書播告天下，立徽宗第九子康王。趙構爲帝，定都南京(今河南・商邱縣)，改元建炎，是爲高宗，史稱南宋。

本篇選自《浮溪集》卷十三，全文不過三百言，而內容曲折，事詞的切，於危急震撼之中，收安定民心之效，亙古以來，殊難多覯。於時金人之餘威尚在，邦昌是奉金人之意旨而即帝位，故起首數句，極力爲金人留餘地，詞氣之間，極其平妥。而宋人又雅不以邦昌稱帝爲然，故又須極力爲邦昌洗刷，乃有『義形於色』數句。而隆祐太后以局外人發布詔令，又必須有幾句斡旋語，始能站穩立場，名正言順。至『永言運數之屯』以下，則慷慨激昂，流涕而道，乃感情之自然流露，略無矯揉之態。『漢家之厄十世』四句，比喻極其精切，神情尤爲悲壯。堪稱宋人四六文中之傑作。

蔣士銓評曰：『國家艱難之際，得一詔令，足以悚動人心，所關係不小，唐之陸贄，宋之汪藻，皆其選也。』(《四六法海評本》)要非漫言。

【作者】

汪藻，字彥章，宋・饒州・德興人。幼穎異，入太學，崇寧間第進士，調婺州觀察推官，歷遷著作佐郎。王黼與藻同舍，素不合，終黼之世不得用。高宗踐祚，召試中書舍人，累拜翰林學士，屬時多事，詔令多出其手。嘗論所以待將帥者三事，後卒如其策。紹興中，知湖州，上所修《日曆》凡六百六十五卷，陞顯謨閣學士。出知徽州、宣州，以事奪職，居永州卒。藻通顯三十年，無屋廬以居。博極羣書，老不釋卷。工儷體文，所爲制誥，人多傳誦。著有《浮溪集》三十六卷。見《宋史・文苑傳》。

南宋駢文作家，要推藻爲巨擘，父寂嘗爲晉江令，時藻始生，後藻復守是邦，其《謝表》云：『訪六十年之父老，恍若前生，佩六千石之印符，敢期今日。』當時傳誦之。嗣爲隆祐太后草詔，告天下以立康王之故，中外推爲雅切。以是建炎詔書，多出其手，洵爲一代之文宗。《四庫全書目錄》云：『藻文章淹雅，爲南渡後詞臣之冠，其《隆祐太后手書》、《建炎德音》諸篇，感動人心，幾於陸贄興元之詔。襍文亦雅健有體。其詩得於徐俯，俯得於其舅黃庭堅，尤遠有淵源。』陳振孫《直齋書錄解題》云：『浮溪之文，格律極嚴，一字不苟措，可推爲集大成者也。』可謂景仰之至。

【箋　注】

㈠祲纏宮闕四句　言徽、欽二帝蒙難，北宋淪亡。祲，妖氛也，此指金兵。蒙塵，謂天子失位，奔走四方。《左傳》僖公二十四年：『臧文仲曰：「天子蒙塵於外，敢不奔問官守。」』誣，謂誣罔，謠言。宗祊，猶言宗廟。《左傳》襄公二十四年：『若夫保姓受祀，以守宗祊，世不絕祀，無國無之。』三靈，謂天地人。《文選》陸機《漢高祖功臣頌》：『九服徘徊，三靈改卜，赫矣高祖，肇載天祿。』三靈改卜，猶言江山易主。

㈡舊弼　謂舊時輔弼之臣。此指張邦昌。邦昌字子能，東光人，以進士累官太宰，兼門下侍郎。靖康二年，金兵攻入汴京，册立爲楚帝，金兵退，即自去僞號，迎隆祐太后聽政。高宗即位，李綱劾之，貶至潭州，賜死。見《宋史·叛臣傳》。

㈢雖義形於色四句　義形於色，謂內懷正義而外見於神色也。《公羊傳》桓公二年：『孔父正色而立於朝，則人莫敢過而致難於其君者。孔父可謂義形於色矣。』此言邦昌內懷忠義，誓効命於王室，值此危急存亡之秋，苟非應變以行權，實不足轉危爲安也。聚珍版《浮溪集》案曰：『李心傳《繫年要錄》及選宋人四六者，並刪改「義形於色」二句，蓋因其迴護張邦昌也。惟《永樂大典》全載，今從之。』案邦昌既立，患諸臣不附己，乃迎孟后，尊爲宋太后，迫令聽政，時朝廷尚未正邦昌之罪，故詔書措辭委婉，實不足爲彥章病也。

㈣九廟　古代帝王爲進行宗法統治，設七廟供奉七代祖先。迨王莽代漢，悉更舊制，別立九廟。後世因之，遂成定制。詳見《漢書・王莽傳》及《宋史・徽宗紀》。詞章家每以七廟或九廟代稱封建王朝。（此段敘徽、欽二帝北狩，金人立張邦昌。）

㊄乃以衰癃之質十句　《宋史・張邦昌傳》：『金師既還，邦昌降手書赦天下。呂好問謂邦昌曰：「人情歸公者，劫於金人之威耳，金人既去，能復有今日乎。康王居外久，衆所歸心，曷不推戴之。」又謂曰：「爲今計者，當迎元祐皇后，請康王早正大位，庶獲保全。」監察御史馬伸亦請奉迎康王，邦昌從之。乃册元祐皇后曰宋太后，入御延福宮，遣蔣師愈齎書於康王，自陳所以勉循金人推戴者，欲權宜一時，以紓國難也，敢有他乎。王詢師愈等，具知所由，乃報書邦昌，邦昌尋遣謝克家獻大宋受命寶，復降手書，請元祐皇后垂簾聽政，以俟復辟。書既下，中外大悅，太后始御內東門小殿垂簾聽政，邦昌以太宰退處內東門資善堂，尋遣使奉乘輿服御物於東京。』按隆祐太后姓孟氏，於紹聖三年被廢，欽宗即位後，每思復其太后之位，故曰『舉欽聖已行之典』。（此段敘邦昌迎己聽政）

㊅緬惟藝祖二句　藝祖，謂有文德才藝之祖，古帝王對祖先之美稱。此則專指宋太祖。高穹，謂天之形，言其穹然而隆高也。蓋古時人質，且天文之學未精，仰視天形，穹隆而高，故稱天曰高穹，或曰穹蒼。此言宋太祖之創業垂統，實爲天命所歸。

㊆歷年二百二句　宋自太祖・趙匡胤開國，歷傳太宗、眞宗、仁宗、英宗、神宗、哲宗、徽宗，以迄欽宗靖康二年，凡十君，一百六十七年。言二百者，舉成數耳。

㊇雖舉族有北轅之釁二句　北轅，謂車駕向北而馳也。此指徽、欽二帝蒙塵事。杜甫《詠懷

詩》：『北轅就涇渭，官渡又改轍。』敷，普也，敷普溥三字並通，敷天猶云普天之下。《詩經·小雅·北山》：『溥（《孟子·萬章篇》引作普）天之下，莫非王土，率土之濱，莫非王臣。』左袒，謂偏助一方面也。漢高祖崩，呂后稱制，王諸呂，危劉氏，太尉周勃欲安劉而誅呂，乃入軍門，行令軍中曰：『爲呂氏者右袒，爲劉氏者左袒。』軍中皆左袒爲劉氏。見《史記·呂太后紀》。《名義考》云：『此勃誓師之詞，爲呂者袒而立於右，吾戮之，爲劉者袒而立於左，吾賞之也。』今謂偏助一方面曰左袒，曰袒護，兩無所助曰不爲左右袒，均本此。此言北宋雖亡，而天下猶能皆助趙氏也。

㊈乃眷賢王六句　賢王，指康王。康王名構，字德基，徽宗第九子。靖康二年，徽、欽二帝北狩，遂嗣帝位，初都建康，後遷臨安，保有東南半壁之地，史稱南宋。其初，李綱爲相，宗澤爲將，頗有匡復之圖。然帝秉性庸懦，志在苟安，宗澤屢請還汴，不報。其後金兵屢次南侵，爲岳飛、韓世忠等所敗，而帝相秦檜，殺岳飛，乞和於金，稱臣納幣，於是終宋之世，竟成偏安之局。在位三十六年，傳位孝宗，自稱太上皇。淳熙十四年崩，廟號高宗。越，發語詞，無義。近服，王畿鄰近之地也，此指南京應天府。案天子威德所及之地謂之服，古代京畿千里之外，服屬王室之地，每五百里爲一區畫，視其遠近分爲若干等。如《尚書·益稷》言五服，《周官》言六服，《周禮·夏官》言九服是也。神器，指天子位。康邸舊藩，指康王，稱其舊日封號也。大統，天子之位也，卽一君統治全國之意。《尚書·武成》：『惟九年，大統未集，予小子其承厥志。』此言俯順民意，迎康王卽位於商丘。按康王時居濟州。

⑩漢家之厄十世二句　西漢自高祖劉邦開國，歷傳惠帝、文帝、景帝、武帝、昭帝、宣帝、元帝、成帝、哀帝，以迄平帝元始五年，凡十一君，三百十一年。言十世者，舉其成數耳。元始五年十二月，王莽弒平帝，居攝踐祚，越三年，即天子位，改國號爲新。地皇三年，高祖九世孫劉秀發難舂陵，翌年六月大破莽軍於昆陽，九月攻入長安，莽自焚死。越明年，劉秀即帝位，定都洛陽，是爲東漢。宇內羣雄，次第平定，偃武修文，崇尚儒術，勵精圖治，漢室於以中興。

⑪獻公之子九人二句　《左傳》僖公二十四年：『晉侯（即晉文公）賞從亡者，介之推不言祿，曰：「獻公之子九人，唯君在矣。惠懷（惠公與懷公）無親，外內棄之。天未絕晉，必將有主，主晉祀者，非君而誰。」』晉獻公生子九人，迨夷吾（惠公名夷吾，獻公第三子也。）子懷公時，僅重耳尚存，後返國即王位，是爲文公。

⑫庶臻小愒二句　庶，庶幾也，表希冀之辭。臻，至也。小愒，小憩也，此作稍安解。《詩經・大雅・民勞》：『民亦勞止，汔可小愒。』底抵通段字，至也。丕，大也。丕平，猶云太平。

⑬敷告多方　敷告，布告也。多方，各方也，言無所不屆也。《尚書》有《多方篇》。（此段言俯順人心，迎康王即位。）

【通　釋】

最近因爲敵國發動戰爭，攻下了京師開封，妖氛瀰漫著宮闕，徽宗和欽宗兩位皇帝不幸被虜北去，於是謠言四起，以爲要改朝換代了。許多父老深恐國家沒有君主將會出亂子，因此暫且請老臣張邦昌出來維持局面。張氏一向效忠王室，今番膺此大任，實非得已，故其正義之氣一直表現在臉色和言辭上。其實國家在面臨危急存亡的緊要關頭，假如不採用變通的辦法，是很難化解危機的。這種權宜一時的作法，一方面可以拯救國內億萬生靈，一方面可以和緩敵國進逼的威勢，因而保住國家的命脈，避開被屠城的大劫。

張氏又把我這個體弱多病、廢居私第的老婦人請出來，迎入皇宮，遵照欽宗皇帝曾經想要讓我復位的意旨，進加皇后的位號，垂簾聽政，商討大計。當我入宮視事以後，就積極設法幫助康王・趙構完成收復失土的心願。每當我想起國家慘遭此空前未有的大災難，山河破碎，宗廟丘墟，皇親國戚、嬪妃媵嬙、王公大臣等三千餘人被虜而去，只有我失馬得福，保住殘軀，眼淚就情不自禁的掉下來了。

想當年太祖開創宋家王朝，實在是由於天命所歸。一百多年來，人民一直過著安定的生活，不知戰爭爲何物。君位傳了九代，沒有一個犯下重大過失。不久以前，雖然皇族三千餘人被虜到北方去，但是全國人民仍然是擁護宋家王朝的。因此我想起賢德的康王，就住在離此不遠的濟州，順著衆臣子的請求，請他出來承繼我宋家王朝的大統。漢朝傳到第十代國君遭遇災難，光武帝適時起來中興王室，晉獻公的兒子有九個人，最後只剩下公子重耳適時起來稱霸諸侯。這是上天的安排，並非人爲的因素。希望朝野上下同心協力，扭轉時局，再肇中興，共享太平之福。謹此昭告全國人民，務必明白我的心意。

【附錄】

略論宋代四六文之特色

張仁青

自唐・令狐楚傳章表之法於李商隱，而商隱遂有四六之集，宋之作者，尤別爲一體，故有『宋四六』之稱。昔崑山顧氏有云：『《三百篇》之不能不降而《楚辭》，《楚辭》之不能不降而漢、魏，漢、魏之不能不降而六朝，六朝之不能不降而唐也，勢也。』(《日知錄・詩體代降》)此雖非專指駢文而言，而駢文蛻變之痕跡，固歷歷不爽。余以爲唐之不能不降而宋也，亦勢也。蓋自魏、晉以迄南北朝，中國文學經過長期之自由與解放，逐漸脫離教化與實用之立場，超脫現實社會與民衆生活之基礎，而勇向高蹈的浪漫主義與純藝術的唯美主義之路邁進，無論發之於詩，形之於文，皆不出聲律與對偶二大端，終於造成純文學之黃金時代。此種風氣緜衍至於初唐，猶未盡替。其後雖經燕、許二公之稍加變革，韓柳諸子之無情打擊，亦終無損其顛末。故降至晚唐、五代，唯美主義之狂飆又復籠蓋整個文壇，俳辭豔曲，斑爛輝煌，駢文發展至此，已臻絕詣，無復有後人措手足之餘地矣。王靜安所謂『文體通行既久，染指遂多，自成習套，豪傑之士亦難於其中自出新意，故遁而作他體，以自解脫』(《人間詞話》)者，豈不然歟。

一時代之文學，恆有其所偏主之端，大勢所趨，萬矢一的，雖自謂與衆立異者，亦恆受其陰

153　隆祐太后告天下手書

趨灊率而不自知。宋代爲散文盛行之世，斯時之駢文，名爲與古文對立，而實不免於古文化。以宋代之駢文與宋代之古文較，則爲駢文。以宋代之駢文與唐代之駢文較，則唐代之駢文，可謂駢文中之駢文，而宋代之駢文，可謂駢文中之散文矣。此等風氣，蓋變自歐陽修，而王安石、蘇軾實爲之羽翼。良以宋初爲駢文者，無不恪守唐人矩矱，雍穆者遠師燕、許，繁縟者近法樊南。自歐陽修出，始以古文之氣勢，運駢文之詞句，而其體乃一變。王安石文能標精理於簡嚴之內，蘇軾文能藏曲折於排蕩之中。宣和以後，且多用全文長句爲對。此則宋四六之自成一格者也。王應麟撰《辭學指南》，體崇四六，宗法歐陽、王、蘇，儻亦宋代駢體文格俱不能逾越此三家之範疇歟。

曹學佺序《宋詩》曰：『取材廣而命意新，不勦襲前人一字。』吳之振序《宋詩鈔》亦曰：『宋人之詩，變化於唐，而出其所自得，皮毛盡落，精神獨存。』此雖就詩立言，而駢文風貌，頗亦近似。此種劃時代之變遷，有得亦復有失。氣之生動，詞之清新，雖極剪裁雕琢之功，仍有漸近自然之妙，宋人之所長也。造句過長，漸失和諧之美，措語務巧，更無樸茂之風，馴至力求清新，流爲纖仄，取徑既下，氣體彌卑，則其所短也。要之，宋代之四六文與六朝末期以來之駢文較，可謂駢文中之散文。所長在此，所短亦在此也。(參用近儒呂思勉氏之說〇見《宋代文學》)

11　乞校正陸宣公奏議劄子

蘇　軾

元祐八年五月七日。端明殿學士兼翰林侍讀學士左朝奉郎守禮部尚書蘇軾。同呂希哲、吳安詩、豐稷、趙彥若、范祖禹、顧臨劄子奏。

臣等猥以空疏。備員講讀㊀。聖明天縱㊁。學問日新。臣等才有限而道無窮。心欲言而口不逮。以此自愧。莫知所爲。竊謂人臣之納忠。譬如醫者之用藥。藥雖進於醫手。方多傳於古人。若已經效於世間。不必皆從於己出。

伏見唐宰相陸贄。才本王佐。學爲帝師。論深切於事情。言不離於道德。智如子房。而文則過㊂。辯如賈誼。而術不疏㊃。上以格君心之非。下以通天下之志。但其不幸。仕不遇時。德宗以苛刻爲能㊄。而贄諫之以忠厚。德宗以猜疑爲術。而贄勸之以推誠。德宗好用兵。而贄以消兵爲先。德宗好聚財。而贄以散財爲急。至於用人聽言之法。治邊馭將之方。罪己以收人心。改過以應天道。去小人以除民患。惜名器以待有功(六)。如此之流。未易悉數。可謂進苦口之藥石(七)。針害身之膏肓(八)。使德宗盡用其言。則貞觀可得而復(九)。臣等每退自西閣(十)。卽私相告言。以陛下聖明。必喜贄議論。但使聖賢之相契。卽如臣主之同時。昔馮唐論頗牧之賢。則漢文爲之太息(十一)。魏相條鼂董之對。則孝宣以致中興(十二)。若陛下能自得師。則莫若近取諸贄。夫六經三史(十三)。諸子百家。非無可觀。皆足爲治但。聖言幽遠(十四)。末學支離(十五)。譬如山海之崇深。難以一二而推擇。如贄之論。開卷了然。聚古今之精英。實治亂之龜鑑(十六)。臣等欲取其奏議。稍加校正。繕寫進呈。願陛下置之坐隅。如見贄面。反復熟讀。如與贄言。必能發聖性之高明。成治功於歲月。臣等不勝區區之意。取進止(十七)。

【題 解】

本篇選自《經進東坡文集事略》卷三十四，爲奏議類之駢文。宋哲宗・元祐八年，東坡任端明殿學士兼翰林院侍讀學士，五月七日率同呂希哲等人校正唐宰相陸贄之奏議，繕寫成册，進呈御覽，本篇卽其奏摺。按唐人奏事，非表非狀者稱牓子，宋人改稱劄子。凡百官上殿奏事或兩制以上非時有所奏陳，皆用劄子，後世惟用爲上司行下之公文。淸時以劄調動官員謂之劄調，委任官員謂之劄委。

東坡夙有濟世之志，於前代政治家最服膺陸贄，評論古今治亂，往往深受影響。其《答兪括書》云：『文人之盛，莫若近世，然私所欽慕者，獨陸宣公一人。家有宣公奏議善本，頃侍講讀，繕寫奏御，區區之忠，自謂庶幾於孟軻之敬王，且欲舉天下家藏此方，人挾此術，以待世之病者，此仁人君子至情也。』推崇陸氏，可云備至，故撰寫本文，乃能懇切周詳，語語中的，非彼泛泛不著邊際者可比。

【作者】

蘇軾，字子瞻，又字長公，號東坡居士，宋・眉州・眉山人。生於仁宗・景祐三年，卒於徽宗・建中靖國元年（西元一〇三六至一一〇一年），年六十六。

東坡博學高才，嘉祐二年舉進士。英宗時爲直史館。神宗・熙寧中，王安石創行新法，東坡上書論其不便，自請出外，通判杭州，再徙知湖州。以言官摭其詩語爲訕謗朝政，貶謫黃州。（世稱『烏臺詩案』）哲宗時召還，爲翰林學士、端明殿侍讀學士，嘗知登州、杭州、潁州，官至禮部尙書。紹聖中又貶謫惠州、瓊州，元符二年赦還，明年卒於常州。

東坡散文縱橫奔放，與父洵、弟轍齊名，世稱三蘇，爲唐、宋古文八大家之一。駢文則獨闢異境，渾涵光芒，自然流利，雄視一代。而詩詞書畫亦擅盛名，堪稱文藝界全能之大作家。著有《東坡七集》百餘卷。

【箋注】

㈠猥以空疏備員講讀 猥，發聲之詞，無義。空疏，言胸無實學也。王筠《爲王儀同瑩初讓表》：『臣才質空疏，器量庸淺。』備員，謂備充官數之不足，謙詞也。《史記・平原君傳》：『門下有毛遂者，前自贊於平原君曰：「遂聞君將合縱於楚，約與食客門下二十人偕，不外索，今少一人，願君卽以遂備員而行矣。」』講讀，卽侍講、侍讀，皆官名。

㈡聖明天縱 縱，猶肆也，言帝德之聰明，爲天所縱任，不限量其所至也。《論語・子罕篇》：『大宰問於子貢曰：「夫子聖者與，何其多能也。」子貢曰：「固天縱之將聖，又多能也。」』

㈢智如子房而文則過 漢・張良，字子房，韓人。佐高祖滅項羽，定天下，封留侯。高祖嘗歎曰：『運籌帷幄之中，決勝千里之外，子房功也。』其見重於高祖如此。見《漢書》本傳。案子房運籌帷幄，決勝千里，智雖若此，而文章無傳。

㈣辯如賈誼而術不疏 漢・賈誼，洛陽人。辯才無礙，文藻秀出，文帝召爲博士，超遷至大中大夫，請改正朔，易服色，制法度，興禮樂。帝欲任爲公卿，周勃、灌嬰等忌而毀之，出爲長沙王太傅，渡湘水，爲賦以弔屈原，蓋以自況也。尋遷梁懷王太傅，疏陳政事，頗得治體。梁懷王墮馬死，誼自傷為傅無狀，哭泣歲餘亦死，年僅三十三。世稱賈長沙，亦稱賈太傅，又以其年少秀才，稱為賈生。見《漢書》本傳。案漢文帝時，天下初定，制度疏闊，論者皆言天下已治已安，賈誼獨以為未，言事勢可為痛哭流涕長太息，因上疏陳治安之策，反覆申辯，曲盡事理。然欲用三表五餌以制匈奴，其術已疏。

㈤德宗　名适，代宗太子，既嗣位，政治清明，國泰民安，當時號為賢主。惟性喜自任，尤多猜忌，委用奸相盧杞，遂為亂階。建中時，姚令言與朱泚反，犯京師，帝幸奉天。興元初，李晟收復京師，始還，下詔罪己。自是方鎮日強，政惟姑息，在位二十六年崩，廟號德宗。見《唐書》本紀。

㈥名器　專制時代對爵位、稱號、車服、儀制等之泛稱。《左傳》成公二年：『惟器與名，不可以假人。』《文選》干寶《晉紀總論》：『名器崇於周公，權制嚴於伊尹。』

㈦苦口藥石　良藥也。《孔子家語．六本篇》：『良藥苦於口而利於病，忠言逆於耳而利於行。』按藥，方藥。石，砭石。皆所以治病。世多用為規戒之喻。蓋以規戒之言攻人過，猶以藥石攻人病，因以為喻。

㈧膏肓　古代醫學稱心臟下部為膏，隔膜為肓。後謂病極嚴重，難以醫治為膏肓之疾，或病入膏肓。

㈨貞觀　唐太宗年號。太宗名世民，在位五十一年，勵精圖治，威震四夷，史稱貞觀之治。見《唐書》本紀。

㈩西閣　官署名，與東閣相對。

㈡馮唐二句　漢・馮唐，趙人，文帝時爲郎中署長。時匈奴正爲邊患，文帝問趙將李齊之賢。唐對曰：『齊尚不如廉頗、李牧之爲將也。』帝曰：『何也。』唐曰：『臣大父在趙時，爲官帥將，善李牧，臣父故爲代相，善李齊，知其爲人也。』帝既聞廉頗、李牧爲人，良悅，乃拊髀曰：『嗟乎，吾獨不得廉頗、李牧爲將，豈憂匈奴哉。』唐曰：『陛下雖得廉頗、李牧，不能用也。』因具言漢之文法太密，賞輕罰重，致將士莫爲盡力，並言雲中守魏尚削爵之冤。帝大悅，令唐持節赦尙，而拜唐爲車騎都尉。見《史記》本傳。

㈢魏相二句　魏相，字弱翁，漢・定陶人。少明《易經》，有師法。初爲茂陵令，稱大治，遷河南太守。宣帝時，官御史大夫，好觀國家大事，及便宜章奏，以爲古今異制，方今務在奉行故事而已。數上書言事，條陳漢興以來國家便宜行事，及賢臣賈誼、鼂錯、董仲舒等所言，奏請施行。帝深重之。後爲丞相，與丙吉同心輔政，綜核名實，吏治肅然，遂啓宣帝中興之業。

㈢六經三史　六經，謂《詩》、《書》、《易》、《禮》、《樂》、《春秋》。三史，謂《史記》、《漢書》、《後漢書》。

㈣聖言　指六經。六經皆聖人所作，故云。

㈤末學　指三史及諸子百家。

㈥龜鑑　龜能卜吉凶，鑑能別姸醜，猶言借鑑。與借鏡同。

㈦取進止　唐以後奏章之習用語，與『奉進止』同，卽奉行聖旨之意。指所奏之事或進或止，敬請皇帝裁奪。詳見吳曾《能改齋漫錄》。

【通　釋】

元祐八年五月七日，端明殿學士兼翰林院侍讀學士左朝奉郎守禮部尙書蘇軾，偕同呂希哲、吳安詩、豐稷、趙彥若、范祖禹、顧臨共同奏道：

我們以空乏疏陋的才學，竟然濫竽充數作了侍講學士和侍讀學士，幸而皇上聰明才智不可限量，學問日益進步。我們才能有限，而道術無窮，心裏想說的話，卻往往表達不出來。因此深感慚愧，不知該怎麼做才好。我們私下裏認爲，一個臣子要向皇上貢獻忠言，就如同醫生治病開處方一樣，藥名雖然由醫生開出來，而處方多半是古人傳下來的。如果這些處方對病家有效的話，那應該歸功於古人，醫生只要用古人的處方去治病就可以了，不必全由自己去焦心苦思。

我們細察唐朝宰相陸贄，具有王佐的才幹，學問足以作帝王之師，議論國是均能切合實情，平日言論亦以道德爲依歸。他有張良的智慧，而文章則又過之，他有賈誼的辯才，而治術卻不疏闊。對上可以糾正國君的錯誤觀念，對下可以溝通人民的意見。但他很不幸，作官沒有遇到好的時代。德宗待人極盡刻薄寡恩，陸贄則勸他要宅心忠厚。德宗本性猜忌多疑，陸贄則勸他要以至誠待人。德宗喜歡用兵，陸贄則勸他要以偃武修文爲先務。德宗喜歡斂財，陸贄則勸他從速救濟貧民。至於任用賢人、採納忠言的方法，治理邊政、駕御將領的術略，譴責自己以收攬民心，改正缺失以配合天意。斥黜小人以爲民除害，愛惜名位以待有功之人。像這類事情太多了，實難一一列舉。可以說是奉上苦口的良藥，針治害身的惡疾。假如德宗能夠全部採用的話，那麼貞觀盛世必可重現。

我們每次從官署下班，便私相談論：像陛下如此聖明的國君，一定會喜歡陸贄的議論，只要聖君和賢臣心靈相契合，那麼陸贄也就等於是您現在的臣子了。以前馮唐盛讚廉頗和李牧的賢能，漢文帝聽了爲之感歎不已。魏相條陳晁錯和董仲舒的對策，漢宣帝便因此而完成中興大業。所以陛下如果想要以古人爲師，沒有比就近選取陸贄更恰當的了。

那些經史百家的書，都是治理國家的寶典，並非毫無閱讀價値。但聖人的經典過於高深玄遠，諸子百家的學說又過於支離破碎，就如同山海的高深，實在很難一一採擇施行。而陸贄的奏議便沒有這些缺憾，開卷一看就能明白，他的議論匯聚了古今經綸邦國的精華，實在可以作爲治亂的借鏡。我們想把他的奏議稍加校正，謄寫清楚，進呈陛下。敬請陛下把它擺在座位旁邊，就像和陸贄見面一般，反覆熟讀它，就像和陸贄交談一樣。這樣必能啓發聖上高明的德性，逐漸創建偉大的功業。我們非常誠懇的呈上這篇奏摺，靜候您的裁決。

【附　錄】

陸宣公駢文評介

張仁青

中唐之世，以文章而成相業，以忠懇而導中興，上承張說、蘇頲以散文之氣勢運偶句，下開晚唐、趙宋四六文之先河，義理之精，足以比隆濂洛，氣勢之盛，亦堪方駕韓蘇，接軫典謨，垂範百世者，游目文壇，惟有陸宣公一人而已。

陸宣公名贄，字敬輿，嘉興人。賦性忠藎，雅好儒學。年十八登進士第，中博學宏詞科，授華州・鄭縣尉，非其好也，罷秩東歸。壽州刺史張鎰有重名，贄往見，語三日，鎰奇之，請爲忘年交，以書判拔萃，授渭南尉，遷監察御史。德宗在東宮時，素知贄名，登極後卽召爲翰林學士，甚見親任，雖有宰相，而謀猷參決，多出於贄，時號內相。建中四年，朱泚亂作，從狩奉天，一日之內，詔書數百，贄揮翰起草，思如泉注，初若不經思慮，及成而奏，無不曲盡事情，中於機會，倉卒塡委，同職者中心歎服，不能復有所助。時羣臣或昧於天下大勢者，猶奏請加尊號以應厄運。陸贄謂『尊號之興，本非古制，行乎安泰之日，已累謙沖，襲乎喪亂之時，尤傷事體。』帝納其言，但改年號，以中書所撰赦文示贄，贄曰：『動人以言，所感已淺，言又不切，人誰肯懷。』又從容奏曰：『此時詔書，陛下宜痛自引過，以感人心，昔禹湯以罪己勃興，楚昭以善言復國，陛下誠能不吝改過，以言謝天下，俾臣草辭無諱，庶幾羣盜革心。』帝從之，乃別爲詔，悔過引咎，頒行天下，此卽名震中外之《奉天改元大赦制》也。自是朝野振奮，敵愾同仇。無何而朔方節度使李懷光率兵救應，敗泚兵於澧泉，遂解奉天之圍，興元於以中興。及還京師，李抱眞來朝，奏曰：『陛下在山南時，山東士卒聞書詔之辭，無不感泣，思奮臣節，臣知賊不足平也。』按此制全文二千餘言，一氣呵成，無復斧鑿之迹，所謂卷舒之態自然，襞積之痕盡化者也。篇中所列，如『長於深宮之中，暗於經國之務』，『不知稼穡之艱難，不察征戍之勞苦』，『天譴於上，而朕不悟，人怨於下，而朕不知』，『萬品失序，九廟震驚，上辱於祖宗，下負於黎庶』，『朕實不君，人則何罪』。在在胥從肺腑中流出。眞摯剴切，感人實深，宜當日行在詔書一下，雖驕將悍卒，無不感激涕零。洄洑逶迤之美，至此歎觀止矣。

駢文至陸宣公，可謂極變化之能事。前乎此者，多吟詠哀思，搖蕩性靈之作。自宣公移以入奏議詔書之後，駢文之應用範圍，隨之擴大，不但可以抒情，可以敍事，亦且可以議論。故駢文形式雖未嘗變，而駢文之性質與內容均已改觀。昔王志堅輯《四六法海》，陳均纂《唐駢體文鈔》，均不錄宣公之文，則知選學家固以宣公之文爲駢文中之別裁也。然就文章之實用而言，則別裁文學之價值，有時或將度越乎正宗文學，此吾人讀《翰苑集》所宜深切認明者也。今擇錄前人評語二三則如下，俾知宣公駢文價值之一斑。

【一】權德輿《翰苑集序》：

公之秉筆內署也，搉古揚今，雄文藻思，敷之為文誥，伸之為典謨，俾獷狡向風，懦夫增氣，則有《制誥集》一十卷，覽公之作，則知公之為文也。潤色之餘，論思獻納，軍國利害，巨細必陳，則有《奏草》七卷，覽公之奏，則知公之為臣也。其在相位也，推賢與能，舉直錯枉，將斡璿衡而揭日月，清氛沴而平泰階，敷其道也，與伊說爭衡，考其文也，與典謨接軫，則有《中書奏議》七卷，覽公之奏議，則知公之事君也。公之文集有詩文賦集表狀為別集十五卷。其關於時政，昭昭然與金石不朽者，惟《制誥》、《奏議》乎。

【二】《四庫全書簡明目錄》：

贄文多用駢句，蓋當日之體裁，然真意篤摯，反覆曲暢，不復見排偶之迹。《新唐書》不收四六，獨錄贄文十餘篇。司馬光《資治通鑑》錄其疏至三十九篇，上下千年，所取無多於是者。經世之文，斯之謂矣。

【三】吳曾祺《涵芬樓文談》：

陸宣公之奏議，間於不駢不散之間，善以偶語寓單行者，實為自闢畦町，而為宋四六之濫觴。

【四】姚永樸《文學研究法》引曾國藩之言：

陸公文無一句不對，無一字不諧平仄，無一聯不調馬蹄。而義理之精，足以比隆濂洛，氣勢之盛，亦堪方駕韓蘇。退之本為陸公所取士，子瞻奏議，終身效法陸公，而公之剖析事理精當，則非韓蘇所能及。

古今奏議，推賈長沙、陸宣公、蘇文忠三人，為超前絕後。

中唐時代，因受古文運動之影響，駢文之聲勢，嘗一度中衰，故純粹抒寫性靈之作品，殊不易覯，一般摛文之士，率以箋奏制令表啓見長。前乎陸氏者，有常袞、楊炎、于邵等。後乎陸氏者，有權德輿、元稹、白居易、劉禹錫等。作風與燕、許相類，皆臺閣體之宗匠也。

12 花間集序

歐陽炯

鏤玉雕瓊。擬化工而迥巧㈠。裁花翦葉㈡。奪春豔以爭鮮。是以唱雲謠則金母詞清㈢。挹霞醴則穆王心醉㈣。名高白雪。聲聲而自合鸞歌㈤。響遏青雲。字字而偏諧鳳律㈥。楊柳大隄之句。樂府相傳㈦。芙蓉曲渚之篇。豪家自製㈧。莫不爭高門下。三千玳瑁之簪㈨。競富樽前。數十珊瑚之樹㈩。則有綺筵公子。繡幌佳人(十一)。遞葉葉之花牋。文抽麗錦。舉纖纖之玉指。拍按香檀(十二)。不無清絕之辭。用助嬌嬈之態(十三)。自南朝之宮體(十四)。扇北里之倡風(十五)。何止言之不文。所謂秀而不實(十六)。

有唐已降。率土之濱(十七)。家家之香徑春風。寧尋越豔(十八)。處處之紅樓夜月。自鎖嫦娥(十九)。在明皇時。則有李太白應制清平樂調四道(二十)。近代溫飛卿復有金荃集(二一)。邇來作者。無愧前人。

今衛尉少卿字弘基。以拾翠洲邊。自得羽毛之異(二)。織綃泉底。獨殊機杼之功(三)。廣會衆賓。時延佳論。因集近來詩客曲子詞五百首。分爲十卷。以炯麤預知音(四)。辱請命題(五)。仍爲敘引(六)。昔郢人有歌陽春者。號爲絕唱。乃命之爲花間集。庶使西園英哲。用資羽蓋之歡(七)。南國嬋娟。休唱蓮舟之引(八)。

廣政三年夏四月大蜀歐陽炯敘(九)。

【題解】

《花間集》，書名，凡十卷，後蜀・趙崇祚編。詩變爲詞，始於中唐，而盛行於五代。此集所錄唐末諸名家詞，雖間附見於各詩集中，然以長短句自成一編者，當推此集爲最古，故後世公認爲倚聲塡詞之祖。陳振孫《直齋書錄解題》云：『《花間集》十卷，蜀・歐陽炯作序稱衛尉少卿字弘基者所集，未詳何人。其詞曰：溫飛卿以下十八人，凡五百首。此近世倚聲塡詞之祖也。』

五代初葉，中原地帶，戰亂頻仍，人民多避難南徙，四川、江南遂成爲偏安之所，享樂之窩。加以天時和麗，物質豐饒，歌樂素稱興盛，君主亦多風雅，一時詩人詞客，俱薈萃於此，而造成當時兩個文化之中心。自是唯美主義之說大興，一切文學作品遂不免漸乖典則，競騁姸華，目侈紅紫，心隨鄭衛，連篇累牘，不出閨闥之聲，積案盈箱，唯是豔靡之作，世俗以此相高，朝廷據茲擢士，利祿之路既開，愛尚之情愈篤，此《花間集》作品之所由生也。《花間集》所收詞計十八家，其中溫庭筠六十六首，皇甫松十一首，韋莊四十七首，薛昭蘊十九首，牛嶠三十三首，張泌二十七首，毛文錫三十一首，牛希濟十一首，歐陽炯十七首，和凝二十首，顧敻五十五首，孫光憲六十一首，魏承班十五首，鹿虔扆六首，閻選八首，尹鶚六首，毛熙震三十首，李珣三十七首。今有清・光緒間臨桂・王鵬運四印齋校刻本，商務印書館《四部叢刊》影印明・萬曆間玄覽齋刻本分十二卷，附西吳・溫博補編二卷。

本篇選自《唐駢體文鈔》卷七，並見《花間集》卷首。游思綿邈，興會飈舉，上下千載，發所未發。上幅敍歌曲之變遷，中幅敍唐以來風流之盛，末幅則稱美此書之價值。皆言中肯綮，語有艆理，足使讀之者動心，味之者無極。高步瀛評曰：『生香活色，旖旎風流，但終不免律賦句調，去六朝、初唐遠矣。』(《唐宋文舉要》)

【作　者】

歐陽炯，字不詳，五代・益州・華陽人。少事蜀主王衍，爲中書舍人。蜀亡，歸後唐，爲秦州從事。孟知祥鎭成都，炯復還蜀，知祥稱帝，仍以爲中書舍人。後主・昶・廣政十二年，除翰林學士，累拜門下侍郎，兼戶部尙書，同平章事，監修國史。嘗擬白居易諷諫詩五十篇以獻，帝嘉之。宋太祖・乾德三年，後蜀亡，炯隨昶歸宋，官翰林學士，轉左散騎常侍。坐事罷職，以本官分司西京卒。炯性坦率，能文章，工詩詞，雅善長笛，宋太祖常召於偏殿奏數曲。所作詩詞數十首分載

《花間集》、《尊前集》及《全五代詩》。傳見《宋史》卷四百七十九，《十國春秋》卷五十六。

【箋　注】

㈠鏤玉雕瓊擬化工而迥巧　鏤，刻也。瓊，玉之美者也。鏤玉雕瓊，以喻精麗工巧。《藝文類聚・寶玉部》引《竹書紀年》：『桀伐岷山，岷山莊王女於桀二女，曰琬曰琰，后愛二女，斲其名於苕華之玉。』化工，猶言天工。張瓚《杏花詩》：『碎剪明霞役化工。』案《文選》賈誼《服鳥賦》有『天地爲鑪兮，造化爲工，陰陽爲炭兮，萬物爲銅』之句，化卽造化，簡言之則曰化工。迥，遠也。此言模擬天工而巧妙則遠過之。

㈡裁花翦葉　《大業拾遺記》：『煬帝築西苑，宮樹秋冬凋落，乃翦綵爲花葉綴於條。』

㈢唱雲謠則金母詞清　金母，謂西王母，古之仙人也。《穆天子傳》：『周穆王好神仙，觴西王母於瑤池之上，西王母爲天子謠曰：「白雲在天，山陵自出。道里悠遠，山川間之。將子無死，尚能復來。」』

㈣挹霞醴則穆王心醉　挹，酌也。霞醴，仙酒也。王嘉《拾遺記》：『時有流雲酒液，是謂霞漿，服之得道，後天而老。』穆王，卽周穆王，名滿，昭王子。卽位後，乘八駿馬西征，樂而忘返，諸侯多朝於徐，王恐，長驅而歸，使楚滅徐。尋征犬戎歸，荒服者自是不至。在位五十五年崩，諡曰穆。見《史記・周本紀》。王嘉《拾遺記》：『周穆王東巡大騎之谷，指春宵宮，集諸方士仙術之要，時已將夜，西王母乘翠鳳之輦而來，共玉帳高會，薦清澄琬琰之膏以爲酒。』

㊄名高白雪聲聲而自合鸞歌　《白雪》，卽《陽春白雪》，古歌曲名，相傳爲師涓所作。《文選》宋玉《對楚王問》：『楚襄王問於宋玉曰：「先生其有遺行與，何士民衆庶不譽之甚也。」宋玉對曰：「客有歌於郢中者，其始曰《下里巴人》，國中屬而和者數千人。其爲《陽阿薤露》，國中屬而和者數百人。其爲《陽春白雪》，國中屬而和者不過數十人。引商刻羽，雜以流徵，國中屬而和者不過數人而已。是其曲彌高，其和彌寡。」』鸞，鳳凰之屬，五彩而多青色。《山海經・海外西經》：『軒轅之國，在北窮山之際，其不壽者八百歲，鸞鳥自歌，鳳鳥自舞。』崔湜《幸白鹿觀應制詩》：『鸞歌無歲月，鶴語記春秋。』

㊅響遏青雲字字而偏諧鳳律　響遏青雲，言歌聲高亮，竟能遏止青雲也。《列子・湯問篇》：『薛譚學歌於秦青，未窮青之技，自謂盡之，遂辭歸。秦青弗止，餞於郊衢，撫節悲歌，聲振林木，響遏行雲，薛譚終身不敢言歸。』王勃《滕王閣序》：『爽籟發而淸風生，纖歌凝而白雲遏』，卽用此事。鳳律，卽律呂，古正樂律之器，相傳黃帝命伶倫作律，取嶰谷之竹，制爲十二筒，聽鳳凰鳴聲，以別十二律。《漢書・律曆志》：『制十二筩以聽鳳凰之鳴，其雄鳴爲六，雌鳴亦六，比黃鍾之宮，而皆可以生之，是爲律本。』（案黃鍾爲十二律之始，其律能上下相生，故曰律本。）《黃帝外紀》：『制十二律以象鳳凰之鳴，陽六爲律，陰六爲呂。』故後世稱律曰鳳律。

㊆楊柳大隄之句樂府相傳　郭茂倩《樂府詩集》卷四十八引《古今樂錄》：『《襄陽樂》者，宋・隨王・誕之所作也。誕始爲襄陽郡，元嘉二十六年仍爲雍州刺史，夜聞諸女歌謠，因而作之，所以歌和中有「襄陽來夜樂」之語也。又有《大堤曲》，亦出於此。』《襄陽樂》三首云：『朝

發襄陽城，暮至大堤宿。大堤諸女兒，花豔驚郎目。江陵三千三，西塞陌中央。但問相隨否，何計道里長。黃鵠參天飛，中道鬱徘徊。腹中車輪轉，歡今定憐誰。』唐・張祜亦有此作，又崔國輔、李端等有《襄陽曲》。李端《襄陽曲》有句云：『襄陽堤路長，草碧楊柳黃。』

㈧芙蓉曲渚之篇豪家自製　《樂府詩集》卷五十引《古今樂錄》：『《採蓮曲》，和云：「採蓮渚，窈窕舞佳人。」』案此曲後人仿作者極夥。梁・羊侃性豪侈，善音律，有舞人張靜婉，腰圍一尺六寸，容色絕世，時人咸推能掌上舞。侃嘗自造《採蓮》、《棹歌》兩曲，甚有新致，樂府謂之《張靜婉採蓮曲》。見《樂府詩集》。梁元帝《採蓮曲》：『碧玉小家女，來嫁汝南王。蓮花亂臉色，荷葉雜衣香。因持薦君子，願襲芙蓉裳。』又梁簡文帝《採蓮曲》：『晚日照空磯，採蓮承晚暉。風起湖難度，蓮多摘未稀。棹動芙蓉落，船移白鷺飛。荷絲傍繞腕，菱角遠牽衣。』

㈨爭高門下三千玳瑁之簪　玳瑁，龜類動物，產於海洋，其甲熟之甚柔，可製各種裝飾品。《史記・春申君傳》：『趙・平原君使人於春申君，春申君舍之於上舍，趙使欲夸楚，爲玳瑁簪，刀劍室以珠玉飾之，請命春申君客。春申君客三千餘人，其上客皆躡珠履以見趙使，趙使大慙。』

㈩競富樽前數十珊瑚之樹　《晉書・石崇傳》：『崇與貴戚王愷、羊琇之徒以奢靡相尚。愷以粭澳釜，崇以蠟代薪。愷作紫絲布步障四十里，崇作錦步障五十里以敵之。崇塗屋以椒，愷用赤石脂。崇愷爭豪如此。武帝每助愷，嘗以珊瑚樹賜之，高二尺許，枝柯扶疏，世所罕比。愷以示崇，崇便以鐵如意擊之，應手而碎。愷既惋惜，又以爲嫉己之寶，聲色方厲。崇曰：

「不足多恨，今還卿。」乃命左右悉取珊瑚樹，有高三四尺者六七株，條幹絕俗，光彩耀日，如愷比者甚衆。愷怳然自失矣。』珊瑚本腔腸動物，產於熱帶深海中，營羣體生活，其所分泌之石灰質，卽爲其共同之骨幹，形歧出如樹枝，故自昔稱珊瑚樹，實非樹也。

㈡綺筵公子繡幌佳人　泛指豪家貴族之子女。綺筵，猶美席也。陳子昂《春夜別友人詩》：『銀燭吐青煙，金樽對綺筵。』又杜甫《樂遊園歌》：『公子華筵勢最高，秦川對酒平如掌。』繡幌佳人，猶言豪門佳人。案豪門婦女所居曰繡戶，言繡者，蓋形容其戶飾之華美。《學齋佔畢》引《古妝鏡銘》：『如珠出匣，似月停空，綺窗繡幌，俱涵影中。』

㈢拍按香檀　古樂器有拍板者，用堅木三片，長約五六寸，闊約二寸，束其二，以一片拍之，以節樂也。下一片略厚，所以節樂者，古本用節，魏、晉間有宋纖，善擊節，以木拍板代之，拍板始此。其後或改以檀香爲之，故又名檀板。樂史《太眞外傳》：『開元中，禁中牡丹花方繁開，上乘照夜白，妃以步輦從，詔選梨園弟子中尤者，得樂十六色。李龜年以歌擅一時之名，手捧檀板，押衆樂而前，將欲歌之。上曰：「賞名花，對妃子，焉用舊樂詞爲。」遂命龜年持金花牋，宣賜翰林學士李白立進《淸平調》三篇。』

㈢嬌嬈　姸媚貌。杜甫《春日戲題惱郝使君兄詩》：『細馬時鳴金騕褭，佳人屢出董嬌饒。』又歐陽修《答憶鶴詩》：『低垂兩翅趁節拍，婆娑弄影誇嬌嬈。』按嬈饒通叚字。

㈣南朝宮體　宮體，文體名，卽南朝豔體詩文也。梁簡文帝爲太子時，好作豔詩，境內化之，浸以成俗，謂之宮體。詳見劉肅《大唐新語》。《隋書·經籍志·集部》敍：『梁簡文之在東宮，亦好篇什，淸辭巧製，止乎衽席之間，雕琢蔓藻，思極閨闈之內。後生好事，遞相放習，朝野紛紛，號爲宮體。』

㊄北里倡風　北里，本淫蕩之歌舞名，唐時爲妓院所聚之地，在長安城北，時稱平康里，又稱平康坊。每年新進士遊宴其中，時人謂爲風流藪澤。《史記・殷本紀》：『紂好酒淫樂，嬖於婦人。愛妲己，妲己之言是從。於是使師涓作新淫聲，北里之舞，靡靡之樂。』《文選》成公綏《嘯賦》：『收激楚之哀荒，節北里之奢淫。』許渾《贈王處士詩》：『冠蓋西園夜，笙歌北里春。』今謂娼妓所居之處曰北里。

㊅言之不文秀而不實　皆孔子語。《左傳》襄公二十五年：『仲尼曰：「志有之，言以足志，文以足言。不言，誰知其志。言之無文，行而不遠。晉爲伯，鄭入陳，非文辭不爲工，愼辭哉。」』《論語・子罕篇》：『子曰：「苗而不秀者有矣夫，秀而不實者有矣夫。」』案秀，吐花也。禾之未秀者曰苗。此蓋孔子傷顏淵之早卒，言禾有苗而不開花，開花而不結實者，喩人亦然也。

（此段敍歷代詞曲之變遷）

㊆率土之濱　謂境內之全部也。《詩經・小雅・北山》：『溥天之下，莫非王土。率土之濱，莫非王臣。』毛氏傳：『率，循也。濱，涯也。』孔穎達疏：『言率土之濱，舉其四方所至之內，見其廣也。』

㊇家家之香徑春風寧尋越豔　春秋時，吳王・夫差種香於蘇州西南之香山，常遣美人前往採香，故有採香徑。見樂史《太平寰宇記》。「羅隱《眞娘墓詩》：『還應伴西子，香徑夜深遊。』越

豔，謂越國之美人，春秋時，越國地方盛產佳麗，而以西施爲之魁。初，越王・句踐爲吳所敗，退守會稽，知吳王・夫差貪好漁色，欲獻美女惑之，以亂其政。於是命范蠡遍訪國中，遂得西施與鄭旦，獻於夫差。夫差大悅，果迷惑忘政。後卒被滅於越。事詳《吳越春秋》。後世遂以越女爲一般美人之泛稱。王昌齡《採蓮曲》：『吳姬越豔楚王妃，爭弄蓮舟水溼衣。』

㈩處處之紅樓夜月自鎖嫦娥　唐朝時，富貴之家多建紅樓以居眷屬。如李白《陌上贈佳人詩》：『美人一笑搴珠箔，遙指紅樓是妾家。』白居易《夢遊春詩》：『到一紅樓家，愛之看不足。』韋莊《長安春詩》：『長安春色本無主，古來盡屬紅樓女。』皆是。後世因以紅樓爲婦女居處之通稱。嫦娥，亦作姮娥，古之仙女，世每以爲美人之代稱。《淮南子・覽冥訓》：『羿請不死之藥於西王母，姮娥竊之以奔月。』高誘注：『姮娥，羿妻，羿請不死之藥於西王母，未及服之，姮娥盜食之，得仙，奔入月中爲月精。』漢文帝名恆，漢人避諱，改姮爲嫦。以上四句言美眷之多。

㉀李太白應制清平樂調四道　唐玄宗・開元年間，帝與楊貴妃幸興慶宮之沉香亭，會芍藥花初開，梨園弟子奏樂。帝曰：『賞名花，對妃子，焉用舊曲。』宣李白進《清平調》三章。事見《唐音癸籤》及《太眞外傳》。《樂府詩集》引《松窗雜錄》：『開元中，李白供奉翰林，時禁中木芍藥花盛開，帝乘照夜白，太眞妃以步輦從，詔命李龜年持金花牋宣賜李白，立進《清平調》三章。白宿酲未解，援筆而就。龜年歌之，太眞妃酌葡萄酒笑領歌辭，意甚厚，上因調玉笛以倚曲。自此顧李白異於他學士。』按今本《李太白集》有《清平調詞》三首，樂史《李翰林外集序》及《太眞外傳》、郭茂倩《樂府詩集》卷八十引《松窗雜錄》亦皆言李白作《清平調詞》三章，而此序乃言『《清平樂調》四道』，不知歐氏何所據而云然。

㉑溫飛卿　唐．太原人，名庭筠，飛卿其號也。少敏悟，工詞章小賦，與李商隱齊名，世稱溫李。喜作側詞豔曲，作賦八叉手而成，時稱溫八叉。然忤時不得志，貶方城尉，鬱鬱而終。著有《漢南眞稿》十卷、《金荃集》十卷等。所作詞幾全爲《花間集》所採錄。（此段序唐以來作家之盛）

㉒拾翠洲邊自得羽毛之異　《文選》曹植《洛神賦》：『或采明珠，或拾翠羽。』翠，卽翡翠，鳥名，其青羽者俗稱翠鳥，其羽可爲裝飾品。古時廣東省城西南三十里有拾翠洲。陸龜蒙《送李明甫之任南海詩》：『居人愛近沈珠浦，候吏多來拾翠洲。』卽此。

㉓織綃泉底獨殊機杼之功　《文選》左思《吳都賦》：『泉室潛織而卷綃，淵客慷慨而泣珠。』劉淵林注：『俗傳鮫人從水中出，曾寄寓人家，積日賣綃。綃者，竹孚俞也。鮫人臨去，從主人索器，泣而出珠滿盤以與主人。』李商隱《七月二十八日夜與鄭二秀才聽雨後夢作詩》：『瞥見馮夷殊悵望，鮫綃休賣海爲田。』案任昉《述異記》云：『南海中有鮫人室，水居如魚，不廢織績，其眼能泣，泣則出珠。』機杼，織具也，機以轉軸，杼以持緯，引伸謂文章之結構。《魏書．祖瑩傳》：『瑩以文學見重，常語人云：「文章須自出機杼，成一家風骨，何能共人同生活也。」』以上四句言其廣爲蒐羅，獲致珍貴作品，故其所選詞篇，無論構思、布局，均極新巧，異於凡製也。

㉔麤預知音　麤，粗古字，不精也。預，通與，參也，如預聞，干預。知音，謂精通音律者。《列

子・湯問篇》：『伯牙鼓琴，志在高山。鍾子期曰：「峩峩然若泰山。」志在流水。曰：「洋洋然若江河。」子期死，伯牙絕絃，以無知音者。』古詩：『不惜歌者苦，但傷知音稀。』後亦謂知己曰知音。

㉕辱請命題　辱，屈也，謙抑之詞，通用爲酬應語，如辱蒙，辱賜，皆此義。命題，指爲書命名。

㉖敍引　敍，文體之一種，用以陳述著作者之意趣。今多作序，古者殿於末，後世列諸卷首，如《書序》，《詩序》之類是也。引，亦文體之一種，與序同。如宋・蘇洵之《送石昌言北使引》，即《送石昌言北使序》也。唐初贈人，始以序名，蘇洵先世有名序者，故諱序爲引，後世亦有襲用之者。

㉗西園英哲用資羽蓋之歡　《文選》曹植《公讌詩》：『清夜遊西園，飛蓋相追隨。』西園英哲，即指曹子建及同遊諸子也。羽蓋，以翠羽爲飾之車蓋也，極言尊貴者車飾之豪華。案鍾嶸《詩品》云：『陳思王・植骨氣奇高，詞彩華茂，情兼雅怨，體被文質，粲溢今古，卓爾不羣。故孔氏之門如用詩，則公幹升堂，思王入室。』

㉘南國嬋娟休唱蓮舟之引　南國，泛指江南一帶地方，古人詩文多用之。如曹植《雜詩》：『南國有佳人，容華若桃李。』鮑照《蕪城賦》：『東都妙姬，南國麗人，蕙心紈質，玉貌絳脣。』孫逖《湖中宴王使君序》：『南國春暮，鶯花亂飛，東山晝晴，林嶺皆出。』王維《相思詩》：『紅豆生南國，春來發幾枝。』韋莊《憶昔詩》：『西園公子名無忌，南國佳人字莫愁。』是也。嬋娟，色態美好也，世恆用爲美人之代稱。孟郊《嬋娟篇》：『花嬋娟，泛春泉。竹嬋娟，籠曉煙。

妓嬋娟，不長妍。月嬋娟，眞可憐。』杜荀鶴《春宮詩》：『早被嬋娟誤，欲妝臨鏡慵。』蓮舟之引，指《採蓮曲》，已見前注。古樂府《相和曲》：『江南可採蓮，蓮葉何田田。』以上四句言此《花間集》問世後，風雅之士在聚會遊宴時固有新曲可聽，而江南佳麗在寂寞多閒時亦有新歌可唱也。

㉚廣政　後蜀・孟昶年號。案後蜀爲五代時十國之一，始祖孟知祥，後唐・莊宗時，爲西川節度使，後自行建號稱帝，都成都，史稱後蜀。有今四川省及陝西省南部之地。知祥卒，子昶繼，競尚奢侈，亡於宋。（此段敘集詞及命名作序）

【通　釋】

一篇優美的文學作品，就如同雕琢一塊美玉，雖係模擬天工，而精巧則遠過之。又如同裁剪花葉，比天然生成的春景更加鮮艷奪目。從前周穆王到瑤池拜見西王母，一面喝著美酒，一面聆聽西王母唱白雲謠，不覺目眩心醉。有些歌曲眞是美妙動聽極了，每一個音調都合乎鸞鳥的歌聲，每一個字句都諧和鳳凰的韻律，水準竟高於《陽春白雪》和秦青所唱的歌曲。而宋代的《襄陽樂》，卻藉著樂府詩的盛行而流傳下來。梁代的《採蓮曲》，則由豪門貴族所創製。這些曲子經過激烈的競爭，越到後來就越精細，正像春申君和平原君比富有，石崇和羊愷競豪奢一樣。除此之外，還有一些風流才子和深閨佳人也參加了作曲唱曲的行列。先由才子絞盡腦汁，創作歌曲，寫在花牋上，然後由佳人舉起玉指，拍按檀板，按譜歌唱。這些瓊章麗曲由姿態妍媚的女子來歌唱，才能相得益彰，不致糟蹋作品。但是自從南朝的宮體詩流行以後，卻煽動了淫靡俚俗的文風，不但文詞不求高雅，而且只著重形式的華美，而忽略內容的充實。

唐朝建國以後，全國各地，像越國女子、月宮嫦娥那麼美麗的少女太多了，她們有的在花園裏採花，有的在紅樓上賞月。到了唐明皇的時候，有李白應制所作《淸平調》樂府三首，近代溫庭筠又有《金荃集》十卷，晚近的作者，絕不比前人差。

現在衞尉少卿趙弘基先生，廣泛搜集各地方的歌曲，琳瑯滿目，精美無比。這些珍貴作品，無論是構思、布局，均極新巧，與衆不同。而又廣交詞友，經常吸收他們的寶貴意見。於是精選近來詩客所作的五百首詞，分成十卷。因爲我稍微懂得音律，就請我爲此書命名，並作序文。從前楚國都城有人唱《陽春白雪》一曲，號稱絕唱，因此就命名爲《花間集》。這樣可以使今後的文壇鉅子在遊宴時有新歌可聽，增加談文論藝的資料，而江南美人也不必再唱《採蓮曲》一類的老歌了。

13 春夜宴桃李園序

李 白

夫天地者。萬物之逆旅㊀。光陰者。百代之過客。而浮生若夢㊁。爲懽幾何。古人秉燭夜遊㊂。良有以也。況陽春召我以煙景㊃。大塊假我以文章㊄。會桃李之芳園。序天倫之樂事。羣季俊秀。皆爲惠連。吾人詠歌。獨慚康樂㊅。幽賞未已。高談轉清。開瓊筵以坐花㊆。飛羽觴而醉月㊇。不有佳作。何申雅懷。如詩不成。罰依金谷酒數㊈。

【題解】

人屆中年，每每傷於哀樂，初不論其事業之顯赫與否也。雖然西諺有『人生四十開始』之語，時賢亦鼓『人生七十開始』之說，究屬曠達者之自解，於常人無與也。良以人生在世，不過數十寒暑，神仙羽化之事，既渺不可期，而生命復如此短促，惟有及時行樂，庶不辜負此生。北宋詞人晏同叔，以寒儒而躋宰輔之尊，鐘鳴鼎食，歷盡榮華，依常理度之，則對春秋佳日，將舞手蹈足之不暇，應無傷感可言。然觀其所爲詞，逐事皆抱悲觀，無句不帶傷感，似天地間無一足供其悅目娛心者。其對人生之看法則『長於春夢幾多時，散似秋雲無覓處。』懷念平生益友則『當時共我賞花人，點檢如今無一半。』故惟有狂歡縱樂，以遣其餘生。『勸君莫作獨醒人，爛醉花間應有數。』（以上並見《玉樓春》）其實此種消極觀念，正脫胎於太白作品中之『浮生若夢，爲歡幾何』與『人生得意須盡歡，莫使金樽空對月。』（見《將進酒》）詩人詞客，所處時代不同，而其哀樂之感則一也。

本篇選自《李太白集》卷二十。太白篤信老子，受道家思想之影響至深，故撰寫本文，乃能寓哀於樂，寥寥百餘言，而逸趣幽懷，流連光景，迄今猶能動人眷戀之情，千古傑構也。過商侯評曰：『只起手二句便是天仙化人語，胸中有此曠達，何日不堪宴，春夜桃李特其寄焉耳。』（《古文評注全集》）王文濡曰：『文境如天上白雲，舒卷自如，何等蕭散，何等飄逸，自是仙才。』（《古文觀止》）

【作者】

李白，字太白，其先世居隴之成紀（今甘肅・天水縣），唐・則天皇帝・大足元年生於蜀・昌明縣之青蓮鄉（今四川・綿陽縣境），自號青蓮居士。天才英特，志氣宏放，飄然有超世之心。幼從俠客道士隱於岷山，喜縱橫之術，擊劍爲任俠。二十五歲以後，仗劍去國，漫遊江南、河北諸省，遍交天下名士，詩文酬答，聲譽日隆。天寶初，因吳筠薦，入長安，拜謁賀知章，知章見其文，歎爲謫仙，言於玄宗，供奉翰林，甚見愛重。一日，侍宴酒醉，命宦者高力士脫韡，力士恥之，摘白所作

《清平調》『一枝紅豔露凝香，雲雨巫山枉斷腸。借問漢宮誰得似，可憐飛燕倚新妝』以激楊貴妃，因是帝屢欲官白，輒爲妃所阻。白乃益鶩放不自修，與知章、李適之、王璡、崔宗之、蘇晉、張旭、崔遂爲酒中八仙人，力求還山。其後高臥廬山，有終焉之志。旋爲永王．李璘辟爲僚佐。璘起兵反，逃還。及璘敗，連坐當誅，爲郭子儀所救免，詔長流夜郎。會赦得釋，寄居安徽．宣城、歷陽間。代宗立，以左拾遺詔，而白已卒，享年六十二。著有《李太白集》三十卷行世。《舊唐書》入《文苑傳》，《新唐書》入《文藝傳》。

中國詩以唐爲盛，唐詩尤以盛唐爲極盛，而盛唐詩復以李白、杜甫二人作品爲登峯造極，開空前未有之境界。然因其思想、生活、性格俱不同，所表現於作品者，無論風格內容，以及對於社會人生之態度亦全異。杜爲儒家詩人，亦爲寫實主義(Realism)之社會派。李爲道家詩人，亦爲浪漫主義(Romanticism)之個人派。唐宋以降，中國文化爲儒家人文思想所籠蓋，故世人多崇杜而抑李。注杜詩者號稱千家，可知宗杜者衆，注李詩者僅三四家，可知宗李者寡。羅大經云：『李太白當王室多難，海宇橫潰之日，作爲詩歌，不過豪俠使氣，狂醉於花月之間耳，社稷蒼生，曾不繫其心膂，其視杜陵之憂國憂民，豈可同年語哉。』(《鶴林玉露》)此則千年來正統派評論李杜優劣之代表，雖不免稍涉偏頗與武斷，而實際上李詩遠較杜詩爲難學，亦爲一大原因。王世貞云：『五言選體及七言歌行，太白以氣爲主，以自然爲宗，以俊逸高暢爲貴。子美以意爲主，以獨造爲宗，以奇拔沈雄爲貴。其歌行之妙，詠之使人飄飄欲仙者，太白也。使人慷慨激烈，歔欷欲絕者，子美也。』(《藝苑卮言》)此誠顚撲不破之論，世之評李杜者，應以王氏所言較爲公允。

【箋　注】

㈠逆旅　客舍也。《左傳》僖公二年：『今虢爲不道，保於逆旅，以侵敝邑之南鄙。』竹添光鴻會箋：『逆，迎也。旅，客也。迎止賓客之處也。』昭明太子《陶淵明集序》：『處百齡之內，居一世之中，倏忽比之白駒，寄寓謂之逆旅，宜乎與大塊而榮枯，隨中和而任放。』

㈡浮生　人生世上，虛浮無定，故曰浮生。浮生若夢者，言人生世上，不過數十年，其時間之短暫有如夢幻一般也。駱賓王《與博昌父老書》：『況過隙不留，藏舟難固，追維逝者，浮生幾何。』

㈢秉燭夜遊　《文選・古詩十九首》：『生年不滿百，常懷千歲憂。晝短苦夜長，何不秉燭遊。爲樂當及時，何能待來茲。愚者愛惜費，但爲後世嗤。仙人王子喬，難可與等期。』又魏文帝《與朝歌令吳質書》：『少壯眞當努力，年一過往，何可攀援，古人思秉燭夜遊，良有以也。』秉，執也。

㈣陽春煙景　春曰陽春。見梁元帝《纂要》。《開元天寶遺事》：『人謂宋璟爲有脚陽春，言其所至之處，如春陽之煦物也。』煙景，謂佳日之景光也。江淹《晚春詩》：『煙景抱空意，蘅杜綴幽心。』

㈤大塊文章　大塊，謂大自然也。《莊子・齊物論》：『子綦曰：「夫大塊噫氣，其名爲風。」』郭象注：『大塊者，無物也。』一說：大塊，猶言大地。據俞樾、錢穆二氏說。《文選》張華《答何劭詩》：『洪鈞陶萬類，大塊稟羣生。』案卽《莊子・大宗師》『大塊載我以形，勞我以生』之意，蓋統天地而言。文章，謂春日之美景，皆天地之文章也。《後漢書・董卓傳》：『錢無輪廓文章，不便人用。』

㈥羣季俊秀四句　季，少也，兄弟長幼之次曰伯仲叔季。羣季，謂諸弟也。惠連，卽謝惠連，南朝・宋・陽夏人，幼而聰敏，十歲能屬文，書畫並妙，族兄靈運深加知賞，云每有篇章，對惠連輒得佳句。嘗於永嘉・西堂思詩，竟日不就，忽夢見惠連，卽得『池塘生春草，園柳變鳴禽』之句，大以爲工，謂此有神功，非吾語也。惠連又爲《雪賦》，以高麗見奇，靈運見其文曰：『張華重生，不能易也。』時以靈運爲大謝，惠連爲小謝。見《宋書》本傳。後人本此，言愛弟則稱惠連。康樂，謂謝靈運，靈運襲封康樂公，世稱謝康樂。吾人，作者自稱。詠歌，謂詠詩也。此以惠連比羣弟，而自慚不及康樂也。

㈦開瓊筵以坐花　瓊筵，形容筵席之精美，言瓊者，珍之之辭也。《文選》謝朓《始出尚書省詩》：『惟昔逢休明，十載朝雲陛。旣通金閨籍，復酌瓊筵醴。』坐花，圍羣花而坐也。

㈧飛羽觴而醉月　羽觴，酒器名。《漢書・外戚傳》班婕妤《自傷賦》：『顧左右兮和顏，酌羽觴兮銷憂。』顏師古注：『劉德曰：「酒行疾如羽也。」孟康曰：「羽觴，爵也，作生爵形，有頭尾羽翼。」如淳曰：「以瑇瑁覆翠羽於下徹上見。」』案顏師古取孟說，蓋古爵雀字通，漢時酒杯恆作雀鳥狀，左右形如兩翼，故名之曰羽觴。說見《演繁露》。又案吳均《續齊諧記》云：昔周公成洛邑，因流水泛酒，故《逸詩》曰：『羽觴隨波流。』後世用爲修禊故事。醉月，謂酣醉於月下也。李白贈《孟浩然詩》：『醉月頻中聖，迷花不事君。』

㈨金谷酒數　金谷，地名，故址在今河南・洛陽縣西北，晉・石崇構別墅於此，世稱金谷園，清泉茂樹，瑤草奇花，莫不具備。崇常宴客園中，賦詩不成者，罰酒三斗。事見石崇《金谷詩序》。

【通　釋】

天地是萬物的旅館，光陰是百代的過客。人生在世，虛浮無定，有如作夢一般，能有多少時間作樂呢。古人在夜裏點着蠟燭繼續玩樂，以補白天之不足，實在是很有道理的啊。何況煙霧濛濛的春景正在召喚我們，大地上呈現出美麗的文采供我們欣賞。於是在桃李盛開的花園裏，兄弟們聚集在一塊，敍敍天倫的樂趣。弟弟們個個都很優秀，具有謝惠連的才華，只有我這個笨拙的大哥卻作不出像謝靈運那樣的好詩來。大家不停地在欣賞幽雅的夜景，接着又暢談超凡脫俗的事情。然後圍坐在花叢之中，擺下豐盛的筵席。面對月光，開懷痛飲。在這種情形下，沒有好作品，又怎麼能表現自己高尚的情懷呢。如果有人不作詩或者沒有把詩作成篇的，就照金谷園的舊例，罰酒三杯。

14 在獄詠蟬詩序

駱賓王

余禁所禁垣西㊀。是法曹廳事也㊁。有古槐數株焉。雖生意可知。同殷仲文之枯樹㊂。而聽訟斯在。卽周召伯之甘棠㊃。每至夕照低陰。秋蟬疏引㊄。發聲幽息㊅。有切嘗聞㊆。豈人心異於曩時。將蟲響悲乎前聽㊇。

嗟乎。聲以動容。德以象賢。故潔其身也。稟君子達人之高行㊈。蛻其皮也。有仙都羽化之靈姿㊉。候時而來。順陰陽之數(十一)。應節爲變(十二)。審藏用之機(十三)。有目斯開。不以道昏而昧其視。有翼自薄。不以俗厚而易其眞。吟喬樹之微風。韻資天縱。飲高秋之墜露。清畏人知(十四)。

僕失路艱虞。遭時徽纆(十五)。不哀傷而自怨。未搖落而先衰。聞蟪蛄之流聲(十六)。悟平反之已奏(十七)。見螳螂之抱影(十八)。怯危機之未安。感而綴詩。貽諸知己。庶情沿物應。哀弱羽之飄零。道寄人知。憫餘聲之寂寞。非謂文墨。取代幽憂云爾。

【題　解】

據陳熙晉《續補唐書・駱侍御傳》中所載，高宗・儀鳳三年，駱賓王遷任侍御史，目覩武則天當權，潛萌異志，因頻貢章疏，痛陳其弊，卒爲當軸所惡，被誣以贓罪下獄。賓王內心憤憤不平，在獄中作《詠蟬詩》以自明，本篇卽其詩前之序文。按《駱臨海集》另有一首《幽縶書情通簡知己詩》，其中『絕縲非易辨，疑璧果難裁』二句，亦爲陳訴冤屈之作。此二首詩文合併閱讀，當更能了解詩人在失去自由時之無奈感。

【作　者】

駱賓王，唐・婺州・義烏人。幼聰異，七歲能賦詩，有《詠鵝詩》云：『鵝鵝鵝，曲項向天歌，白毛浮綠水，紅掌撥清波。』一時號稱才子。初爲道王・李元慶府屬，歷武功、長安兩縣主簿，遷侍御史。高宗末，政由武氏，賓王數上疏諷諫，爲當道所忌，遂因贓罪下獄。後遇赦，除臨海縣丞，怏怏不得志，棄官去。武后僭位，徐敬業起兵討之，署賓王爲僚屬，爲敬業傳檄天下。兵敗亡命，不知所終。其詩文與王勃、楊炯、盧照鄰並稱初唐四傑。見《舊唐書・文苑傳》及《新唐書・文藝傳》。

【箋　注】

㈠禁垣　監獄前之矮牆。

㈡法曹廳事　卽今之法院，爲受案聽訟之所。

㊂殷仲文之古樹　《晉書・殷仲文傳》：『仲文因月朔，與衆至大司馬府。府中有老槐樹，顧之良久而歎曰：「此樹婆娑，無復生意。」』庾信《枯樹賦》：『殷仲文風流儒雅，海內知名。世異時移，出爲東陽太守，常忽忽不樂，顧庭槐而歎曰：「此樹婆娑，生意盡矣。」』按此借古槐樹以自歎其形槁力絀。

㊃周召伯之甘棠　《詩經・召南》有《甘棠》之篇，序謂周召伯巡行南國，治政勸農，聽民間之訴訟而不煩勞百姓，卽在甘棠下斷案。旣去，民思其德，因相戒勿伐其樹，以誌不忘。

㊄疏引　導唱。引，本指樂曲。

㊅幽息　氣息清幽。

㊆有切嘗聞　意謂蟬聲之淒切爲前此所未嘗聞。

㊇將　猶則也，將則一聲之轉。

㊈故潔其身二句　陸雲《寒蟬賦序》：『昔人稱雞有五德，而作者賦焉。至於寒蟬，才齊其美。夫頭上有緌，則其文也。含氣飲露，則其清也。黍稷不享，則其廉也。處不巢居，則其儉也。應候守常，則其信也。加以冠冕，取其容也。君子則其操，可以事君，可以立身，豈非至德之蟲哉。』按蟬在林中吸食樹汁以維持生命，但古人不知，誤以爲餐風飲露，而又不處在巢中，隨季候而生，故陸雲稱其有『清廉儉信』之德。

㊉蛻其皮二句　蛻，指蟬脫皮，道家則用蛻質爲死亡之諱稱，卽是解脫。羽化，道家成仙之稱，俗傳仙人能身生羽翼，變化飛行，故云。此言蟬蛻質之後，便羽化飛天，上登仙界。夏侯湛

《東方朔畫贊序》：『蟬蛻龍變，棄俗登仙。』

㈡數　猶規律。按蟬之生命不過二三星期，率於夏秋間出現。

㈢應節爲變　言順應季節之變化。

㈢審藏用之機　審，洞察。藏用，用舍行藏之省辭。《論語·述而篇》：『子謂顏淵曰：「用之則行，舍之則藏，惟我與爾有是夫。」』機，機宜。按此以蟬之隱藏與活動比喻士人之退隱與出仕。

㈣清畏人知　晉武帝頗重荆州刺史胡質之忠淸，嘗問其子胡威：『卿孰與父淸。』威對曰：『臣不如也。臣父淸恐人知，臣淸恐人不知，是臣不及遠也。』見《晉書·良吏傳》。

㈤徽纆　亦稱纆徽，捆綁罪犯之繩索。此言被囚。

㈥蟪蛄　蟬之一種。黃綠色，翅有黑白條紋。雄體腹面具發音器，夏末自晨至暮鳴聲不息，雌者無之，不能鳴，謂之啞蟬。

㈦平反　謂糾正原先錯誤之判決。輕重適中謂之平，推翻舊案謂之反。《漢書·雋不疑傳》：『不疑擢爲京兆尹，每行縣錄囚徒還，其母輒問不疑：「有所平反，活幾何人。」』

㈧螳螂抱影　喻殺機。《後漢書·蔡邕傳》：『初邕在陳留也，其鄰人有以酒食召邕者，比往而酒以酣焉。客有彈琴於屏，邕至門試潛聽之，曰：「憘，以樂召我而有殺心，何也。」遂反。主人遽自追而問其故，邕具以告。彈琴者曰：「我向鼓弦，見螳螂方向鳴蟬，蟬將去而未飛，螳螂爲之一前一卻，吾心聳然，惟恐螳螂之失之也。此豈爲殺心而形於聲者乎。』抱影，指螳螂見蟬影欲捕取。以上三句，作者一面以寒蟬高潔自比，深信寃情終有平反之一日，一面又感到獄外空氣凝重，殺機四伏，故下云『怯危機之未安』。

【通　釋】

我被囚禁的監牢前面有一座矮牆，矮牆西邊就是聽訟斷案的法庭，法庭旁邊有幾顆古老的槐樹。這些老槐樹就像殷仲文所見到的那樣，要死不活的，一點生機也沒有，但是斷案定罪就在這裏，反而有點像周召伯在棠梨樹下聽訟的氣派呢。每到黃昏時分，夕陽餘暉停留在低矮的樹枝上，寒蟬就開始斷斷續續的鳴叫，那微弱的聲音，比我以前所聽過的還要淒切。難道是我此刻的心情不同於往日，那麼所聽到的蟬聲也比從前所聽到的要來得悲哀麼。

唉，聲音可以改變人的形貌，道德可以代表人的賢愚。所以蟬具有君子達人的高尚品行，又具有羽化成仙的特異體質。順應天地陰陽之規律而生長，洞察行藏進退之機宜而變化。眼睛雖小，但決不因爲天下無道就不張開來看，翅膀雖薄，但決不因爲世俗貴厚就改變其本眞。在高樹上迎風而鳴叫，天韻自然，在秋天裏飲露而活，還怕人知道自己的清高。

我命運坎坷，身繫囹圄，內心雖然沒有哀傷，卻也難免自我埋怨，身體雖然沒有枯萎，卻也難免容顏衰老。如今聽到寒蟬的清聲，我猜想這個案子必能獲得平反，還我清白之身。旣而想到同我作對的人仍舊環伺周圍，卻又擔心危機尙未消除。因爲心有所感而寫下這首詩，準備送給知心的朋友。希望這份感情能夠隨著蟬聲而流露，使人們同情寒蟬(當然也包括我自己)飄零的身世，也希望這番苦心能夠有機會向外界傾訴，使人們憐憫寒蟬(當然也包括我自己)寂寞的餘聲。我並不是故意在舞文弄墨，只是想假借蟬鳴來宣洩內心的憂苦煩悶吧了。

【附錄】

❶在獄詠蟬

駱賓王

西陸蟬聲唱㈠，南冠客思深㈡。

不堪玄鬢影㈢，來對白頭吟㈣。

露重飛難進，風多響易沈㈤。

無人信高潔㈥，誰爲表予心。

【箋注】

㈠西陸　指秋天。《隋書．天文志》：『日循黃道東行，一日一夜行一度，三百六十五日有奇而周天。行東陸謂之春，行南陸謂之夏，行西陸謂之秋，行北陸謂之冬。』

㈡南冠　指囚徒。《左傳》成公九年：『晉侯觀於軍府，見鍾儀，問之曰：「南冠而縶者誰也。」』杜預注：『南冠，楚冠。』

㈢玄鬢　指黑色之蟬翼。此借以自喻正當盛年。

㈣白頭吟　樂府曲名。劉歆《西京雜記》：『司馬相如將聘茂陵人女爲妾，卓文君作《白頭吟》以自絕，乃止。』按郭茂倩《樂府詩集》載南朝．鮑照、張正見諸人《白頭吟》之作，皆自傷清直而遭誣謗，駱氏或取義於此。

㈤露重二句　意謂世路艱險，阻力甚多，寃情恐難獲伸，而此生亦將終老獄中。

㈥高潔　指蟬之德。按詠蟬者每詠其聲，此獨尊其品格，蓋亦借以自喻。

㈡病蟬　　賈島

病蟬飛不得，向我掌中行。
折翼猶能薄，酸吟尙極清。
露華凝在腹，塵點誤侵睛。
黃雀并鳶鳥，俱懷害爾情。

㈢蟬　　李商隱

本以高難飽，徒勞恨費聲㈠。
五更疏欲斷㈡，一樹碧無情㈢。
薄宦梗猶泛㈣，故園蕪已平㈤。
煩君最相警㈥，我亦舉家清㈦。

【箋　注】

㈠本以二句　言蟬既欲棲身高處，自難以飽腹，怨悔之鳴，只是徒勞而已。

㈡五更句　此句承上『聲』字，言通夜哀鳴，疏落之聲，幾近斷絕。

㈢一樹句　此句承上『恨』字，言蟬高居樹巔，抱枝哀鳴，而樹卻自呈蒼潤，漠然無動於中。實則隱喻受人冷落，無人肯加以援引。

㈣薄宦句　言官職卑小，漂泊不定。《戰國策・趙策》：『土梗與木梗鬥曰：「汝不如我，我者乃土也，使我逢疾風淋雨，壞沮，乃復歸土。今汝非木之根，則木之枝耳。汝逢疾風淋雨，漂入漳、河，東流至海，氾濫無所止。」』土梗，以泥土雕製之土偶。木梗，以桃木雕製之木偶。

㈤故園句　言田園荒蕪，野草沒脛。盧思道《聽鳴蟬篇》：『故鄉已超忽，空庭正蕪沒。』殆卽李詩所本。

㈥君　指蟬。

㈦清　謂生活淸苦。

㊃蟬

虞世南

垂緌飲淸露㈠，流響出疏桐㈡。

居高聲自遠，非是藉秋風㈢。

【箋　注】

㈠緌　古時繫冠之纓。此指蟬喙。

㈡流響　指蟬聲連續不斷。

㈢居高二句　喻己官大位高，聲名遠播，無須借助外力。按虞世南爲唐初名臣，官至祕書監，太宗稱其德行、忠直、博學、文辭、書翰，五絕兼具。書法與歐陽詢齊名，並稱歐、虞。故此二句顯然是自寫懷抱。

按西哲嘗謂文學作品多爲作者之自傳，實乃深造有得之言，綜觀以上諸詩，可爲明證。駱詩抒含冤莫白之悲，賈詩有兀傲不馴之概，李詩寓孤獨落寞之感，而虞詩則顧盼自雄，躊躇滿志，自憙之情，洋溢紙上。同一詠蟬而興寄各別，此殆緣於處境不同之故。施補華《峴傭說詩》云：『三百篇比興爲多，唐人猶得此意。同一詠蟬，虞世南「居高聲自遠，端不借秋風」，是清華人語。駱賓王「露重飛難進，風多響易沉」，是患難人語。李商隱「本以高難飽，徒勞恨費聲」，是牢騷人語。比興不同如此。』語極精切，足資參鏡。

又按詠物作品貴在得物之精神，而不在其形貌。上舉五首詩文，作者均將自己感情注入其中，與物融爲一體，故能搖蕩性靈，傳誦千古。

復按：爲便於說明與比較起見，右列四詩，除詞意顯豁之《病蟬》外，均略加箋注。但未能按照作者之時代先後排列，實非得已。又爲節省篇幅計，左列諸詩均不加注。

再按：《駱臨海集》中別有一首五律《秋蟬》詩，雖非作於獄中，然尋繹其意，亦是才士之哀吟，特迻錄於次，以爲了解駱氏心境之一助。

九秋行已暮，一枝聊暫安。隱榆非諫楚，噪柳異悲潘。
分形妝薄鬢，鏤影飾危冠。自憐疏影斷，荒林夕吟寒。

㊄ 寒樹晚蟬疏　　張正見

寒蟬噪楊柳，朔吹犯梧桐。
葉迥飛難住，枝殘影共空。
聲疏飲露後，唱絕斷絃中。
還因搖落處，寂寞盡秋風。

㊅ 賦得含風蟬　　盧照鄰

高情臨爽月，急響送秋風。
獨有危冠意，還憐衰鬢同。

㊆ 畫蟬　　戴叔倫

飲露身何潔，吟風韻更長。
斜陽千萬樹，無處避螳螂。

八 答夢得聞蟬見寄　白居易

開緘思浩然，獨詠晚風前。
人貌非前日，蟬聲似去年。
槐花新雨後，柳影欲秋天。
聽罷無他計，相思又一篇。

九 新蟬　盧仝

泉溜潛幽咽，琴鳴乍往還。
長風剪不斷，還在樹枝間。

一〇 新蟬　劉兼

齊女屏幃失舊容，侍中冠冕有芳蹤。
翅翻晚鬢尋香露，聲引秋絲逐遠風。
旅館聽時髭欲白，戍樓聞處葉多紅。
只知送恨添愁事，誰見凌霄羽蛻功。

㈡ 聽　蟬　　楊萬里

說露談風有典章，詠秋吟夏入宮商。
蟬聲無一添煩惱，自是愁人枉斷腸。

㈢ 詠　蟬　　党懷英

槁壤陰濳罷轉丸，飄飄便作飲風仙。
幽蓁何處拳枯蛻，別樹還來續斷絃。
小院日長清夢覺，空庭人靜綠陰圓。
無情物化誰能料，觸撥羈懷一慨然。

㈣ 聞　蟬　　馬臻

短翼含風薄似秋，一聲聲帶夕陽愁。
年年古柳官塘路，催得行人白盡頭。

㈣晚　蟬　陳　櫟

秋早梧桐颭晚風，鳴蟬無數樹陰中。
斜陽似假渠聲勢，只是斜陽不久紅。

㈤詠　蟬　謝　榛

弱翅凌晨動，繁聲向夕流。
不知風露裏，還得幾何秋。

15 爲徐敬業以武后臨朝移諸郡縣檄

駱賓王

〔一〕舊式排列法

僞臨朝武氏者(一)。性非和順。地實寒微(二)。昔充太宗下陳(三)。嘗以更衣入侍(四)。
洎乎晚節。穢亂春宮(五)。潛隱先帝之私(六)。陰圖後房之嬖(七)。入門見嫉。蛾眉不
肯讓人(八)。掩袖工讒。狐媚偏能惑主(九)。踐元后於翬翟(十)。陷吾君於聚麀(十一)。加
以虺蜴爲心(十二)。豺狼成性。近狎邪僻。殘害忠良(十三)。殺姊屠兄。弒君鴆母(十四)。人
神之所同嫉。天地之所不容。猶復包藏禍心。窺竊神器(十五)。君之愛子。幽之於別
宮。賊之宗盟。委之以重任(十六)。嗚乎。霍子孟之不作。朱虛侯之已亡(十七)。燕啄皇
孫。知漢祚之將盡(十八)。龍漦帝后。識夏庭之遽衰(十九)。

敬業皇唐舊臣。公侯冢子(二十)。奉先君之成業。荷本朝之厚恩。宋微子之興悲(二一)。良有以也。袁君山之流涕(二二)。豈徒然哉。是用氣憤風雲。志安社稷(二三)。因天下之失望。順宇內之推心(二四)。爰舉義旗。以清妖孽(二五)。南連百越(二六)。北盡三河(二七)。鐵騎成羣。玉軸相接(二八)。海陵紅粟(二九)。倉儲之積靡窮。江浦黃旗(三十)。匡復之功何遠。班聲動而北風起。劍氣沖而南斗平(三一)。喑嗚則山岳崩頹。叱咤則風雲變色(三二)。以此制敵。何敵不摧。以此圖功。何功不克。

公等或居漢地。或叶周親(三三)。或膺重寄於話言(三四)。或受顧命於宣室(三五)。言猶在耳。忠豈忘心。一抔之土未乾。六尺之孤何託(三六)。儻能轉禍為福。送往事居(三七)。共立勤王之勳(三八)。無廢大君之命(三九)。凡諸爵賞。同指山河(四十)。若其眷戀窮城。徘徊歧路。坐昧先幾之兆(四一)。必貽後至之誅(四二)。請看今日之域中。竟是誰家之天下。

〔二〕新式排列法

偽臨朝武氏者。
　性非和順。
　地實寒微。
　昔充太宗下陳。
　曾以更衣入侍。
　洎乎晚節。
　穢亂春宮。
　潛隱先帝之私。
　陰圖後房之嬖。
　入門見嫉。蛾眉不肯讓人。
　掩袖工讒。狐媚偏能惑主。
　踐元后於翬翟。
　陷吾君於聚麀。
加以
　虺蜴為心。
　豺狼成性。
　近狎邪僻。
　殘害忠良。
　殺姊屠兄。
　弒君鴆母。
　人神之所同嫉。
　天地之所不容。
猶復
　包藏禍心。
　窺竊神器。
　君之愛子。幽之於別宮。
　賊之宗盟。委之以重任。
嗚呼。

霍子孟之不作。
朱虛侯之已亡。
燕啄皇孫。知漢祚之將盡。
龍漦帝后。識夏庭之遽衰。第一段

敬業
皇唐舊臣。
公侯冢子。
奉先君之成業。
荷本朝之厚恩。
宋微子之興悲。良有以也。
袁君山之流涕。豈徒然哉。

是用
氣憤風雲。
志安社稷。
因天下之失望。
順宇內之推心。

爰舉義旗。
以清妖孽。
南連百越。
北盡三河。
鐵騎成羣。
玉軸相接。
海陵紅粟。倉儲之積靡窮。
江浦黃旗。匡復之功何遠。
班聲動而北風起。
劍氣沖而南斗平。
喑嗚則山岳崩頹。
叱吒則風雲變色。
以此制敵。何敵不摧。
以此圖功。何功不克。第二段

公等
或居漢地。
或叶周親。

或膺重寄於話言。
或受顧命於宣室。
言猶在耳。
忠豈忘心。
一抔之土未乾。
六尺之孤何託。

儻能
轉禍為福。
送往事居。
共立勤王之勳。
無廢大君之命。

凡諸爵賞。
同指山河。

若其
眷戀窮城。
徘徊歧路。
坐昧先幾之兆。
必貽後至之誅。
請看今日之域中。
竟是誰家之天下。第三段

【題　解】

武后，字則天，唐．并州．文水（今山西．文水縣）人，武士彠之女。年十四，太宗選入宮為才人。太宗崩，削髮為尼，居於感應寺。高宗即位，復蓄髮入宮，拜為昭儀，進號宸徽。永徽六年，廢王皇后，立武氏為皇后，自是政無大小，悉干預焉。上元六年，與高宗並稱天皇、天后。及高宗崩，中宗立，武氏臨朝稱旨，廢中宗為廬陵王，立睿宗，尋又廢睿宗而自立，稱金輪皇帝，改國號曰周。登極後，務尙風流，恣爲淫虐，有張易之、張昌宗兄弟二人俱俊偉，姿容之美，遠軼潘郎，武氏嬖之，遂汚亂宮闈，而權勢之盛，無與倫比。爲政專張女權，大殺唐宗室，任用酷吏來俊臣等。然富於權略，知人善任，故在位期間，名相輩出，狄仁傑即其一也。晚年，張昌宗爲相，朝政寖窳，民生日瘁，張柬之等乃乘其寢疾之際，舉兵誅張易之、張昌宗，奉中宗復位，迫武氏歸政，徙居上陽宮，上尊號曰則天大聖皇帝。尋崩，年八十二，在位二十一年。（臨朝稱制六年併計於內）諡曰則天皇后。著有《垂拱集》一百卷、《金輪集》十卷，相傳集中詩文率出於崔融、元萬頃之手云。

徐敬業，即李敬業，本姓徐，祖勣歸唐，賜姓李，後討武后，后削其爵，復本姓徐。少有勇名，屢從勣征伐，襲英國公爵，坐事貶柳州司馬。光宅元年，與唐之奇等起兵揚州，以駱賓王爲記室，移檄天下，誓復唐室。武氏遣李孝逸率兵三十萬討之，遂爲所敗，海內惜之。

本篇選自《駱賓王文集》卷十。首斥武后居心險毒，爲天地所不容。繼言所以興師之故，及兵容之盛。末段勉內外諸臣，共勵忠貞，必殲兇殘而後已。全文一氣舒暢，無復凝滯，而措辭貼切，屬對自然，與王勃《滕王閣序》俱屬傳誦於世之名作，自昔凡學爲文，罔弗爛熟於胸中，奉爲圭臬，已具常識性質，故今選之。

林次崖評曰：『歷暴武氏罪惡，眞無容身之地，辭氣嚴正，文韻清警，得意處如夜明珠璞，當世共寶，似此文亦宇內所間出也。武后見其文而稱其才，歸咎宰相，信女中文人也。』過商侯曰：『前半寫嫵媚奸雄處，字字是令彼心折。中幅爲義旗設色，寫得聲光奕奕，山嶽震動，觀兒女世界中得復覩丈夫梗概。』蔣心餘曰：『此文殊未盡致，淺學極稱之，陋矣。』王均卿曰：『義光日月筆挾雷霆，事雖未成，已足褫魂奪魄，武氏歎爲才人，致歸咎於宰相不擧，未始非駱丞知己。』

【箋　注】

㈠僞臨朝　斥人僭竊者曰僞，如云僞朝、僞國、僞組織，武則天竊據唐室，故稱僞。臨朝，謂皇太后攝行國政也。蔡邕《獨斷》：『少帝卽位，太后代而攝政，臨前殿朝羣臣，太后東面，少帝西面。』

㈡地實寒微　言出身微賤也。《晉書・鄭沖傳》：『起自寒微，卓爾立操。』

㈢下陳　後列也。班婕妤《自悼賦》：『登薄軀於宮闕兮，充下陳於後庭。』言爲侍妾後列也，此指武后曾爲太宗才人。案《新唐書・武后紀》云：『后年十四，太宗聞其有色，選爲才人。』

㈣曾以更衣入侍　更衣，謂易衣也。《漢書・灌夫傳》：『坐乃起更衣，稍稍去。』顏師古注：『更，改也，凡久坐者皆起更衣，以其寒暖或變也。』又宮中休息易衣之處亦稱更衣，漢時置有宮女。見《漢書・東方朔傳》注。言武后曾因更衣之便而入侍得幸也。

㈤洎乎晚節穢亂春宮　洎，及也。晚節，猶言晚年。《史記・外戚世家》：『漢興，呂娥姁爲高祖正后，及晚節，色衰愛弛。』穢亂，猶淫亂也。春宮，與東宮同，謂太子之宮。《初學記》：『青宮一名春宮，太子居之。』案此言高宗爲太子時，入問太宗疾，見武氏而悅之也。一說：春宮爲帝王後宮之總名稱，亦通。

㈥潛隱先帝之私　先帝，指太宗，言武氏削髮爲比丘尼，以掩飾其曾爲太宗才人之跡也。

㊆陰圖後房之嬖　後房，謂嬪妃之所居，猶言後宮、後庭、內宮。嬖，愛幸也。言其蓄髮入宮，暗圖高宗之嬖幸也。

㈧入門見嫉蛾眉不肯讓人　《漢書·鄒陽傳》：『女無美惡，入宮見妒，士無賢不肖，入朝見嫉。』蛾眉，本作娥眉，娥者美好輕揚之意。《詩經·衞風·碩人》：『螓首蛾眉。』案蠶蛾觸鬚，細而長曲，故以比美人之眉。後人引伸之，遂用蛾眉為美人之泛稱。蘇軾詩：『飛樓百尺照湖水，上有燕、趙千蛾眉。』又案《唐書·后妃傳》云：『武才人與皇后及蕭良娣爭寵，誣后與母挾媚道蠱上。帝信之，卽下詔廢皇后及蕭良娣，皆為庶人。』二句言始未承恩，猶希援引，及既入門，則心懷嫉妬，而不肯讓人矣。

㈨掩袖工讒狐媚偏能惑主　掩袖，以袖鄣面也。工讒，謂巧於進讒。案武氏生女，王皇后憐而撫之，后出，武氏潛扼殺女以誣之，由是高宗遂有廢立之意。狐媚，謂媚悅以惑人，如狐之為魅也。《晉書·石勒載記》：『大丈夫行事當磊磊落落，如日月皎然，終不能如曹孟德、司馬仲達父子，欺他寡婦孤兒，狐媚以取天下也。』

㈩踐元后於翬翟　元后，天子之嫡后也。翬翟，雉羽也。案雉之交有時，守死而不犯分，婦德所宜，故古者皇后之車服，皆畫飾翬翟之形。此言永徽六年王皇后廢，武氏升登元后之位也。

㈡陷吾君於聚麀　吾君，謂高宗也。聚，共也。麀，牝鹿也，其性最淫，禽獸不知父子之倫，故有常共一牝之事。《禮記·曲禮》：『夫惟禽獸無禮，故父子聚麀。』人之有禽獸行者，亦稱聚麀。武氏曾入侍太宗，後又見幸於高宗，造成父子亂倫醜事，故作者以此斥之。

㈡虺蜴　皆害人之物，以喻毒害。《詩經・小雅・正月》：『哀今之人，胡爲虺蜴。』屈萬里釋義：『言可憐今之人，何爲而作害人之虺蜴乎。』

㈢近狎邪僻殘害忠良　邪僻，指張易之、張昌宗、李義府、許敬宗等。忠良，指褚遂良、長孫無忌等。案：褚遂良字登善，錢塘人，淹貫文史，尤工隸楷，魏徵薦於太宗，頗蒙禮重，累官中書令，直言敢諫，多所嘉納。高宗立，欲廢王皇后，立武則天，遂良叩頭流血以諫，不聽。武氏立，累貶愛州刺史，以憂憤卒。見《唐書》本傳。長孫無忌字輔機，洛陽人，太宗文德皇后兄。博涉羣書，雅有武略，佐太宗定天下，功第一，封趙國公，累遷太子太師，以貴戚而兼重臣，寵信甚專。帝疾，與褚遂良同受顧命。高宗初，以諫立武則天，削爵，流配黔州，被逼投環死。見《唐書》本傳。

㈣殺姊屠兄弒君鴆母　姊，謂韓國夫人。兄，謂武惟良。弒君事未聞。或以高宗病頭眩，醫士張文仲欲砭而治之，武后怒曰：『帝頭可刺血耶』，帝遂崩。疑即指此。鴆，毒鳥也，其羽瀝酒，飲之立死。王皇后與蕭淑妃俱被武氏置鴆酒中毒死。皇后爲天下母，故云鴆母。

㈤包藏禍心窺竊神器　謂懷藏爲害於人之心以窺竊帝位也。《左傳》昭公元年：『子羽曰：「小國無罪，恃實其罪，將恃大國之安靖已，而無乃包藏禍心以圖之。」』《老子》：『將欲取天下而爲之，吾見其不得已，天下神器，不可爲也。』王弼注：『神，無形無方也，無形以合，故謂之神器也。』《文選》張衡《東京賦》：『巨猾閒釁，竊弄神器。』薛綜注：『神器，帝位也。』

㈥君之愛子四句　君，謂高宗。賊，謂武后。愛子，謂中宗。別宮，亦稱行宮，京城以外供帝王避暑、避寒或出行時臨時居住之宮殿。案中宗初被廢爲廬陵王，而幽於房州之別宮。宗盟，指其宗族，卽武承嗣、武三思輩是也。

㈦霍子孟之不作朱虛侯之已亡　霍子孟，名光，西漢・平陽人，去病異母弟。秉性端正沈靜，武帝時，爲奉常都尉，甚見親信。帝崩，受遺詔與金日磾等輔昭帝，拜大司馬，爲大將軍，封博陸侯。時帝年僅八歲，政無大小，壹決於光。昭帝在位十三年，無子。光立武帝孫昌邑王・賀，以淫亂廢之。迎立宣帝，實際政權仍在光手中。出入禁闥二十餘年，未嘗有過。地節間卒，諡宣成。帝思其功，圖形於麒麟閣，以彰忠藎焉。見《漢書》本傳。朱虛侯，卽劉章，漢・齊悼惠王子。惠帝崩，呂后稱制，諸呂權傾中外，章入宿衞，封爲朱虛侯，以呂祿之女妻之。嘗入侍燕飲，請以軍法行酒，諸呂有一人醉，避酒而逃，章追斬之，自是諸呂憚章，雖大臣皆依之莫敢逆。呂后崩，與周勃、陳平剷除諸呂，迎立文帝，封城陽王，卒諡景。見《漢書・高五王傳》。作者以呂后、昌邑王喩武后，言漢時諸呂作亂，猶有宗室劉章等剷平之，昌邑王無道，亦有霍光等起而廢之，今武氏篡唐，竟無皇戚藎臣起而靖難，所以深慨之也。

㈧燕啄皇孫　漢成帝后趙飛燕，幼學歌舞，帝微行而悅之，以體態輕盈，號曰飛燕。先爲婕妤，寵冠後宮。許后廢，立爲后，封其妹爲昭儀。姊妹擅寵十餘年，日夜蠱惑，致成帝無嗣暴崩。飛燕性奇妬，見後宮有孕者輒殺之，時有『燕啄皇孫』之謠。事見《漢書・外戚傳》。

㈨龍漦帝后　夏后氏衰微之時，有神龍止於帝庭，夏后取其漦而藏之櫝。夏亡，傳及殷、周，此器莫敢發。至厲王之末，啓而觀之，漦流於庭，入於後宮，化爲玄黿，童妾遇之而孕，無夫生女，棄於市。有賣檿弧箕服者收養成長，賣於褒人，幽王伐褒，褒人獻此女，即褒姒也。風姿綽約，麗絕塵寰，王甚嬖之，生子伯服。王廢申后及太子宜臼，而以褒姒爲后，伯服爲太子。自是遊宴無度，不恤政事。褒姒不好笑，王百計悅之，仍不笑，王乃舉烽火以徵諸侯，諸侯至而無寇，褒姒乃大笑。後申侯率犬戎入寇，王舉火徵兵，諸侯不至，犬戎弒王於驪山之下，西周亡。事見《史記・周本紀》。漦，龍所吐涎沫也。龍漦帝后，謂神龍吐沫以生帝后。此言褒姒出而夏庭衰，今武后出亦知唐室之將衰也。

⑳冢子　山頂曰冢。冢子，謂長子也。《禮記・內則》：『父沒母存，冢子御食。』

㉑宋微子　微子，名啓，殷紂王庶兄。微，國名，子，爵也。爲紂卿士，紂淫亂，數諫不聽，遂去之。周武王滅紂，復其官。周公誅紂子武庚，命微子代殷後，國於宋。嘗過殷故墟，感宮室毀壞，盡生禾黍，憑弔久之，不忍竟去，乃作麥秀之詩以著其痛。其詞曰：『麥秀漸漸兮，禾黍油油。彼狡童兮，不與我好兮。』所謂狡童者，紂也。殷民聞之，皆爲流涕。事見《史記・微子世家》。此言昔日宋微子因懷念故國而興悲，今日徐敬業則因懷念宗國而興兵討伐，非無故也。

㉒袁君山　漢・袁安也。安字君山，一字邵公，汝南人。爲人嚴重有威，未達時，洛陽大雪，人多出乞食，安獨僵臥不起。後拜楚郡太守，累遷太僕，擢司徒。和帝時，竇太后臨朝，竇憲、竇景等各以外戚專威權。安守正不阿，無稍或憚，每朝會進見及與公卿言國是，未嘗不嗚咽流涕。見《後漢書》本傳。庾信《哀江南賦序》：『傅燮之但悲身世，無處求生，袁安之每念王

室，自然流涕。』此言徐敬業亦因宗社將傾而流涕也。

㉓社稷　社，土神，稷，穀神，爲天子諸侯所祭。詳《禮記・王制》。班固《白虎通・社稷》：『王者所以有社稷何，爲天下求福報功，人非土不立，非穀不食，故封土立社，示有土也。稷，五穀之長，故立稷而祭之也。』古之有國者必立社稷，以社稷之存亡，示國家之存亡。高適《詠郭代公詩》：『縱橫負才智，顧盼安社稷。』

㉔宇內　猶言天下。《文選》賈誼《過秦論》：『秦孝公據殽、函之固，擁雍州之地，君臣固守，以窺周室，有席卷天下，包擧宇內，囊括四海之意，并吞八荒之心。』

㉕妖孽　《禮記・中庸》：『國家將亡，必有妖孽。』孔穎達疏：『妖孽，謂凶惡之萌兆也。』

㉖百越　古者江、浙、閩、粤之地，皆爲越族所居，謂之百越。

㉗三河　《史記・貨殖傳》：『夫三河在天下之中，若鼎足，王者所更居也。』案三河之說不一，舊時稱黃河、淮河、洛水爲三河。漢時稱河東（今山西西南部地）、河南（今河南中部地）、河內（今河南黃河以北地）三郡爲三河。何者爲是，可毋事深求。作者擧此，所以喻地區之廣袤也。

㉘鐵騎成羣玉軸相接　以言乎馬，則鐵騎萬千以成羣，以言乎車，則玉軸遠近以相接，極狀其軍容之盛也。鐵騎，謂強悍之騎兵。《宋書・孔顗傳》：『鐵騎連羣，風驅電邁。』玉軸，兵車壯麗之稱。庾肩吾《亂後經夏禹廟詩》：『仙舟還入鏡，玉軸更乘空。』

㉙海陵紅粟　極言義軍糧草豐足。海陵，古地名，在今江蘇・泰縣東，漢・吳王・濞置儲粟倉於此，故舊名太倉。《文選》左思《吳都賦》：『窺東山之府，則瓌寶溢目，覸海陵之倉，則紅粟

流衍。』李善注引枚乘《上書重諫吳王》：『夫漢，諸侯方輸錯出，其珍怪不如山東之府，轉粟西向，不如海陵之倉。』又引《漢書・食貨志》：『太倉之粟，紅腐而不可食。』紅粟，言米粟多至紅腐也。案呂祖謙《讀駢雜誌》注云：『紅塵，言人跡雜鬧，塵飛空中，紅日照映，其色緋紅。紅粟亦喻積粟之多而盛也。』

(三〇)江浦黃旗　極言軍容盛壯。江浦，地名，卽今江蘇・江浦縣。一說：江浦係泛指大江之濱，而非專指某一地名。亦通。黃旗，正色之旗，此指吳地起義之旗。《文選》陸倕《石闕銘》：『青蓋南泊，黃旗東指。』李善注：『青蓋，晉也。黃旗，吳也。司馬德操《與劉恭嗣書》曰：「黃旗紫氣，恆見東南，終成天下者，揚州之君子。」』案《三國志・吳書・孫權傳》裴松之注引《吳書》云：『陳化使魏，文帝嘲問曰：「吳、魏峙立，誰將平一海內。」化對曰：「先哲知命，舊說紫蓋黃旗，運在東南。」』

(三一)班聲動而北風起劍氣沖而南斗平　言朝來升帳，則班馬聲動，凛然若北風之起，暮夜歸營，則劍氣沖霄，煥然若南斗之平也。《左傳》襄公十八年：『平陰之役，齊師夜遁，邢伯告中行伯曰：「有班馬之聲，齊師其遁。」』《晉書・張華傳》：『吳之未滅也，斗牛間常有紫氣，吳平之後，紫氣愈明。華聞豫章人雷煥妙達緯象，乃要煥宿，登樓仰觀。煥曰：「寶劍之精，上徹於天耳，在豫章・豐城。」華卽補煥爲豐城令。煥到縣，掘獄屋基，得一石函，光氣非常，中有雙劍，並刻題，一曰龍泉，一曰太阿，其夕斗牛間氣不復見焉。煥遣使送一劍與華，留一自佩。華得劍，復煥書曰：「詳觀劍文，乃干將也，莫邪何復不至。雖然，天生神物，終當合耳。」

華誅，失劍所在。煥卒，子華持劍行經延平津，劍忽於腰間躍出墮水，使人沒水取之，不見劍，但見兩龍各長數丈，蟠縈有文章，水浪驚沸，於是失劍。』

㉜喑嗚則山岳崩頹叱咤則風雲變色　喑嗚，發呼聲，言衆聲發呼則山岳似爲之崩頹，此形容其聲勢之壯。叱咤，發怒聲。《史記・淮陰侯傳》：『項王喑噁叱咤，千人皆廢。』以上四句均言軍容之盛。

㉝或居漢地或叶周親　或居漢地，謂或爲居於異姓之臣子。（漢朝行郡國制，拜異姓功臣為州郡牧守。）或叶周親，謂或爲擁護王室之近親，此指唐之宗室言。（周朝行封建，封王室近親為方國侯伯。）

㉞或膺重寄於話言　謂或則接受先帝之重言寄託，此指分封於外之功臣。一說：話言，猶云善言。《論語・泰伯篇》：『人之將死，其言也善。』是此話言，蓋謂高宗臨崩託孤之言也。

㉟或受顧命於宣室　謂或則拜受遺命也。顧命，天子之遺詔。孔安國《尚書・顧命》傳：『臨終之命曰顧命。』宣室，漢未央宮前殿正室也，爲古時天子齋戒之所。《史記・賈生傳》：『後歲餘，賈生徵見，孝文帝方受釐，坐宣室，上因感鬼神事，而問鬼神之本。』

㊱一抔之土未乾六尺之孤何託　言高宗之靈骨未寒，遺此苦命孤雛，其將安託乎。抔土，謂盈一掬之土也。《史記・張釋之傳》：『有人盜高廟坐前玉環，捕得，廷尉奏當棄市。上怒，欲致之族。釋之免冠謝曰：「假令愚民取長陵一抔土，陛下且何以加其法乎。」』後人因謂墳墓爲一抔土，此處指高宗陵寢。元好問《移居詩》：『得損不相償，抔土塡巨壑。』未乾，言高宗安葬未久也。六尺之孤，指中宗。《論語・泰伯篇》：『曾子曰：「可以託六尺之孤，可以寄百里

之命，臨大節而不可奪也。』何晏集解：『六尺之孤，幼少之君。』按《唐書》賓王本傳云：武后初見此文，但嬉笑，迨讀至『一抔之土未乾，六尺之孤何託』，矍然曰：『誰爲之。』或以賓王對。后曰：『宰相安得失此人。』蓋有遺珠之憾焉。

㊲送往事居　謂報答已往之高宗，而擁護居今之中宗也。《左傳》僖公九年：『送往事居，耦俱無猜，貞也。』杜預注：『往，死者。居，生者。』

㊳勤王　王室有難，起兵靖亂也。《左傳》僖公二十五年載晉文公返國，欲霸諸侯，狐偃曰：『求諸侯莫如勤王。』以其時周天子方有難也。崔塗《赤壁懷古詩》：『漢室河山鼎勢分，勤王誰肯顧元勳。』

㊴大君　謂天子也，此指高宗。《易經・師卦》：『大君有命，開國承家。』曹唐《三年冬大禮詩》：『太乙天壇降大君，屬車龍鶴夜成羣。』

㊵凡諸爵賞同指山河　古者分封功臣，必指山河以爲信。《漢書・高惠高后孝文功臣表序》：『漢王卽皇帝之位，論功而定封，封爵之誓曰：「使黃河如帶，泰山若厲，國以永存，爰及苗裔。」於是申以丹書之信，重以白馬之盟。』顏師古注引應劭曰：『封爵之誓，國家欲使功臣傳祚無窮也。帶，衣帶也，厲，砥厲石也，河當何時如衣帶，山當何時如厲石，言如帶厲，國猶永存，以及後世之子孫也。』言使黃河狹如衣帶，泰山小如厲石，而封國始滅，謂決無其時也。案《三國志・吳書・周瑜傳》引厲作礪。張說《元君石柱銘序》：『壇場鄴、洛，據天地之圖，帶礪山河，建侯王之國。』

㈣坐昧先幾之兆　坐，安而不動也。昧，不明也。幾，同機。《周易・繫辭》：『知幾其神乎。……幾者動之微，吉凶之先見者也。君子見幾而作，不俟終日。』兆，徵兆也。先幾之兆，謂事機之徵兆，暗指討武氏之成功可必。

㈤必貽後至之誅　言若不出勤王，必加以誅戮也。《史記・夏本紀》載夏禹王會諸侯於塗山，防風氏以後至被誅。蓋即作者所本。

【通　釋】

僭竊帝位的武則天，性情暴戾，出身微賤。從前充當太宗的才人，曾因更衣的機會得邀寵幸。到了晚年，在宮廷裏荒淫穢亂，悄悄的削髮爲尼，掩飾其曾爲太宗才人的事實，其後又蓄髮入宮，暗圖高宗後宮的嬖幸。一入宮門，便存着嫉妬的心思，自以爲美貌不亞於任何人，掩袖作態，善進讒言，因此迷惑了高宗。把王皇后廢掉，自己登上了元后的寶座，又造成太宗、高宗父子亂倫的醜事。再加上毒蛇般的心腸，猛獸般的性情，親近張易之等一班小人，陷害褚遂良等一班忠臣。屠殺了自己的哥哥姊姊，謀害了高宗，毒死了王皇后。這是人神所共棄，天地所不容的。而且還懷藏了爲害於人之心，伺機竊取帝位。把中宗幽禁在房州的別宮，把國家的重任交給武家的族人。唉，可惜現在沒有像霍光、劉章這一類人來輔佐幼主，共赴國難。趙飛燕殺戮皇孫，知道漢家的天下將要滅亡，龍涎生怪（指褒姒），竟作帝后，知道夏朝的王業將要衰敗。

敬業是大唐的舊臣，公侯的長子，恪守先君已成的王業，蒙受朝廷的深恩厚澤。宋微子經過殷朝之故墟而生悲，實在很有道理，袁安目覩外戚專權而痛哭流涕，難道沒有緣故麼。因此義氣憤激風雲，矢志安定國家，趁着天下人民對武氏的失望，順應全國百姓擁護唐室的心理，於是特起義師，來清除妖孽。

南連百越，北達三河，成羣結隊的鐵騎，遠近相接的軍車。海陵縣所儲藏的糧草很多，永遠吃不完，大江邊正義之旗漫天飄揚，恢復國祚的日子已經不遠了。班馬的聲音一動，凜然像北風般的怒吼，寶劍的紫氣沖天，煥然像南斗般的光亮。大呼一聲，就能使山岳崩頹，憤怒一叫，就能使風雲變色。拿這樣的氣勢來制服敵人，還有甚麼敵人不被擊敗的呢，拿這樣的氣勢來建立功業，還有甚麼功業不能達成的呢。

您們有的是異姓的功臣，有的是同姓的宗室，有的是受了先帝的重言寄託，有的是受了先帝的遺命，先帝的遺言還在耳邊縈繞，難道就忘記精忠報國的壯志嗎。高宗才安葬不久，這年幼的皇太子將寄託給誰呢。如果能把武氏的禍害，轉變成唐朝的幸福，拜別已逝的高宗，而事奉現在的中宗，共同起兵爲王室靖難，不要廢棄高宗的遺命。那麼所有一切的戰功，都指着山河做信誓。如果您們仍舊留戀窮城，徘徊在歧路上，存著騎牆觀望的心理，坐失成功的預兆，將來必定會遭到應有的懲罰。請看今天國內的情勢，究竟是哪一家的天下。

16 秋日登洪府滕王閣餞別詩序

王勃

〔一〕舊式排列法

豫章故郡。洪都新府㊀。星分翼軫。地接衡廬㊁。襟三江而帶五湖㊂。控蠻荆而引甌越㊃。物華天寶。龍光射牛斗之墟㊄。人傑地靈。徐孺下陳蕃之榻㊅。雄州霧列。俊彩星馳㊆。臺隍枕夷夏之交㊇。賓主盡東南之美㊈。都督閻公之雅望。棨戟遙臨㊉。宇文新州之懿範。襜帷暫駐⑪。十旬休暇。勝友如雲⑫。千里逢迎。高朋滿座。騰蛟起鳳。孟學士之詞宗⑬。紫電青霜。王將軍之武庫⑭。家君作宰⑮。路出名區。童子何知。躬逢勝餞。

時維九月。序屬三秋⑯。潦水盡而寒潭清⑰。煙光凝而暮山紫⑱。儼驂騑於上路⑲。訪風景於崇阿⑳。臨帝子之長洲。得天人之舊館㉑。層臺聳翠。上出重霄。飛閣流丹。下臨無地[22]。鶴汀鳧渚。窮島嶼之縈迴[23]。桂殿蘭宮。即岡巒之體勢[24]。

披繡闥。俯雕甍[25]。山原曠其盈視。川澤紆其駭矚[26]。閭閻撲地。鐘鳴鼎食之家[27]。舸艦迷津。青雀黃龍之舳[28]。虹銷雨霽。彩徹區明[29]。落霞與孤鶩齊飛。秋水共長天一色[30]。漁舟唱晚。響窮彭蠡之濱[31]。雁陣驚寒。聲斷衡陽之浦[32]。

遙襟甫暢。逸興遄飛[33]。爽籟發而清風生。纖歌凝而白雲遏[34]。睢園綠竹。氣凌彭澤之樽[35]。鄴水朱華。光照臨川之筆[36]。四美具。二難并[37]。窮睇眄於中天[38]。極娛遊於暇日。天高地迥。覺宇宙之無窮。興盡悲來。識盈虛之有數。望長安於日下。指吳會於雲間[39]。地勢極而南溟深。天柱高而北辰遠[40]。關山難越。誰悲失路之人[41]。萍水相逢[42]。盡是他鄉之客。懷帝閽而不見[43]。奉宣室以何年[44]。

嗟乎。時運不齊[45]。命途多舛[46]。馮唐易老。李廣難封[47]。屈賈誼於長沙。非無聖主[48]。竄梁鴻於海曲。豈乏明時[49]。所賴君子安貧。達人知命。老當益壯。寧移白首之心[50]。窮且益堅。不墜青雲之志[51]。酌貪泉而覺爽[52]。處涸轍以猶歡[53]。

北海雖賒。扶搖可接(54)。東隅已逝。桑榆非晚(55)。孟嘗高潔。空懷報國之心(56)。阮籍猖狂。豈效窮途之哭(57)。

勃三尺微命。一介書生(58)。無路請纓。等終軍之弱冠(59)。有懷投筆。慕宗慤之長風(60)。舍簪笏於百齡。奉晨昏於萬里(61)。非謝家之寶樹。接孟氏之芳鄰(62)。他日趨庭。叨陪鯉對(63)。今晨捧袂。喜託龍門(64)。楊意不逢。撫凌雲而自惜(65)。鍾期既遇。奏流水以何慚(66)。

嗚呼。勝地不常。盛筵難再。蘭亭已矣。梓澤丘墟(67)。臨別贈言(68)。幸承恩於偉餞。登高作賦(69)。是所望於羣公。敢竭鄙誠。恭疏短引(70)。一言均賦。四韻俱成(71)。請灑潘江。各傾陸海云爾(72)。

按各本多將《滕王閣詩》附綴文末，蓋誤合『詩』『序』為一耳，有乖體例。茲將其詩移至本篇『附錄』，以供參讀。

（二）新式排列法

豫章故郡。
洪都新府。
星分翼軫。
地接衡廬。
襟三江而帶五湖。
控蠻荊而引甌越。
物華天寶。龍光射牛斗之墟。
人傑地靈。徐孺下陳蕃之榻。
雄州霧列。
俊彩星馳。
臺隍枕夷夏之交。
賓主盡東南之美。
都督閻公之雅望。棨戟遙臨。
宇文新州之懿範。襜帷暫駐。
十旬休暇。勝友如雲。
千里逢迎。高朋滿座。

騰蛟起鳳。孟學士之詞宗。
紫電青霜。王將軍之武庫。
家君作宰。路出名區。
童子何知。躬逢勝餞。第一段

時維九月。
序屬三秋。
潦水盡而寒潭清。
煙光凝而暮山紫。
儼驂騑於上路。
訪風景於崇阿。
臨帝子之長洲。
得天人之舊館。
層臺聳翠。上出重霄。
飛閣流丹。下臨無地。
鶴汀鳧渚。窮島嶼之縈迴。
桂殿蘭宮。即岡巒之體勢。第二段

披繡闥。
俯雕甍。
山原曠其盈視。
川澤紆其駭矚。
閭閻撲地。鐘鳴鼎食之家。
舸艦迷津。青雀黃龍之舳。
虹銷雨霽。
彩徹區明。
落霞與孤鶩齊飛。
秋水共長天一色。
漁舟唱晚。響窮彭蠡之濱。
雁陣驚寒。聲斷衡陽之浦。第三段
遙襟甫暢。
逸興遄飛。
爽籟發而清風生。
纖歌凝而白雲遏。

睢園綠竹。氣凌彭澤之樽。
鄴水朱華。光照臨川之筆。
四美具。
二難幷。
窮睇眄於中天。
極娛遊於暇日。
天高地迥。覺宇宙之無窮。
興盡悲來。識盈虛之有數。
望長安於日下。
指吳會於雲間。
地勢極而南溟深。
天柱高而北辰遠。
關山難越。誰悲失路之人。
萍水相逢。盡是他鄉之客。
懷帝閽而不見。
奉宣室以何年。第四段

嗟乎。
時運不齊。
命途多舛。
馮唐易老。
李廣難封。
屈賈誼於長沙。非無聖主。
竄梁鴻於海曲。豈乏明時。
所賴
君子安貧。
達人知命。
老當益壯。寧移白首之心。
窮且益堅。不墜青雲之志。
酌貪泉而覺爽。
處涸轍以猶歡。
北海雖賒。扶搖可接。
東隅已逝。桑榆非晚。

孟嘗高潔。空懷報國之心。
阮籍猖狂。豈效窮途之哭。第五段
勃
三尺微命。
一介書生。
無路請纓。等終軍之弱冠。
有懷投筆。慕宗慤之長風。
舍簪笏於百齡。
奉晨昏於萬里。
非謝家之寶樹。
接孟氏之芳鄰。
他日趨庭。叨陪鯉對。
今晨捧袂。喜託龍門。
楊意不逢。撫凌雲而自惜。
鍾期既遇。奏流水以何慚。第六段
嗚乎。

勝地不常。
盛筵難再。
蘭亭已矣。
梓澤丘墟。
臨別贈言。幸承恩於偉餞。
登高作賦。是所望於羣公。
敢竭鄙誠。
恭疏短引。
一言均賦。
四韻俱成。
請灑潘江。
各傾陸海云爾。第七段

【題　解】

本篇標題，從《文苑英華》，各本作《滕王閣序》者乃省稱。滕王，指李元嬰，唐高祖第二十二子，貞觀十三年封爲滕王。洪府，唐之洪州，亦稱洪都，今江西・南昌縣治。高宗・顯慶四年，元嬰任洪州都督，建閣於南昌縣・章江門外，瑰瑋宏麗，時稱江南第一名勝。當閣落成之時，而滕王之封適至，因以爲名。後閣公來督是州，其壻吳子璋能文，令宿構閣序，因九月九日宴僚屬欲出誇之。先是龍門・王勃欲往交趾省親，舟次馬當山，宿於上元殿，去南昌七百餘里。其夜夢神告曰：『明日當有神風助顯文名。』次日登舟，果遇迅風，影落南昌，遂得預宴。閣公以紙筆徧請賓客爲序，客莫敢當，至勃慨然不辭讓，公怫然拂袖去，乃令人伺其旁，俟下筆卽報。第一報云：『豫章故郡，洪都新府。』公笑曰：『老生常談耳。』次云：『星分翼、軫，地接衡、廬。』公曰：『故事也。』又報云：『襟三江而帶五湖，控蠻荊而引甌、越。』公聞之，沈吟不語。俄而數吏沓報至，公卽頷首而已。至『落霞與孤鶩齊飛，秋水共長天一色』，公矍然而起曰：『此眞天才，當垂不朽矣。』頃而文成，公大悅，遂與極歡而罷，臨行並贈以五百縑。事見《唐摭言》及《新唐書》王勃本傳。

本文興到筆落，不無機調過熟之病，而英思壯采，如光氣騰涌，不可遏止，流離遷謫，哀感騈集，洋溢紙上，固是騈文名作中之最傳誦於世者。自昔凡學爲文，莫不爛熟於胸中，奉爲圭臬，已具常識性質，故今選之。楊用修云：『蕭明《與王僧辯書》：「霜戈電戟，無非武庫之兵，龍甲犀渠，皆是雲臺之仗。」王勃《滕王閣序》：「紫電青霜，王將軍之武庫。」正用此事。以十四歲之童子，胸中萬卷，千載之下，宿儒猶不能知其出處，豈非閒世奇才。使勃與韓、杜並世對毫，恐地上老驥，不能追雲中俊鶻。後生之指點流傳，妄哉。』（《丹鉛總錄》）蔣心餘評云：『清華婉麗，秀逸圓勻，子安之序，推此第一。』（《四六法海評本》）

【作者】

王勃，字子安，唐・絳州・龍門（今山西省・河津縣西）人，生於太宗・貞觀二十三年，爲隋末大儒文中子・王通之孫，唐初高士王績之從孫。六歲善文詞，構思無滯，詞情英邁。九歲讀顏師古《漢書》注，作《指瑕》摘其誤。其幼慧如此。宋・計有功《唐詩紀事》云：『勃爲文，先磨墨數升，引被覆面而臥，忽起書之，初不加點，時謂腹稿。』十四歲，會太常伯劉祥道巡行關內，勃上書自陳，祥道驚爲奇才，遂以神童薦於朝。高宗・麟德元年，對策列高第，授朝散郎。沛王・賢聞其名，召署府修撰。是時諸王鬥雞，互有勝負，勃戲爲《檄英王雞文》，帝覽之，以爲交構之漸，怒斥出府。

勃既廢，遠遊江、漢，至越州（今浙江・紹興縣），旋入蜀登岷、峨，創作日富，作《九隴縣孔子廟堂碑文》，氣象高華，神韻緜遠，爲傳世之名作。頗亦究心醫術，後聞虢州（今河南・靈寶縣南）產藥，乃求補爲虢州參軍。然以恃才傲物，落拓不羈，爲同僚所嫉。適有官奴曹達犯罪，勃匿之，又懼事洩，乃殺達以塞口實，事發，當誅，後遇赦，除名，父福時時爲雍州司功參軍，坐此左遷交趾令。上元二年，勃往交趾（在越南北部）省父，渡海溺水，驚悸致病而卒，年二十八。《舊唐書》入《文苑傳》，《新唐書》入《文藝傳》。著有《王子安集》十六卷（蔣清翊注本分二十卷）行於世。

勃在唐爲駢文泰斗，雖尚沿六朝綺麗之習，而音節流暢，且已知力植風骨，以散行之氣勢運偶句，以流利之辭句見自然。與楊炯、盧照鄰、駱賓王齊名，時人譽爲初唐四傑。杜甫《戲爲六絕句詩》云：『王、楊、盧、駱當時體，輕薄爲文哂未休。爾曹身與名俱滅，不廢江河萬古流。』陸時雍《詩鏡總論》云：『王勃高華，楊炯雄厚，照鄰清藻，賓王坦易，子安其最傑乎，調入初唐，時帶六朝錦色。』世之評四傑者甚多，此數語較爲公允。

【箋注】

㈠豫章故郡洪都新府　豫章，郡名，唐改爲洪州（卽洪都），治今江西・南昌縣，故此稱洪都爲豫章故郡。（按一本豫章作南昌，非是，蓋勃作序時，郡名尚無南昌之稱故也。）唐制：大州曰府。此二句就建閣之地說起。

㈡星分翼軫地接衡廬　翼軫，皆星名，在楚分野。見《越絕書》。《漢書・地理志》以豫章郡入吳地，斗牛分野。蓋吳、楚接壤，星之分野，可以互用。原句應解爲：豫章是天上翼星軫星分野之處。衡，南嶽衡山也，在湖南·衡山縣西北，周廻八百里，有七十二峯。廬，避暑勝地廬山也，在江西·九江縣南，洪州之北，千巖競秀，萬壑爭流，氣候溫涼，風景奇絕。此二句點出洪州地勢雄闊。

㈢襟三江而帶五湖　襟，謂水交會於前，如衣襟然。帶，謂環繞如帶也。《周禮·夏官》職方氏：『揚州其川三江，其浸五湖。』勃語出此。惟三江五湖之義，似不必拘泥於《周禮》注。舊說三江，謂贛江自南來會鄱陽湖爲南江，漢水自北入長江會鄱陽湖爲北江，岷江爲長江主流在贛江、漢水間會鄱陽湖爲中江。案三江皆會於鄱陽湖，而南昌在鄱陽湖西南隅，勃文指此，應無疑義。五湖，指在江南之五大名湖而言，卽饒州之鄱陽，岳州之青草，潤州之丹陽，鄂州之洞庭，蘇州之太湖也。

㈣控蠻荆而引甌越　控、引，皆訓扼。蠻荆，南蠻、荆楚之地。甌、越，指東甌、百越，今浙、閩、粵一帶。以上二句敍洪州交通形勝。

㈤物華天寶龍光射牛斗之墟　物華天寶，謂物之光華，乃天之寶也。龍光，劍氣也。牛斗，二星名，指牽牛與南斗。墟，域也。晉武帝時，張華見斗牛二星間常有紫氣，聞豫章人雷煥妙達緯象，乃召問之，煥曰：『此寶劍之精，上徹於天耳，在豫章·豐城。』華因以煥爲豐城令，令尋之。煥到縣，掘獄屋基，得一石函，中有雙劍，並刻題，一曰龍泉，一曰太阿，精芒炫目，其夕斗牛間氣不復見焉。煥遣使送一劍與華，一劍自佩。後華誅，煥卒，二劍遂化龍而去。（見《晉書・張華傳》及雷次宗《豫章記》）此言洪州有奇寶。

㈥人傑地靈徐孺下陳蕃之榻　人傑地靈，言洪州多俊傑，由於地之靈秀也。徐孺，即徐孺子之省稱。孺子名穉，東漢・豫章・南昌人，家貧，躬耕而食，不應徵辟，恭儉義讓，時稱南州高士。陳蕃爲豫章太守，在郡不接賓客，惟穉來，則特設一榻，去則懸之。（見《後漢書・徐穉傳》）此言洪州有奇人。

㈦雄州霧列俊彩星馳　雄，大也。霧列，狀大州相連之多如雲霧之羅列也。俊彩，謂俊秀傑出之人物。《説文》：『俊，才過千人也。』星馳，狀才俊往來之多如彗星之奔馳也。

㈧臺隍枕夷夏之交　臺，謂城樓，隍，謂城下之小河，臺隍合言即城池。夷指南蠻民族，夏指大漢民族，唐時，贛、湘、桂一帶，多有少數蠻族定居其間，即今亦尚有殘存者（見錢穆《國史大綱》），故曰枕夷、夏之交。此句上應『雄州霧列』句，謂洪州城池正當華夏、蠻夷之交界處也。重行強調地處勝區。

㈨賓主盡東南之美　賓主，指當時預宴之人物。《爾雅・釋地》：『東南之美者，有會稽之竹箭焉，西南之美者，有華山之金石焉。』《三國志・吳書・虞翻傳》：『翻與少府孔融書，並示以所著《易注》。融答書曰：「聞延陵之理樂，覩吾子之治《易》，乃知東南之美者，非徒會稽之竹箭也。」』此句承上『俊彩星馳』句，謂今日閣中人物，皆江南之俊秀也。重行強調人才濟濟。

㈩都督閻公之雅望棨戟遙臨　唐制於各州置有都督一人，洪州爲上都督府，上都督爲正三品。閻公名不可考，舊注或以爲閻伯嶼，然伯嶼玄宗・天寶初爲起居舍人，稽諸《新唐書・

王勃傳》及《唐摭言》，亦僅言都督閻公，未著其名，是文中閻公必非伯嶼甚明。雅望，清望也，令名也。《世說新語・容止篇》：『魏王雅望非常。』棨戟，前驅者所持之兵器。棨，有衣之戟，其衣以赤黑繒爲之。棨戟，猶今用以迎接外賓之儀仗隊也。此言以閻都督之清望，儀仗雍容，遠道親臨，使今日宴會生色不少。

㈡宇文新州之懿範 襜帷暫駐　宇文，複姓，名事未詳，或以《子安集》中宇文嶠（見卷六《宇文德陽宅秋夜山亭宴序》）當之，亦無確證。新州，今廣東・新興縣。稱宇文新州者，猶如唐・柳宗元爲柳州刺史，人稱柳柳州，韋應物爲蘇州刺史，人稱韋蘇州。懿範，美好之風範也。 襜幃，車幃也，蔽前曰襜，在旁曰幃，此作『車駕』解。言宇文新州暫停驅馳，臨時於此參加盛會也。此句及上句點出餞別之主人。

㈢十旬休暇勝友如雲　《資治通鑑》卷二百四十四《唐文宗紀》胡三省注：『一月三旬，遇旬則下直（值同直，下直猶今言下班也。）而休沐，謂之旬休，今謂之旬假是也。』韋應物《休暇日訪王侍御不遇詩》有『九日馳驅一日閒，尋君不遇又空還』之句，蓋即詠此。勝友，謂良朋。案：時爲重九，而曰十旬者，蓋以旬爲假期，重陽節亦爲假期，故借言之，亦猶今之國定紀念日，各機關例行休假歟。

㈢騰蛟起鳳孟學士之詞宗　騰蛟起鳳，謂蛟氣之騰，光燄奪目，鳳毛之起，文彩耀空，喻人之才華卓絕，文章壯麗也。劉歆《西京雜記》：『董仲舒夢蛟龍入懷，乃作《春秋繁露》。揚雄著《太玄經》，夢吐鳳皇集玄之上，頃而滅。』孟學士，疑指孟嘉。惟王定保《唐摭言》以爲閻公之壻，似不可信。按東晉．孟嘉，字萬年，江夏．鄂人。少知名，太尉庾亮領江州，辟爲從事，後爲桓溫參軍，甚見禮重。九月九日，溫宴龍山，風吹嘉帽墮落，嘉不之覺，溫命孫盛作文嘲之，嘉卽請筆作答，摛藻瑰麗，四座歎絕。入京爲尙書刪定郎。（見《晉書．孟嘉傳》及陶潛《孟府君傳》）魏、晉、六朝徵文學之士，司編纂撰述，稱學士。詞宗，詞章之宗匠也。

㈣紫電靑霜王將軍之武庫　崔豹《古今注》：『吳大帝有寶劍六，二曰紫電。』《西京雜記》：『高帝斬白蛇劍，十二年一加摩瑩，刃上常若霜雪。』王將軍，指王僧辯。僧辯字君才，梁．祁縣（今山西．祁縣）人，學貫九流，武該七略，任江州刺史征東大將軍，遂克建業，平侯景之亂，以功封永寧郡公，累官太尉，車騎大將軍。見《梁書》本傳。按楊愼《丹鉛總錄》謂蕭明《與王僧辯書》：『凡諸部曲，並使招攜，赴投戎行，前後雲集。霜戈電戟，無非武庫之兵，龍甲犀渠，皆是雲臺之仗。』蓋卽作者所本。武庫，藏兵器之倉庫也。晉．杜預胸羅韜略，無所不有，時稱杜武庫。（見《晉書．杜預傳》）此言武略如紫電靑霜，光芒四射，猶王僧辯將軍之武庫，無所不有也。案『紫電靑霜，王將軍之武庫』，與上『騰蛟起鳳，孟學士之詞宗』對舉，作者之意，無非在形容預宴人士文武兼該，皆一時之雋，蓋揄揚之辭也。

㈤家君作宰　家君，猶言家父、家嚴，作者自稱其父。宰，縣令也。勃父福時時官交趾令。（此段由南昌地勢人才敍到宴會）

㈥時維九月序屬三秋　維，是也。《詩經．小雅．無羊》：『周雖舊邦，其命維新。』序，時序也。三秋，謂九月。虞世南《秋賦》：『觀四時之代序，對三秋之爽節。』案此二句點出宴會之時間在九月，以屬文駢偶，故分爲二句耳，此自古駢文家往往而然。而前賢多謂『月』乃『日』字之譌，疑九月與三秋重複，則是未加深思而妄爲臆測者矣。

㊄潦水　《楚辭・九辯》：『寂寥兮收潦而水清。』潦，雨水大貌。

㊅煙光　煙嵐也，指林間雲氣。

㊆儼驂騑於上路　儼，猶儼然，昂首貌。曹植《洛神賦》：『六龍儼其齊首。』驂騑，駕車之馬。孔穎達《禮記・曲禮》疏：『車有一轅，而四馬駕之中央，兩馬夾轅者名服馬，兩邊名騑馬，亦曰驂馬。』此言車駕昂然前進也。

㊇崇阿　崇，高也。阿，大陵也。《詩經・小雅・菁菁者莪》：『菁菁者莪，在彼中阿。』崇阿，泛指高山而言。

㊈臨帝子之長洲得天人之舊館　帝子，謂滕王・李元嬰。長洲，在南昌・章江口外，爲贛江之沙洲，今名新洲。天人，謂具天才者，此作者稱美滕王之辭。《三國志・魏書・王粲傳》裴松之注引《魏略》：『臨淄侯・植求淳(邯鄲淳)，太祖遣淳詣植，歸對其所知，歎植之才，謂之天人。』舊館，指滕王閣。以上四句言賓主到閣之涉歷。

㊉層臺聳翠四句　層，重也。重霄，雲霄也。飛閣，高閣架空建築者。流丹，言紅閣掩映明豔，如在流動。下臨無地，言此閣臨於江上，如騰空不著地也。案此四句機調，實仿自《文選》王簡棲《頭陀寺碑文》：『層軒延袤，上出雲霓，飛閣逶迤，下臨無地。』四句極言閣之高聳，惟尙未入閣。

㉓ 鶴汀鳧渚窮島嶼之縈迴 《西京雜記》：『梁孝王築兔園，園中有雁池，池間有鴻州鳧渚。』鳧，卽野鴨。汀、渚，皆水中小洲。《文選》左太沖《吳都賦》李善注引劉淵林曰：『島，海中山也。嶼，海中洲上有山石。』縈迴，曲折迴環也。

㉔ 桂殿蘭宮卽岡巒之體勢 蘭、桂，均爲有香氣之美材。班固《漢武故事》：『靈波殿皆以桂爲柱，風來自香。』任昉《述異記》：『昔吳王・闔閭曾植木蘭，用構宮殿。』卽，就也，配合之意。岡，山脊也。巒，小山也。《文選》張衡《西京賦》：『華嶽峩峩，岡巒參差。』以上四句狀閣之外景。（此段敘宴集之時間及滕王閣之形勢）

㉕ 披繡闥俯雕甍 披，開也。繡闥，謂彩色之門扉。江淹《丹砂可學賦》：『幻蓮華於繡闥。』甍，卽屋棟。庾信《登州中新閣詩》：『璇極龍鱗上，雕甍鵬翅張。』

㉖ 山原曠其盈視川澤紆其駭矚 原，平原也。曠，廣遠也。盈視，言可極吾之目也。紆，曲折也。駭矚，言足以駭人之目也。二句狀閣外腹地之廣濶，山川之雄秀。

㉗ 閭閻撲地鐘鳴鼎食之家 閭，里門也。閻，里中門也。見《說文》。撲地，猶言遍地。《文選》鮑照《蕪城賦》：『廛閈撲地，歌吹沸天。』李善注：『《方言》曰：「撲，盡也。」郭璞曰：「今種物皆生云撲地出也。」』古富貴之家，列鼎而食，食則擊鐘奏樂，蓋極言其豪奢也。《左傳》哀公十四年：『左師每食擊鐘。』《孔子家語・致思篇》：『子路曰：「由也南遊於楚，列鼎而食。」』鼎，三足兩耳，金屬製，用以烹調食品者。此言閣外村落棋布，而村中甚多富貴人家也。

㉘ 舸艦迷津靑雀黃龍之舳 舸，大船也。《方言》：『南楚、江、湘凡船大者謂之舸。』艦，戰艦

也。津，渡口也。迷津，言船多迷塞津口也。《穆天子傳》：『天子乘鳥舟龍舟，浮於大沼。』郭璞注：『舟皆以龍鳥爲形制，今吳之青雀舫，此其遺制。』舳，船尾也，一說船舵。此言青雀黃龍之彩船駢列江濱，渡口爲之迷塞也。

㉙虹銷雨霽彩徹區明　霽，雨止也。《尚書．洪範》：『曰雨曰霽。』引伸之，凡霜雪消，雲霧散，皆曰霽，均止之義。彩，光彩也，指夕陽。徹，通也。區，泛指大地。

㉚落霞與孤鶩齊飛秋水共長天一色　鶩，俗謂之水鴨。齊飛，言落霞自天而下，孤鶩自下而上，形如齊飛也。案此二句氣象高華，神韻緜遠，其爲千古絕唱，固已毋庸置喙，惟世人或以爲子安所鑄造，則誤矣。此機調六朝人已多用之。如王仲寶《褚淵碑文》：『風儀與秋月齊明，音徽與春雲等潤。』庾子山《馬射賦》：『落花與芝蓋齊飛，楊柳共春旗一色。』隋《長壽舍利碑》：『浮雲共嶺松張蓋，明月與巖桂分叢。』皆爲世所習知者。相傳子安死後，常於湖濱風月之下，自吟此二句，有士人泊舟於此，聞之，輒曰：『曷不去「與」「共」二字，乃更佳。』勃大悟，自爾不復吟。（見章豈績《思綺堂文集》卷六）其說甚鄙俗不足道，清．孔廣森以爲若刪去『與』『共』二字，便成俗響矣。（見孫星衍《儀鄭堂駢儷文序》）

㉛彭蠡　卽鄱陽湖，在洪州東北。

㉜雁陣驚寒聲斷衡陽之浦　雁，屬鳥類游禽類，秋季南來，春則北去，故稱爲候鳥。雁陣，謂羣雁飛空，行列整齊，如布陣也。許敬宗《尉遲恭碑》：『偃月疏營，右澤左陵之勢，浮雲雁陣，鵝張鶴列之奇。』斷，盡也。衡陽，今湖南．衡陽縣，地當湘、蒸二水合流處，在洪州西南，爲

粵、桂二省入湘省之要衝。浦，水濱也。案衡陽縣南有回雁峯，民間相傳，雁飛至此，不過，遇春而回。(見《楚志》) 宋・范成大《驂鸞錄》云：『陽鳥不過衡山，至此而返。』詩人常以此爲故實。魏・應瑒《侍五官中郎將建章臺集詩》：『朝雁鳴雲中，音響一何哀。問子遊何鄉，戢翼正徘徊。言我塞門來，將就衡陽棲。往春翔北土，今冬客南淮。遠行蒙霜雪，毛羽日摧頹。常恐傷肌骨，身隕沈黃泥。』蓋卽作者所本。以上十四句皆就閣內觀外景也。(此段敍閣外景物)

㉝遙襟甫暢逸興遄飛　襟，襟懷也。遄，急也。言幽遠之情懷甫告舒暢，清逸之興致急速飛揚也。此句以下皆就閣內言勝會。

㉞爽籟發而清風生纖歌凝而白雲遏　爽，差也。籟，簫也。蓋簫管參差，宮商異律，故有長短、高下、萬殊之聲。(見郭象《莊子・齊物論》注) 纖歌，美妙之歌聲。遏，停止也。《列子・湯問篇》：『薛譚學歌於秦青，未窮青之技，自謂盡之，遂辭歸。秦青弗止，餞於郊衢，撫節悲歌，聲振林木，響遏行雲。薛譚終身不敢言歸。』此言清風配合高低不同之簫聲，節奏舒暢，歌聲高亮，竟能遏止行雲也。

㉟睢園綠竹氣凌彭澤之樽　漢文帝之子梁孝王，嘗於睢陽(今河南・商丘縣)築東苑，治宮室，延攬四方俊賢名士。未幾又修兔園，中多植竹，時與賓客司馬相如、枚乘、鄒陽等遊宴其中。(事見《史記・梁孝王世家》)《西京雜記》：『梁孝王遊於忘憂之館，集諸游士，使各爲賦，鄒陽爲《酒賦》。』故後人常以梁園事喻遊宴之盛。晉・陶潛性嗜酒，爲彭澤(今江西・彭澤縣)令，在縣公田悉令種秫以釀酒，曰：『令吾常醉於酒足矣。』平居喜引酒獨酌，或與二三知己鄉人聚

飲，其清高坦率如此。（見《宋書・隱逸傳》）樽，酒杯也。《文選》陶潛《歸去來辭》：『攜幼入室，有酒盈樽。』作者以梁園況當日之勝會，謂其氣派遠勝陶淵明之獨酌也。

㊱鄴水朱華光照臨川之筆　鄴，漢縣名，東漢・袁紹鎮此，後以封曹操，故城在今河南・臨漳縣。朱華，芙蓉也，俗謂之荷花。建安末年，曹丕爲五官中郎將，在鄴宮，常與其弟植及建安七才子等遊讌西園。《文選》曹植《公讌詩》：『秋蘭被長坂，朱華冒綠池。』李善注：『朱華，芙蓉也。冒，覆也。』臨川，郡名，三國・吳置，今江西・臨川縣是，謝靈運嘗爲臨川內史。《文選》有謝靈運《擬魏太子鄴中集詩》八首，摹擬曹氏昆仲及建安七才子之作，寫當時在鄴都讌遊歡樂盛況。作者以建安諸子在鄴水邊賞荷花之盛況比附當日之盛會，謂花光足與謝靈運之妙筆互相輝映也。

㊲四美具二難幷　《文選》謝靈運《擬魏太子鄴中集詩序》：『建安末，余時在鄴宮，朝遊夕讌，究歡愉之極，天下良辰、美景、賞心、樂事，四者難幷。』《世說新語・規箴篇》：『何晏、鄧颺令管輅作卦，云：「不知位至三公否。」卦成，輅稱引古義，深以戒之。颺曰：「此老生之常談。」晏曰：「知幾其神乎，古人以爲難，交疏而吐誠，今人以爲難。今君一面盡二難之道，可謂明德惟馨。」』此以二難謂賢主嘉賓二者難得也。二句總結所言外景與勝會。

㊳睇眄於中天　睇，小視也。眄，斜視也。睇眄，泛指觀賞而言。中天，半天空也。案此句與下『天高地迥』相應，下句『極娛遊於暇日』與下『興盡悲來』相應。

㊴望長安於日下指吳會於雲間　長安，唐之國都，故城在今陝西・西安縣西北。東晉明帝幼

時，坐元帝膝上，有人從長安來，元帝問故都洛陽消息，悲不自勝，明帝問其故，具以東渡意告之。因問明帝曰：『汝意謂長安何如日遠。』答曰：『日遠，不聞人從日邊來，自然可知。』元帝異之，明日集羣臣宴會，告以此意，更重問之，乃答曰：『日近』。元帝失色曰：『爾何故異昨日之言耶。』答曰：『擧頭見日，不見長安。』（見《世說新語・夙惠篇》）吳會，卽今浙江・紹興縣，西漢・會稽郡治本在吳縣，時俗郡縣連稱，故云吳會。（見趙翼《陔餘叢考》）案前哲多以吳會爲二地名，指吳郡與會稽郡，殊有未妥。不知駢文講求對仗工整，以『吳會』與『長安』對擧，其爲江南之一都會，彰彰明甚。二句甚言閣高，隱約可以望見長安與紹興。

㊵地勢極而南溟深天柱高而北辰遠　南溟，南海也。《莊子・逍遙遊篇》：『是鳥也，海運則將徙於南溟。南溟者，天池也。』勃謂己將遠行，南往交州。東方朔《神異經》：『崑崙之山有銅柱焉，其高入天，所謂天柱也，圍三千里，周圓如削。』北辰，卽北極星也。見《爾雅・釋天》。《觀象玩占》：『北極五星，在紫微宮中，一曰天樞，一曰北辰，天之最尊星也。』紫微宮喻帝京。此言離帝京遠，不可攀援。案『天高地迥，覺宇宙之無窮』，無我之境也。『興盡悲來，識盈虛之有數』，則轉爲有我之境矣。

㊶失路之人　喻不得志之人也。《楚辭・九章・惜誦》：『欲橫奔而失路兮，蓋志堅而不忍。』《文選》阮籍《詠懷詩》：『北臨太行道，失路將如何。』

㊷萍水相逢　萍生水中，飄泊無定，以喻人之偶然相逢也。《楚辭・九懷・尊嘉》：『竊哀兮浮萍，汎淫兮無根。』王逸注：『自比如萍生水瀕，隨水浮游，乍東西也。』案『興盡悲來，識盈虛

之有數』，係泛言之，『關山難越，誰悲失路之人，萍水相逢，盡是他鄉之客』，則引至今日之事矣。

㊸懷帝閽而不見　帝閽，喻君門。屈原《離騷》：『吾令帝閽開關兮，倚閶闔而望予。』王逸注：『帝，謂天帝。閽，主門者也。』作者以屈生自況，言己之命運，亦猶靈均之屯蹇，心懷君王而不得見。

㊹奉宣室以何年　漢·洛陽人賈誼，天才橫溢，文藻秀出，文帝召爲博士，超遷至大中大夫，復欲任爲公卿，奈絳侯·周勃及灌嬰等忌而毀之，出爲長沙王太傅，渡湘水，爲賦以弔屈原，蓋以自況也。後歲餘，文帝思念甚殷，乃召見於宣室（未央宮前正殿），深夜問鬼神之本，備極恩重。尋拜梁懷王太傅，鬱鬱以終，年僅三十三。（見《史記·賈生傳》）作著復以賈生自況，謂欲如賈生之再蒙召對，不知又在何年也。（此段因餞別而生身世之感）

㊺時運不齊　言時運人各不同也。

㊻舛　乖違、不順之意。白居易詩：『自古漂流人，豈盡非君子。況我時與命，蹇舛不足恃。』

㊼馮唐易老李廣難封　馮唐，西漢·趙人，以孝著。先後事文、景二帝，自中郎署長累官至楚相，後免官家居。武帝立，求賢良，舉唐，唐時九十餘，不能復爲官。（見《史記·馮唐傳》）李廣，西漢·隴西·成紀人，武帝時名將。結髮從軍，身與匈奴七十餘戰，功略蓋天地，義勇冠三軍。然生世不諧，命途多舛，每失貴臣之意，憔悴絕域之表，竟未得封侯。而諸部校尉以下，才能不及中人，以擊胡軍功封侯者數十人。（見《史記·李將軍傳》）

㊽聖主　指漢文帝。文帝，高祖中子也，在位二十三年，仁孝恭儉，勤政愛民，禮賢重士，是以國泰民安，四夷賓服，號稱三代後賢主。

㊾竄梁鴻於海曲豈乏明時　竄，逃匿也。海曲，猶言偏僻之地。梁鴻，字伯鸞，東漢．扶風．平陵人。少孤貧，有氣節，博覽多通。娶妻孟光，偕隱霸陵山中，以耕織爲業。後東出關，過京師洛陽，作《五噫之歌》，蓋悲夫帝京奢靡，民生愁苦也。章帝聞之，頗不謂然，求鴻不得。乃易姓運期，名耀，字侯光，與妻子居齊、魯之間。有頃，又去適吳，依大家皋伯通，居廡下，爲人賃舂，亦云窮矣。（見《後漢書．逸民傳》）明時，謂政治清明之時代也。鴻生當章帝之世，於時四海昇平，國富民康，不失爲後漢盛世。案作者運用賈、梁二典，蓋在影射其父遠謫交州之痛也。

㊿老當益壯寧移白首之心　東漢．扶風．茂陵人馬援，字文淵，佐光武帝定天下，身經百戰，威震南服，世稱『伏波將軍』。嘗謂大丈夫立志，窮當益堅，老當益壯。會武陵．五溪蠻反，年已六十二，自請將兵討之，帝愍其老，未許。援披甲上馬，據鞍顧盼，以示可用。帝笑曰：『矍鑠哉是翁也。』乃使帥師出征，中疫卒於軍。見《後漢書》本傳。

(五一)窮且益堅不墜青雲之志　墜，失也。青雲，喻高潔。《史記．伯夷傳》：『非附青雲之士，惡能施於後世哉。』皇甫謐《高士傳》：『許武仲曰：「吾志在青雲。」』晉．常璩《梓潼士女傳》：『不屈其身，志高青雲，則譙玄也。』譙玄字君黃，漢．巴郡．閬中人，平帝時爲中散大夫，王莽居攝，歸家隱居。公孫述僭號，連聘不詣，述乃賜毒藥以脅之。玄仰天歎曰：『唐堯大聖，許由恥仕，周武至德，伯夷守餓。彼獨何人，我亦何人，保志全高，死亦奚恨。』遂受藥。（見《後漢書・獨行傳》）案楊慎《丹鉛總錄》云：『王勃文云云，卽《論語》視富貴如浮雲之旨。』

㉜酌貪泉而覺爽　晉・吳隱之，性廉潔，安帝・隆安中，出爲廣州刺史，未至州二十里，地名石門，有水曰貪泉，相傳飲此水者，懷無饜之欲。隱之酌而飲之，賦詩曰：『古人云此水，一歃懷千金。試使夷、齊飲，終當不易心。』及在州，清操愈厲。（見《晉書・良吏傳》）案泉在今廣州市西北南海縣境內。

㉝處涸轍以猶歡　莊子家貧，故往貸粟於魏文侯。魏文侯曰：『諾，我將得邑金，將貸子三百金，可乎。』莊子忿然作色曰：『周昨來，有中道而呼者，周顧視，車轍中有鮒魚焉。周問之曰：「鮒魚來，子何爲者邪。」對曰：「我乃東海之波臣也，君其有斗升之水而活我哉。」周曰：「諾，我且南遊吳、越之王，激西江之水以迎子，可乎。」鮒魚忿然作色曰：「吾失我常與（常與謂水），我無所處，吾得斗升之水則活耳，今君乃言此，曾不如早索我於枯魚之肆。」』（見《莊子・外物篇》）轍，車輪所輾之迹也。涸轍，喻窮困之境。李白詩：『涸轍思流水，浮雲失舊居。』此句借《莊子》之寓言，喻處窮約而不悲。

㉞北海雖賒扶搖可接　《莊子・逍遙遊》：『北溟有魚，其名爲鯤，鯤之大不知其幾千里也，化而爲鳥，其名爲鵬。鵬之徙於南溟也，水擊三千里，摶扶搖而上者九萬里，去以六月息者也。』北溟，北海也。扶搖，風名，從下而上之暴風也。賒，遠也。此言南天距北海雖遠，然可藉大風以相接，喻事功當有機可致。

㉟東隅已逝桑榆非晚　《後漢書・馮異傳》：『可謂失之東隅，收之桑榆。』東隅，東方日出之

地，謂早晨也。桑榆，日落之時，其迴光尚留於桑榆之上，故借為晚暮之稱。此言及時努力，猶未為遲也。

(三六)孟嘗高潔空懷報國之心　孟嘗，字伯周，東漢・會稽・上虞人。少修操行，性耿介絕俗。後策孝廉，舉茂才，拜徐令，州郡表其能，遷合浦太守，除民疾苦，政績卓著。尋以病被徵還，吏民依依攀車挽留，嘗遂不得還京，隱居窮澤。至桓帝時，尚書楊喬前後上七表薦嘗，謂其『清行出俗，能幹絕羣。』竟不見用。年七十，卒於家。見《後漢書・循吏傳》。言己報國無門。

(三七)阮籍猖狂豈效窮途之哭　阮籍，字嗣宗，三國・魏・尉氏人，為竹林七賢之一。學究天人，尤好《老》、《莊》，身處亂世，自隱於酒，放浪形骸，不修邊幅，時率意獨駕，不由徑路，每至途窮，輒慟哭而返。見《晉書》本傳。言己雖如阮籍之猖狂，然不效其窮途之哭。（此段自慰自勉）

(三八)三尺微命一介書生　《周禮》官秩，自一命至九命，分為九等，王之上公九命，三公八命，侯伯七命，卿六命，子男五命，大夫四命，上士三命，中士再命，下士一命。（《見周禮・春官・典命》）官之衣服，視命之數，各有定制。《禮記・玉藻》：『紳制，士長三尺。』紳，衣帶也。子安曾為虢州參軍，故自比於一命之士曰三尺微命也。一說：三尺或指法律言。《漢書・杜周傳》：『客謂周曰：「君不循三尺法。」周曰：「三尺安出哉。」』顏師古注引孟康曰：『以三尺竹簡書法律也。』《舊唐書・王勃傳》：『官奴曹達抵罪，匿勃所，懼事洩，輒殺之。事覺，當誅，會赦，除名。』三尺微命，蓋自傷曾罹法網，生命微賤如螻蟻也。一介，卽一個也，介與个通。《國語・吳語》：『一介嫡女。』《左傳》襄公八年：『亦不使一介行李告於寡君。』

(五九)無路請纓等終軍之弱冠　終軍，字子雲，西漢・濟南人。少好學，博辯能文。年十八，上書武帝，拜謁者給事中，累擢諫議大夫。會南越與漢和親，奉使說南越王內屬，軍請受長纓，謂必羈南越王頸致之闕下。既至越，說之，越王聽許，請內屬。而越相呂嘉不從，攻殺王及漢使，軍亦被害，時年二十餘，世謂之終童。（見《漢書》本傳）纓，馬鞅也，縛於馬頸上之皮帶。請纓，謂請命報國。　弱冠，男子成年之稱。（《見禮記・曲禮》）案古時男子二十成人而行冠禮，體猶未壯，故曰弱冠。後人沿用爲年在二十左右者之泛稱。《後漢書・胡廣傳》：『終、賈揚聲，亦在弱冠。』終軍年十八請纓，賈誼年十八爲博士，皆未滿二十歲也。

(六〇)有懷投筆慕宗慤之長風　東漢・安陵人班超，字仲升，彪子。少家貧，爲人作書記養母，意殊不自愜。嘗輟業投筆歎曰：『大丈夫無他志略，猶當效傅介子、張騫立功異域，以取封侯，安能久事筆硯間乎。』於明帝時出使西域，降服五十餘國，以功封定遠侯。（見《後漢書》本傳）後人本此，謂棄文就武曰投筆從戎。南朝・宋・南陽人宗慤，字元幹，少時叔父炳問其志，慤答曰：『願乘長風破萬里浪。』後爲振武將軍，克林邑，戰績彪炳，累官豫州刺史，封洮陽侯。（見《宋書》本傳）後世稱人志趣遠大者曰乘風破浪，本此。

(六一)舍簪笏於百齡奉晨昏於萬里　簪笏，謂冠簪與象笏，仕宦之所用也。江總《侍宴婁苑湖應制詩》：『朽劣叨榮遇，簪笏奉周行。』百齡，卽百年，謂終身，蓋人壽不過百歲也。《禮記・曲禮》：『凡爲人子之禮，冬溫而夏凊，昏定而晨省。』定，謂安牀席，省，謂請安也。此言已將終身捨棄軒冕，到萬里以外之交趾侍奉父親也。

(六二)非謝家之寶樹接孟氏之芳鄰　晉・謝玄少爲其叔父安所器重，安嘗戒約子姪，因曰：『子弟亦何預人事，而正欲使其佳。』諸人莫有言者。玄答曰：『譬如芝蘭玉樹，欲使其生於階庭耳。』後因以芝蘭玉樹或蘭玉稱美佳子弟。（見《世說新語・言語篇》）孟子幼時，其舍近墓，常嬉遊爲墓間之事。孟母曰：『此非吾所以居處子。』遂遷居市傍，孟子又嬉爲商人衒賣之事。母曰：『此又非所以居吾子也。』復徙居學宮之傍，孟子乃嬉爲設俎豆，揖讓進退之事。孟母喜曰：『此眞可以居吾子矣。』遂居之。（見劉向《列女傳・母儀類》）二句言己乃蒲柳陋質，並非佳子弟，今何幸而竟與諸賢相接，蓋謙抑之詞也。

(六三)他日趨庭叨陪鯉對　叨，忝也，辱也，自謙詞。鯉，謂孔鯉，孔子之子。孔子嘗獨立，鯉徐趨而過庭。問曰：『學詩乎。』對曰：『未也。』子曰：『不學詩，無以言。』鯉退而學詩。他日孔子又獨立，鯉徐趨而過庭。問曰：『學禮乎。』對曰：『未也。』子曰：『不學禮，無以立。』鯉退而學禮。事見《論語・季氏篇》。後世因以子承父教，謂之趨庭，亦云過庭，亦云庭訓。孟浩然詩：『詩禮襲遺訓，趨庭霑末躬。』李商隱詩：『過庭多令子，乞墅有名甥。』《宋史・趙贊傳》：『幼能讀書，弱不好弄，克彰庭訓，宜錫科名。』

(六四)今晨捧袂喜託龍門　袂，衣袖也，捧袂，謂以手扶持長者之手，此處用爲進謁之意。《禮記・曲禮》：『長者與之提攜，則兩手奉長者之手。』《太平御覽》卷九百三十引辛氏《三秦記》：『江海魚集龍門下，登者化龍，不登者點額暴腮而還。』世因以龍門喻鴻儒碩望，凡得其接引而增長聲價者，謂之登龍門。《後漢書・李膺傳》：『膺獨持風裁，以聲名自高。太學中語曰：「天下楷模李元禮。」士有被其容接者，名爲登龍門。』李白《與韓荆州書》：『一登龍門，則聲價十倍。』勃以李膺比閻公，言今晨謁見長者，如登龍門，頓時聲價十倍也。

(六五)楊意不逢撫凌雲而自惜　《史記・司馬相如傳》：『蜀人楊得意爲狗監，侍上（漢武帝），上讀《子虛賦》而善之，曰：「朕獨不與此人同時哉。」得意曰：「臣邑人司馬相如自言爲此賦。」上驚，乃召以爲郎。』又：『相如既奏《大人之頌》，天子大悅，飄飄有凌雲之氣。』楊意，楊得意之省稱，駢文家爲整齊文句，而省去一字。作者以司馬相如自擬，歎不逢引薦者。

(六六)鍾期既遇奏流水以何慚　鍾期，卽鍾子期之省稱，春秋時楚人，善聽琴。時有伯牙者，善鼓琴，而苦無知音者。一日，伯牙薄遊鄉間，方鼓琴，其志在高山，鍾子期聽而知之。曰：『善哉乎鼓琴，巍巍乎若高山。』有頃而志在流水。子期又曰：『善哉乎鼓琴，湯湯乎若流水。』遂結金蘭之契。子期死，伯牙謂再無知音者，乃碎琴絕絃，終身不復鼓。（見《列子・湯問篇》、《呂氏春秋・本味篇》及《警世通言》。）勃借其意，謂既遇閻公之知音，故呈此序。（此段自述）

(六七)蘭亭已矣梓澤丘墟　蘭亭，在今浙江・紹興縣西南二百八十里之蘭渚，東晉穆帝・永和九年三月三日上巳，王羲之與孫綽、謝安等四十一人修禊會於此。（見王羲之《蘭亭集序》）永和距王勃時已三百餘年，亭已堙廢。梓澤，卽金谷園，在今河南・洛陽縣西北金谷澗中，晉・元康時，石崇有別館在金谷澗，一名梓澤，瑤草奇花，充滿園內，崇常宴客於此，極聲色之娛。（見《晉書・石崇傳》）丘墟，與丘虛同，猶云空虛之地，言金谷園已變爲土丘廢墟也。

(六八)臨別贈言　劉向《說苑・雜言篇》：『子路將行，辭於仲尼。曰：「贈汝以車乎，以言乎。」子路曰：「請以言。」』

(六九)登高作賦　謂登滕王閣作詩也。《韓詩外傳》：『孔子曰：「君子登高必賦。」』《漢書・藝文志》：『登高能賦，可以爲大夫。』

(七〇)恭疏短引　疏，條陳其事而書之也。短引，卽短序。請參閱本書《花間集序》注。

(七一)一言均賦四韻俱成　均，同也。賦，分也。一言，一字也，此專指一個韻目。四韻，卽八句，蓋詩以兩句爲一韻。此言每人同用一字爲韻，各作八句之詩也。

(七二)潘江陸海　鍾嶸《詩品》：『晉・平原相陸機詩，其源出於陳思，晉・黃門郎潘岳詩，其源出於仲宣。余常言陸才如海，潘才如江。』又《晉書・潘岳傳贊》：『機文喻海，岳藻如江。』後世因以陸海潘江喻人才氣之大，辭藻之美。案《晉書・潘岳傳》云：潘岳，字安仁，中牟人。少有才，美姿容，常挾彈出洛陽道，婦女遇之者，皆連手縈繞，投之以果。文辭艷麗，尤長哀誄，累官散騎侍郎。又《陸機傳》云：陸機，字士衡，吳郡人。服膺儒術，詞藻宏麗。吳亡後，偕弟入洛，才名冠天下。此以潘岳、陸機比預會諸文士。（此段說明作序之意）

【通釋】

豫章是以前的郡名，洪都是新設洪州都督府的所在地。這裏是天上翼星、軫星的分野，土地和衡山、廬山相連接。三江像衣襟一樣，交流在前面，五湖像腰帶一樣，環繞在四周。可以控制南蠻荆楚和東甌百越。說到物產精華，也是上天所賜予的奇寶，有豐城雙劍的龍文光采，長年高射到牽牛星、南斗星的境域。講到人中俊傑，也是山川靈氣所孕育的高士，則有獲得豫章太守陳蕃特別禮遇的徐穉。大州郡有如雲霧一般的羅列在四周，俊秀人物有如流星一般的來往奔馳。城池就在華夏和蠻夷的交界處，賓客主人都是東南地區的名流。閻都督夙負名望，由儀仗隊導引著，從遠處蒞臨。宇文刺史風範美好，亦暫停馳驅，臨時參加。今天正好是國定休沐的假期，遠道而來的各地高尚人士把座位都坐滿了。以文采而言，有許多像孟嘉那樣的詞章宗匠。以武略而言，有許多像王僧辯那樣的兵學專家。因爲家父在交趾當縣長，我欲前往省親而路過此地，一個無知的年輕人，居然有幸碰到這種勝會。

時候是重九，時序是暮秋。道旁積水全已乾竭，寒潭的水分外淸澈，霞光籠罩四野，紫色染上暮山。整齊的車隊昂然前進，直上高山，尋攬美景。來到滕王建閣的長洲，和滕王住過的舊館。但見翠綠層臺，高聳入雲，朱紅樓閣，懸空飛翔。沙洲島嶼，曲折迴環，是仙鶴野鴨聚集的地方。滕王閣的建築材料是桂木和蘭木，滕王閣的形勢完全和山陵的起伏相配合。

於是打開美麗的門扉，俯瞰精雕細鏤的屋棟，廣大的山野盡收眼底，紆迴的川澤動人心目。此時村莊星羅棋布，有的是人丁衆多的富豪之家，大船堵住渡口，有的是彩色鮮明的畫舫遊艇。此時新雨初停，長虹銷盡，夕陽餘暉，返照大地。只見片片的落霞和孤單的野鴨一齊飛舞，秋天的碧水和遼闊的藍天連成一色。漁船傳出了嘹亮的歌聲，隨著風兒飄送到鄱陽湖邊，一排一排的雁子不耐寒冷，鳴聲斷絕在衡陽的水濱。

悠遠的情懷才告舒暢，超逸的興致又快速飛揚起來。緊接著滕王閣內響起了高低不齊的簫聲和美妙無比的歌聲。大家開懷暢飲，有如梁孝王在睢園的宴會，氣派遠超過陶淵明的獨酌。大家提筆創作，有如建安諸子在鄴宮的勝集，作品可以媲美謝靈運的詩篇。這眞是良辰、美景、賞心、樂事四美齊全，賢主、嘉賓兩難得到的遇合。大家在半空中盡情觀賞，在假日裏盡情玩樂。看天是那樣高，地是那樣遠，令人感到宇宙的無窮無盡。興致一過去，悲哀就立刻襲上心頭，令人知道萬物的盛衰消長都有定數。往遠處看，長安好像比太陽還遠，往近處看，吳會也好像在白雲深處。深深的南海就在陸地的盡頭，高高的天柱山和北極星一樣遙遠。關塞山嶺難以通過，有誰會去同情那些迷路的人，好像浮萍漂在水上一般，偶然相逢，都是羈旅他鄉的賓客。心雖思念皇帝，卻無由覲謁，等待皇帝召見，也不知要等到那一年。

唉，人的命運是各不相同的，大致說來，命運不好的人要佔多數。像馮唐，到了九十歲才再被重用，可惜已經太遲了。像李廣，雖然功業蓋世，卻終身未能封侯。又像賈誼屈居長沙，並不是當時沒有聖明的君主。再像梁鴻逃匿蘇州，也不能說當時不是清明的時代。所幸君子能够安於貧困，通達的人能够了解天命。一個男子漢大丈夫年齡雖老，而志氣卻要更加壯盛，至死不變。遭遇雖窮，而意志卻要更加堅定，不可頹廢。卽使口飲貪泉之水，也不會改變清廉的操守，卽使身處窮困之境，也依然保持心情的愉快。北海雖然遙遠，卻可以乘風到達，早晨的時光雖然已經過去了，傍晚努力還不算晚。品行像孟嘗那樣高潔，空懷著報國的心志，偶爾和阮籍一樣放蕩，但不學他的窮途痛哭。

我曾經是一個小小的公務員，也是一個平凡的書生。雖然已經二十多歲了，但是卻沒有終軍請纓殺敵的機會。我很欽慕宗慤那種乘長風破萬里浪的豪情壯志，因此有意棄文習武。現在我決定永遠放棄對功名富貴的追求，只想到交趾去侍奉父親。自問並非佳子弟，卻有幸能和您們這些高雅人士在一起。將來抵達交趾，當和孔鯉一樣承受父教，今天進謁長者，眞像身登龍門那樣光榮。以前因爲沒有遇到引薦我的人，只好撫摸著作品而自我憐惜。現在既然有那麼多的長者在賞識我，那就讓我冒昧的呈現這篇序文吧。

唉，名勝地區不可能永不改變，盛大宴會也很難再有。蘭亭雅集已成過去，金谷名園也已變成土堆。臨別贈言，謝謝主人豐盛的酒菜，登高賦詩，希望與會諸公同來執筆。現在我謹以一片誠心，恭恭敬敬的作了這篇短序。請各位傾洒潘江陸海般的才思，同用一字爲韻，分別作四韻八句的詩吧。

【附　錄】

滕王閣餞別詩

王　勃

滕王高閣臨江渚，佩玉鳴鸞罷歌舞。
畫棟朝飛南浦雲，珠簾暮捲西山雨。
閒雲潭影日悠悠，物換星移幾度秋。
閣中帝子今何在，檻外長江空自流。

17 玉臺新詠序

徐陵

凌雲概日。由余之所未窺(一)。萬戶千門。張衡之所曾賦(二)。周王璧臺之上(三)。漢帝金屋之中(四)。玉樹以珊瑚作枝(五)。珠簾以玳瑁爲柙(六)。其中有麗人焉。其人也。五陵豪族。充選掖庭(七)。四姓良家。馳名永巷(八)。亦有潁川新市。河間觀津(九)。本號嬌娥(十)。曾名巧笑(十一)。楚王宮內。無不推其細腰。魏國佳人。俱言訝其纖手(十二)。閱詩敦禮。非直東鄰之自媒(十三)。婉約風流。無異西施之被教(十四)。弟兄協律。自小學歌(十五)。少長河陽。由來能舞(十六)。琵琶新曲。無待石崇。箜篌雜引。非因曹植(十七)。傳鼓瑟於楊家(十八)。得吹簫於秦女(十九)。

至若寵聞長樂。陳后知而不平(二十)。畫出天仙。閼氏覽而遙妒(二十一)。且如東鄰巧笑。來侍寢於更衣(二十二)。西子微顰。將橫陳於甲帳(二十三)。陪游馺娑。騁纖腰於結風(二十四)。長樂鴛鴦。奏新聲於度曲(二十五)。妝鳴蟬之薄鬢(二十六)。照墮馬之垂鬟(二十七)。反插金鈿(二十八)。

橫抽寶樹(二九)。南都石黛。最發雙蛾(三十)。北地燕脂。偏開兩靨(三一)。亦有嶺上仙童。分丸魏帝(三二)。腰中寶鳳。授曆軒轅(三三)。金星與婺女爭華。麝月共嫦娥競爽(三四)。驚鸞冶袖。時飄韓掾之香(三五)。飛燕長裾。宜結陳王之佩(三六)。雖非圖畫。入甘泉而不分(三七)。言異神仙。戲陽臺而無別(三八)。眞可謂傾國傾城(三九)。無對無雙者也。

加以天情開朗(四十)。逸思雕華(四一)。妙解文章。尤工詩賦。琉璃硯匣(四二)。終日隨身。翡翠筆牀(四三)。無時離手。清文滿篋。非惟芍藥之花。新製連篇。寧止蒲萄之樹(四四)。九日登高(四五)。時有緣情之作。萬年公主。非無誄德之辭(四六)。其佳麗也如彼。其才情也如此(四七)。

既而椒房宛轉(四八)。柘館陰岑(四九)。絳鶴晨嚴。銅蠡晝靜(五十)。三星未夕。不事懷衾(五一)。五日猶賒。誰能理曲(五二)。優游少託(五三)。寂寞多閒。厭長樂之疏鐘。勞中宮之緩箭(五四)。輕身無力。怯南陽之擣衣(五五)。生長深宮。笑扶風之織錦(五六)。雖復投壺玉女。爲歡盡於百驍(五七)。爭博齊姬。心賞窮於六箸(五八)。無怡神於暇景。惟屬意於新詩。可得代彼萱蘇。微蠲愁疾(五九)。

但往世名篇。當今巧製。分諸麟閣(六〇)。散在鴻都(六一)。不藉篇章。無由披覽(六二)。於是然脂暝寫(六三)。弄墨晨書。撰錄豔歌。凡為十卷。曾無參於雅頌(六四)。亦靡濫於風人(六五)。涇渭之間(六六)。若斯而已。

於是麗以金箱(六七)。裝之寶軸。三臺妙迹。龍伸蠖屈之書(六八)。五色花箋。河北膠東之紙(六九)。高樓紅粉。仍定魯魚之文(七〇)。辟惡生香。聊防羽陵之蠹(七一)。靈飛六甲。高擅玉函(七二)。鴻烈仙方。長推丹枕(七三)。至如青牛帳裏(七四)。餘曲未終。朱鳥窗前(七五)。新妝已竟。方當開茲縹帙(七六)。散此緗繩(七七)。永對玩於書帷(七八)。長循環於纖手。豈如鄧學春秋。儒者之功難習(七九)。竇傳黃老。金丹之術不成(八〇)。固勝西蜀豪家。託情窮於魯殿(八一)。東儲甲觀。流詠止於洞簫(八二)。孌彼諸姬。聊同棄日(八三)。猗與彤管(八四)。麗矣香奩(八五)。

【題　解】

《玉臺新詠》，書名，凡十卷，徐陵編。所選前八卷爲自漢至梁五言詩，第九卷爲歌行，第十卷爲五言二韵之詩。劉肅《大唐新語》云：『梁簡文爲太子，好作豔詩，境内化之，晚年欲改作，追之不及，乃令徐陵撰《玉臺集》以大其體。』此篇卽是書之序文也。 先敍女子之佳麗，繼敍女子之才華，終敍女子之心思，而以編書宗旨繫於篇末。

許槤評曰：『駢語至徐、庾，五色相宣，八音迭奏，可謂六朝之渤、澥，唐代之津梁。而是篇尤爲聲偶兼到之作，鍊格鍊詞，綺綰繡錯，幾於赤城千里霞矣。』（《六朝文絜》）王文濡曰：『《玉臺》開詩集之始，陳文居六朝之殿，其時徐庾之風大行，聲病之律彌盛，風雲月露，塡塞行間，香草美人，空言寄意，妖豔浮靡，至玆而極。然《玉臺》一集，可補《昭明文選》之窮，孝穆玆序，亦爲精心結譔之作。雖藻彩紛披，輝煌奪目，而華不離實，腴不傷雅，麗詞風動，妙語珠圓。乾坤清氣，欲沁於心脾，脂墨餘香，常存於齒頰。斯亦駢文之雄軍，豔體之傑構也。』（《南北朝文評注讀本》）

【作　者】

徐陵，字孝穆，陳·東海·郯人。祖超之，齊·鬱林太守，梁員外散騎常侍。父摛，梁戎昭將軍、太子左衞率、贈侍中、太子詹事。母臧氏，嘗夢五色雲化而爲鳳，集左肩上，已而誕陵焉。陵幼而聰穎絕倫，八歲能屬文，寶誌上人摩其頂曰：『此天上石麒麟也。』既長，博極羣書，縱橫有口辯。初仕梁爲通直散騎侍郎，頗蒙禮遇。後奉使西魏，適齊受魏禪，被留甚久。及南還不久而陳受梁禪，遂仕於陳，累官至左光祿大夫太子少傅。文帝時，安成王・頊秉政專橫，陵劾之，自此名乃大顯。後主在東宮，令陵講《大品經》義，名僧自遠雲集，每講筵商較，四座莫能與抗。目有青睛，時人以爲聰慧之相。自有陳創業，文檄軍書及禪授詔策，皆陵所製。每一文出，好事者傳寫成誦，遂被之華夷，家藏其本。與庾信齊名，時稱徐、庾體，爲一代文宗。至德元年卒於官，年七十七，謚章。著有《徐孝穆集》六卷、《玉臺新詠》十卷行世。

孝穆與庾信雖同爲駢文宗師，然二人之成就各有所偏，庾氏長於言情，而孝穆則擅於說理，此其大較也。孝穆說理之作，以箋啓書札之類的應用文爲最要，往往於陳說事理透徹詳盡以外，更用姸美之色澤聲調，以發揮情韻，抒寫懷抱，迴環婉轉，屈曲洞達，使人百讀不厭，甚至忘卻其爲駢偶矣。

【箋　注】

㊀凌雲概日由余之所未窺　凌雲概日，言宮室之高也。《周書・武帝紀》：『或層臺累構，概日凌雲。』《海錄碎事》：『凌雲臺，魏文帝・黃初二年築。』又：『燕昭王好神仙，仙人甘宙與王登握日之臺。』由余，本春秋時晉人，亡入戎，戎王聞秦穆公賢，使由余於秦以觀之，穆公示以宮室之美，積聚之富。詳見《史記・秦本紀》。二句言秦國上凌雲霄之宮室，乃由余所未曾見者。

㈡萬戶千門張衡之所嘗賦　張衡，字平子，東漢・西鄂人。善屬文，時天下承平日久，俗尙奢侈，衡乃作《兩京賦》以寓諷諫，構思十年乃成，傳誦於世。尤精天文曆算之學，嘗作渾天儀及候風地動儀，後世服其機巧。安帝時，由郎中遷太史令，拜尙書卒。其《西京賦》有『閈庭詭時，門千戶萬』之句。見《昭明文選》卷二及《後漢書》本傳。

㈢周王璧臺　周王，周穆王也，周第五代國主，在位五十五年。相傳穆王爲其愛姬築臺，名曰重璧之臺。見《穆天子傳》。

㈣漢帝金屋　漢帝，漢武帝也。武帝年數歲，長公主抱置膝上，指問曰：『兒欲得婦否。』曰：『欲得。』指其女阿嬌『好否。』笑曰：『若得阿嬌，當作金屋藏之。』見《漢武故事》。案皇帝之姑姊妹稱長公主，此長公主乃武帝之姑。

㈤玉樹以珊瑚作枝　漢武帝起神屋於前庭，植玉樹，以珊瑚爲枝。見《漢武故事》。

㈥珠簾以玳瑁爲柙　《漢武故事》：『以白珠爲簾，玳瑁柙之。』玳瑁，龜類動物，產於海洋，其甲熟之甚柔，可製各種裝飾品。柙或作押，壓也，鎭簾之具。

㈦五陵豪族充選掖庭　陵，天子冢也。五陵，謂長陵（漢高祖陵）、安陵（惠帝陵）、陽陵（景帝陵）、茂陵（武帝陵）、平陵（昭帝陵）也，皆在長安，漢時移豪族居五陵附近。掖庭，後宮嬪妃所居之地。此言選五陵貴族之女進充後宮嬪妃也。

㈧四姓良家馳名永巷　六朝門閥觀念甚重，社會上每以郡望分甲乙丙丁四等爲貴族，謂之四姓。詳見《南史・張綰傳》。永巷，宮中獄名，中有長巷，故稱，此泛指後宮而言。意謂貴族良家之女，選充嬪妃，往往以貌美而馳名於後宮也。

⑨潁川新市河間觀津　潁川，秦郡，漢因之，治陽翟，即今河南・禹縣。新市，漢侯國，故城在今河北・新樂縣西南。河間，漢侯國，治樂城，即今河北・獻縣。觀津，戰國・趙地，漢置縣，在今河北・武邑縣東南。案此四處皆自古產佳麗之地，如孝文・竇皇后、孝武・鉤弋夫人、光武后陰麗華。漢時宮女，由其地選出者居多，故作者列舉之。

⑩嬌娥　左思《嬌女詩》『左家有嬌女，皎皎頗白皙』。揚雄《方言》：『秦謂好曰娥。』案女子多用『嬌娥』爲名，此處是否如下文『巧笑』之實有其人，待考。

⑪巧笑　崔豹《古今注》：『段巧笑，魏文帝宮人，始作紫粉拂面。』

⑫楚王宮內四句　《墨子・兼愛》中篇：『楚靈王好士細腰。』《後漢書・馬廖傳》：『楚王好細腰，宮中多餓死。』《詩經・魏風・葛屨》：『摻摻女手，可以縫裳。』毛氏傳：『摻摻，猶纖纖也。』陸德明《釋文》：『好手貌。』案作者用此二典，其意蓋謂當時女子之細腰纖手合於標準美也，亦猶時下女子必須三圍勻稱，始得與於美人之列然。

⑬閱詩敦禮非直東鄰之自媒　敦，治也。宋玉《登徒子好色賦》：『臣里之美者，莫若臣東家之子，嫣然一笑，惑陽城，迷下蔡。然此女登牆窺臣三年，至今未許也。』司馬相如《美人賦》：『臣之東鄰有一女子，雲髮豐豔，蛾眉皓齒，欲留臣而共止，登垣而望臣，三年於茲矣，臣棄而不許。』非直，猶言不若，不善其爲也。此言宮女皆讀詩知禮，儀容端淑，非輕佻如東鄰女子之登牆窺人，無媒自通可比也。

㈣婉約風流無異西施之被教　婉約風流，謂女子氣質高華，風姿嫣然也。西施，春秋・越・苧蘿山(今浙江・諸暨縣南)鬻薪者之女。越王句踐爲吳所敗，退守會稽，知吳王夫差好色，欲獻美女惑之，以亂其政。嗣得西施與鄭旦，於是飾以羅穀，教以容步，三年學服，乃令范蠡獻之。吳王大悅，果然縱慾過度，不理政事，後卒被滅於越。見《吳越春秋》及《國語・越語》。

㈤弟兄協律自小學歌　漢武帝・李夫人本以倡進。初，夫人兄延年知音律，善歌舞，武帝愛之，每爲新聲變曲，聽者無不感動。平陽公主因言延年有女弟，武帝因召見之，由是得寵幸，而以延年爲協律都尉。詳見《漢書・外戚傳》。

㈥少長河陽由來能舞　河陽，當作陽阿，地名，在今山西・晉城縣西北四十里。漢武帝微行出遊，嘗過陽阿公主家作樂，見舞者趙飛燕而悅之，納於宮。見《漢書・外戚傳》。案陽阿地方多善舞者。《淮南子・俶眞訓》：『足蹀陽阿之舞。』曹植《箜篌引》：『陽阿奏奇舞。』古人言舞，必擧陽阿，可證河陽係陽阿之誤。

㈦琵琶新曲四句　石崇《王明君序》：『昔公主嫁烏孫，令琵琶馬上作樂，以慰其道路之思，其送明君，亦必爾也，其造新曲，多哀怨之聲。故序之。』箜篌，樂器名。劉熙《釋名》謂爲師延所作，空國之侯所存也，故亦作空侯。或謂漢武帝使樂人侯暉爲之，其聲坎坎，故又作坎侯。其器久已失傳，舊說謂似瑟而小，用木撥彈之。《箜篌雜引》，卽《箜篌引》，樂曲名。曹植，三國・魏文帝之弟，封陳王，卒謚思，故亦稱陳思王。郭茂倩《樂府詩集》載有曹植所作《箜篌引》。四句言當時宮女皆天資聰穎，才氣縱橫，能自製新曲，並不因襲古人陳法，依譜塡詞也。

⑱傳鼓瑟於楊家　《漢書・楊惲傳》：『惲《報孫會宗書》曰：「家本秦也，能爲秦聲，婦趙女也，雅善鼓瑟。」』故云傳於楊家。

⑲得吹簫於秦女　秦穆公時，有蕭史者，善吹簫作鳳鳴，穆公以女弄玉妻之，遂教弄玉吹簫。後弄玉乘鳳，蕭史乘龍飛昇去。見劉向《列仙傳》。

⑳寵聞長樂陳后知而不平　長樂，漢宮名，漢高祖所作，在陝西・長安縣西北故城中，漢宮女衞子夫居焉。陳后，漢武帝后。武帝寵愛衞子夫，陳皇后聞之，心中憤憤不平，曾有數次欲自殺。見《漢書・外戚傳》。

㉑畫出天仙閼氏覽而遙妬　閼氏，讀若烟支。匈奴單于之妻稱閼氏，猶漢稱皇后也。漢高祖被匈奴困於平城，用陳平計，畫一絕代佳人，使人持示匈奴閼氏，謂漢欲將此女獻單于，請求解圍，閼氏見畫圖，恐此女來，將奪其愛，遂勸單于解圍一角，高祖得逃去。見桓譚《新論》。

㉒東鄰巧笑來侍寢於更衣　更衣，換衣，帝王換衣休息之處。《漢書・外戚・衞皇后傳》：『武帝祓霸上，還過平陽主，主見所侍美人，帝不悅。既飲，謳者進，帝獨悅子夫。（衞子夫卽衞皇后）帝起更衣，子夫侍尚衣（尚衣，謂侍候皇帝更換衣服，漢時設有專官。）軒中得幸。』二句言彼東鄰處子，巧笑美人，來侍寢於更衣之所。

㉓西子微顰將橫陳於甲帳　西子，卽西施。顰，猶俗言『縐眉頭』。相傳西子病心而顰，其里之醜女東施見而美之，歸亦捧心而顰。見《莊子・天運篇》。橫陳，謂橫臥也，古人詩賦常用『玉體橫陳』等句，以寫女子之侍寢。司馬相如《好色賦》：『花容自獻，玉體橫陳。』甲帳，猶言豪

華臥室。《漢書·西域傳贊》：『孝武之世，廣開上林，營千門萬戶之宮，立神明通天之臺，與造甲乙之帳。』顏師古注：『其數非一，以甲乙次第名之也。』又《太平御覽》引《漢武故事》：『上以琉璃珠玉明月夜光（明月、夜光皆珠名。）雜錯天下珍寶爲甲帳，次爲乙帳。』故凡用珍寶作裝飾的華美之帳，稱爲甲帳。

㉔陪游馺娑騁纖腰於結風　馺娑，馬迅疾貌，漢時用爲宮殿名，在建章宮中。見《三輔黃圖》。結風，猶言急風（據《文選》李善注），形容歌舞時之迴旋迅速。《文選》傅毅《舞賦》：『激楚結風，陽阿之舞。』此言宮女陪伴皇帝遊宴時常作跳舞也。

㉕長樂鴛鴦奏新聲於度曲　鴛鴦，漢武帝時殿名。（《淵鑑類函》引《漢宮闕名》）按曲譜歌唱曰度曲。又製曲亦稱度曲。『長樂』與上『陪游』對舉，非漢宮名。此言宮女常在後宮行樂，歌詠新曲也。

㉖妝鳴蟬之薄鬢　魏文帝宮人莫瓊樹始爲薄鬢，望之縹緲如蟬翼，謂之蟬鬢。見崔豹《古今注》。

㉗照墮馬之垂鬟　東漢·梁冀妻孫壽，有傾城之姿，而善爲妖態，作愁眉、啼妝、墮馬髻。見《後漢書·梁冀傳》。案墮馬髻者，側在一邊，形下垂，爲古時婦女流行髮型之一。此言當時宮女之頭髮下垂，如墮馬髻一般也。

㉘金鈿　婦人首飾也。

㉙橫抽寶樹　橫抽，猶言橫插，因上句有『插』字，故變文以避重複。寶樹，亦婦女首飾。

㉚南都石黛最發雙蛾　石黛是一種礦物質的天然墨，古時婦女多用以畫眉。田藝蘅《留青日

札》：『今廣東·始興縣溪中出石墨，婦女取以畫眉，名畫眉石。』石墨即是石黛，因爲產於南方，故稱『南都石黛』。雙蛾，喻美人之雙眉，言其細而長曲，猶蠶蛾之觸鬚也。

㉑北地燕脂偏開兩靨　燕脂，亦作燕支，本染紅之草，以其潤面，故沿作燕脂，亦通作胭脂。燕脂盛產於北方，故稱『北地燕脂』。詳見《古今注》。靨，頰邊微渦也。

㉒嶺上仙童分丸魏帝　《顏脩內傳》：『橋順二子，曰璋、曰瑞，師事仙人盧子基於隆慮山·棲霞谷，服飛靈藥一丸，千年不飢。故魏文帝《折楊柳詩》曰：「西山一何高，高高殊無極。上有兩仙童，不飢亦不食。與我一丸藥，光耀有五色。服藥兩三日，身輕生羽翼。」』

㉓腰中寶鳳授曆軒轅　軒轅，黃帝名。相傳黃帝命伶倫作律，取嶰谷之竹，制爲十二筒，聽鳳凰鳴聲，以別十二律。見《漢書·律曆志》。又相傳黃帝始作曆書。（亦見《漢書·律曆志》）古時以十二律配十二月，故律與曆極有關係。此言黃帝聽鳳凰鳴聲而定律，又依律而造作曆書也。一說：古人以爲鳳知天時，故少皞以鳳鳥氏爲曆正之官。見《左傳》昭公十七年注。此言知天時之鳳鳥授黃帝以曆法也。案『腰中寶鳳，授曆軒轅』，與上『嶺上仙童，分丸魏帝』相對，作者之意，無非是形容宮女無異仙童寶鳳，足供皇帝之寵愛而已，若必於字句間求其解釋，反多隔閡。

㉔金星與婺女爭華麝月共嫦娥競爽　金星，指當時婦女所貼之『花黃』。張正見《豔歌行》：『裁金作小靨，散麝起微黃。』又梁簡文帝《美女篇》：『約黃能效月，裁金巧作星。』婺女，星名。（杜預曰：婺女爲已嫁之女，織女爲處女。）《史記·天官書》：『婺四星，天少府也，主布帛裁製嫁

娶。』故亦稱『女宿』。麝月，指女子之雙眉，言其細而彎形如初月也。麝爲形容詞，取其有香氣也。相傳羿請不死之藥於西王母，嫦娥竊之以奔月。見王充《論衡》及干寶《搜神記》。此言當時宮女所貼之花黃可與星辰爭光，而所畫之眉毛亦可與嫦娥並美也。

㉟驚鸞冶袖時飄韓掾之香　驚鸞，猶言『驚鳳』，喻女子體態之輕盈。冶，豔麗也。晉・韓壽美姿容，賈充辟爲掾（掾，屬官也。），壽與充女私相愛戀。時武帝賜充西域貢香，著人衣袖，香氣經月不散，充女偸以給壽，後充亦以女妻壽。詳見《晉書・賈充傳》及《世說新語・惑溺篇》。

㊱飛燕長裾宜結陳王之佩　飛燕，卽趙飛燕，本漢成帝宮人，初學歌舞，以體態輕盈，可作掌上舞，號曰飛燕。成帝微行，見而悅之，召入宮，先爲婕妤，後立爲皇后，其妹合德上遺織成裾。見劉歆《西京雜記》。陳王，卽魏・陳思王・曹植。曹植《洛神賦》有『願誠素之先達兮，解玉佩以要之』之句，此卽用爲典故。

㊲雖非圖畫入甘泉而不分　《漢書・外戚傳》：『李夫人少而早卒，武帝憐憫焉，圖畫其形於甘泉宮。』

㊳言異神仙戲陽臺而無別　言，語首助詞。陽臺，山名，在今湖北・漢川縣南。《文選》宋玉《高唐賦》：『昔者先王嘗遊高唐，怠而晝寢，夢見一婦人曰：「妾巫山之女也，爲高唐之客，聞君遊高唐，願薦枕蓆。」王因幸之。去而辭曰：「妾在巫山之陽，高丘之阻，旦爲朝雲，暮爲行雨，朝朝暮暮，陽臺之下。」』

㊴傾國傾城　謂絕世佳人也。李延年歌：『北方有佳人，遺世而獨立。一顧傾人城，再顧傾人

國。寧不知傾城與傾國，佳人難再得。』見《漢書・外戚傳》。（自五陵豪族至此總敘女子之佳麗）

㊵天情開朗　猶言才情煥發。

㊶逸思雕華　謂有靈巧之思也。

㊷琉璃硯匣　陸雲《與兄平原書》：『常案行並視曹公器物，書刀五枚，琉璃筆一枝。』

㊸翡翠筆牀　極言毛筆之精美。漢末一筆之匣，綴以隨珠，文以翡翠。見《藝文類聚》。南朝人呼筆管爲牀。梁簡文帝製筆牀以四管爲一牀。見《樹萱錄》。

㊹清文滿篋四句　晉・傅統妻有《芍藥花頌》，惟全文已佚，僅傳『煜煜芍藥，植此前庭，晨潤甘露，晝晞陽靈』四句。前涼・張洪茂有《葡萄酒賦》，詞藻甚美。見《前涼錄》。此言宮女新作之詩文甚多，非惟《芍藥花頌》、《葡萄酒賦》一類作品而已。

㊺九日登高　東漢時，汝南・桓景隨仙人費長房遊。房曰：『九月九日汝家當有災禍，急令家人縫囊盛茱萸繫肩上，登山飲菊酒，可免此災。』景從其言，舉家登山，晚還，見雞犬牛羊盡死。房曰：『代矣。』見吳均《續齊諧記》。後人因以是日爲重陽節，墨客騷人多聚會賦詩紀念。

㊻萬年公主非無誄德之辭　萬年公主，晉武帝女，左貴嬪（左思女弟芬也）有《萬年公主誄》。文見李兆洛《駢體文鈔》卷五。誄，哀悼死者之文，大都敍其生前之德行，故云『誄德之辭』。

㊼其佳麗也如彼其才情也如此　案此等句法實仿自《文選》班固《兩都賦序》，其辭曰：『稽之上古則如彼，考之漢室又如此。』（此段敍女子之才華）

㊽椒房宛轉　漢有椒房殿，在未央宮中，爲皇后所居，以椒和泥塗壁，故名。溫暖而香，辟除惡

氣，又取藩實之義。見《漢官儀》。宛轉，曲折貌。

(49)栢館陰岑　班婕妤《自傷賦》：『痛陽祿與栢館兮，仍襁褓而離災。』漢·上林苑中有栢館。陰岑，陰深高大貌。

(50)絳鶴晨嚴銅蠡晝靜　絳，赤色也。鶴宮，太子所居，凡人不得入。見《漢宮闕疏》。一說：《江總集·爲陳六宮謝表》有『鶴籥晨啓』之語，則絳鶴似爲宮門鎖籥之形容詞。銅蠡，即鋪首，著門上用以銜環者，以銅爲之。應劭《風俗通》：『公輸班見水中蠡，引閉其戶，終不可開，遂象之，立於門戶，以銅爲之，故曰銅蠡。』晨嚴、晝靜，皆形容宮禁森嚴，蓋宮門既非常開，尤不容有喧擾之聲也。

(51)三星未夕不事懷衾　《詩經·唐風·綢繆》：『綢繆束薪，三星在天。』三星，舊有二說：一謂三星卽參星，一謂三星謂心星。蓋參心二宿，星數皆三，故說有異。又《召南·小星》：『肅肅宵征，抱衾與裯。』衾，大被。裯，牀帳也。作者於此運用典故，自鑄新辭，其意蓋謂非在晚上，則不抱衾侍寢也。

(52)五日猶賒誰能理曲　賒，長久也。言侍寢以五日爲期，猶嫌久長，誰能寂寞獨居，自理清曲耶。案《詩經·小雅·采綠》『五日爲期』，又枚乘《雜詩》『當戶理清曲』，卽作者所本。

(53)優游少託　相傳孔子去魯，歌曰：『優哉游哉，聊以卒歲。』見《古逸詩》。後因謂安閒度日爲優游，游亦作遊。此言日子過得太安適，轉覺閒情無所寄託也。

(54)厭長樂之疏鐘勞中宮之緩箭　長樂，宮名，已見前注。疏鐘，疏落之鐘聲也。案古計時用銅壺滴漏法，壺中置漏箭，箭上刻有計時之度數，水自播水壺緩緩滴入承水壺，漏箭卽置承水壺，下面託以箭舟，水漸滿，則漏箭漸漸上浮，看漏箭浮至何刻，便可知是何時。漏箭緩緩上浮，故曰『緩箭』。中宮，內寢也，別於東西寢而言，此處泛指宮中。此二句是形容後宮佳麗難耐長夜寂寞，怕聽鐘漏也。

㉟南陽之擣衣　任昉《述異記》：『擣衣山，一名靈山，昔有神女於此擣衣。』又庚仲雍《荊州記》：『秭歸縣有屈原宅，女須廟，擣衣石猶存。』秭歸縣，漢朝所置，屬南郡，南陽或係南郡之誤。

㊱扶風之織錦　前秦時，有扶風人竇滔者，仕苻秦爲安南將軍，妻蘇若蘭（名蕙）才色甚美。寵姬趙陽臺雅善歌舞，若蘭妬甚，屢加責打，由是陽臺積恨，讒毀交至，滔大恚憤。時詔滔留守襄陽，若蘭不願偕行，竟携陽臺之任。旣而若蘭悔恨自傷，因織錦爲迴文，題詩二百餘首，五彩相宣，瑩心眩目，縱橫反覆，都成章句，名曰『璇璣圖』，乃命齎至襄陽。滔見詩，頗爲感動，遂送陽臺至關中，具輿從，迎若蘭於漢南，恩愛逾初。見唐・武后《璇璣圖序》。一說：竇滔爲秦州刺史，被徙流沙，妻若蘭思之，織錦爲迴文詩以寄滔，宛轉循環，讀之，詞甚悽惋，凡八百四十字。見《晉書・列女傳》。兩說微異。

㊲投壺玉女爲歡盡於百驍　投壺，古賓主燕飲時相與娛樂之戲。設壺一，使賓主以次投矢於其中，勝者酌酒飲不勝者。《禮記》有《投壺篇》，言其制甚詳。相傳東荒山中有大石室，東王公居焉，常與一玉女投壺，每投千二百矯。見東方朔《神異經》。矯卽驍，驍者，激其矢令自壺

躍出，再以手接之，屢投屢還，一矢百餘返而不失墜。見劉歆《西京雜記》。

㊃爭博齊姬心賞窮於六箸　《晉書．胡貴嬪傳》：『貴嬪諱芳，奮之女也。武帝嘗與樗蒱，爭矢，遂傷上指。帝怒曰：「此固將種也。」』又枚乘《七發》：『越女侍前，齊姬奉後。』案此當又是一事，待考。許愼《說文》：『六博，局戲也。六箸，十二棋也。』《西京雜記》：『許博昌，安陵人，善陸博，竇嬰好之，常與居處，法用六箸，或謂之「究」，以竹爲之，長六分。』

㊄可得代彼萱蘇微蠲愁疾　萱，忘憂草也。蘇，紫蘇也，可作藥。王朗《與魏太子書》：『萱草忘憂，臯蘇釋勞，無以加也。』又魏收《秋宴詩》：『良交契金水，上客慰萱蘇。』蠲，除去之也。此言新作詩篇，可代萱蘇，使人忘其憂愁也。（此段述女子之心思）

㊅麟閣　麒麟閣之省稱。《三輔黃圖》：『麒麟閣在未央宮左，漢．蕭何建，以藏祕書。』

㊆鴻都　門名。東漢靈帝置鴻都門學士。

㊇不藉篇章無由披覽　言不加以蒐集整理而成篇章，則欲披覽而無從也。

㊈然脂暝寫　然，俗作燃。脂，石脂也，可薰烟爲墨。然脂，卽點燭。暝，夜也。言夜間點燭從事抄寫。

㊉曾無參於雅頌　曾，副詞，乃也。雅頌，卽《詩經》所載之《雅》與《頌》。言此等豔詩乃無預於《雅》、《頌》也。

㊀亦靡濫於風人　風人，詩人也。此承上句而言，言雖無預於《雅》、《頌》，但亦未溢出詩人溫柔敦厚之旨的範圍也。

(六六)涇渭之間　喻有區別之意。《三秦記》：『涇水出筓頭山，至高陵縣而入渭，與渭水合流三百里，清濁不相雜。』案涇水清，渭水濁，故以涇渭喻清濁之別，即世所謂涇渭分明者也。

(六七)麗以金箱　麗，附著也。麗以金箱，謂藏之以金箱也。

(六八)三臺妙迹龍伸蠖屈之書　漢以尚書爲中臺，謁者爲外臺，御史爲憲臺，謂之三臺。見《漢官儀》。東漢・蔡邕受董卓徵辟，由補侍御史轉侍御書史，遷尚書，三日之間，周歷三臺。見《後漢書・蔡邕傳》。漢靈帝・熹平四年，立石經於太學門外，蔡邕書丹。三臺妙迹，指蔡邕所書之石經。龍伸蠖屈，狀其書法之高妙也。潘尼《贈侍御史王元貺詩》：『蠖屈固小往，龍翔乃大來。』

(六九)五色花牋河北膠東之紙　後趙皇帝石虎用五色紙寫詔書，令鳳凰銜之飛下端門。見陸翽《鄴中記》。河北、膠東，皆當時產紙之區。

(七〇)高樓紅粉仍定魯魚之文　《文選・古詩十九首》：『盈盈樓上女，皎皎當窗牖。娥娥紅粉妝，纖纖出素手。』葛洪《抱朴子・遐覽篇》：『書三寫，魯爲魚，虛爲虎。』定魯魚之文，謂校勘訛字也。

(七一)辟惡生香聊防羽陵之蠹　《穆天子傳》：『天子東巡，次於雀梁，蠹書於羽陵。』案羽陵爲藏書之所，後人因謂書被蟲蛀者爲『羽陵之蠹』。二句言置香料於書中以防蟲蛀也。

(七二)靈飛六甲高擅玉函　漢武帝受西王母眞形六甲靈飛十二事，帝盛以黃巾几，封以白玉函。見《漢武內傳》。案六甲，天神之使也。六甲靈飛，道家之符籙也。

㈦鴻烈仙方長推丹枕　漢武帝時，淮南王・劉安有謀反嫌疑，帝令劉德偵辦，得《枕中鴻寶祕書》，劉德之子劉向、劉咸讀後，便相信丹砂可鍊黃金，凡人可成神仙。見張華《博物志》。按《枕中鴻寶祕書》即所謂《鴻烈解》，今所傳《淮南子》是也。

㈧青牛帳　魏文帝以文車十乘迎薛靈芸，車皆鏤金爲帳，駕以青色之牛。見王嘉《拾遺記》。帳，車帳也。青牛帳，猶今言綉花帳子。按此處『青牛』係借用之，以與下句『朱鳥』相對，非謂帳子畫有青牛之圖案也。

㈨朱鳥窗　南牖也。張華《博物志》：『漢武帝好仙道，西王母乘雲車而至，降於九華殿，時東方朔竊從殿南廂朱鳥牖中窺母。母謂帝曰：「此窺牖小兒三偸吾桃矣。」』事又見《漢武故事》。此卽用爲典故。

㈩縹帙　青白色之書衣也。蕭統《文選序》：『詞人才子，則名溢於縹囊。飛文染翰，則卷盈乎緗帙。』

㈦緗繩　絲帶也，用以束書。

㈧書帷　《漢書・董仲舒傳》：『孝景時爲博士，下帷講誦。』

㈨鄧學春秋儒者之功難習　東漢和帝・鄧皇后從曹大家班昭受經傳，晝省王政，夜則誦讀。又詔中官近臣，受讀經傳。見《後漢書・和熹鄧皇后紀》。此言鄧皇后雖從師勤習《春秋左氏傳》等儒家經典，但經典繁多，聖言幽遠，欲卓然有成，實非易易也。

㈩竇傳黃老金丹之術不成　道家託始於黃帝、老子，故稱黃老。漢景帝母竇皇后好黃老之言，景帝及諸竇不得不讀《老子》，尊其術。見《漢書・外戚傳》。又道家好言鍊丹砂爲黃金。此言竇皇后雖好道家言，但丹砂鍊金之術終未成就也。

(八一)西蜀豪家託情窮於魯殿　魯殿，卽魯靈光殿，漢景帝子魯恭王所建，其遺址當在今山東・曲阜縣東，東漢・王延壽有《魯靈光殿賦》。三國時蜀・劉琰爲車騎將軍，車服飲食，號爲侈靡，侍婢數十，皆能爲聲樂，又悉教誦讀《魯靈光殿賦》。見《三國志・蜀書・劉琰傳》。一說：王延壽籍隸湖北・南郡之宜城，宜城近西蜀，故『西蜀豪家』卽指王延壽。惟王延壽未有豪奢之事見於史傳，故仍以前說爲是。

(八二)東儲甲觀流詠止於洞簫　太子稱爲『儲君』，居於東宮。（《南齊書》則稱太子曰東儲）又太子宮中有甲觀（漢元帝為太子時，生成帝於甲觀。見《漢書・成帝紀》。），言以甲乙丙丁爲次也。東儲甲觀，猶言『太子宮中』。漢・王褒作《洞簫賦》，元帝爲太子時，常令後宮貴人誦讀之。見《漢書・王褒傳》。

(八三)孌彼諸姬聊同棄日　《詩經・邶風・泉水》：『孌彼諸姬，聊與之謀。』孌，美好貌。棄日，猶言玩日曠時。梁・徐勉爲書戒其子崧曰：『汝當自勗，見賢思齊，不宜忽略以棄日也。』見《南史・徐勉傳》。

(八四)猗與彤管　猗與，歎美之辭。《詩經・周頌・潛》：『猗與漆沮。』彤管，赤管筆也，古女史執以記事規誨者。《詩經・邶風・靜女》：『靜女其孌，貽我彤管。』

(八五)香奩　盛香器也，婦女所用。後世稱語涉及閨閣之詩曰香奩體，唐・韓偓著有《香奩集》，皆脂粉香豔之詩。（以上二段敘編書之宗旨）

【通釋】

高聳入雲的宮殿，是由余所不曾見過的，宮中門戶有成千上萬之多，是張衡在《西京賦》裏所形容過的。還有周穆王爲愛姬所築的重璧之臺，漢武帝想作藏嬌之用的黃金之屋。這些建築物的設備都很豪華精巧，既種植了許多玉樹，用珊瑚作它的枝條，又裝置了許多珠簾，而且用玳瑁作爲鎭壓之具。那裏面住了許多美人。這些美人，有的是五陵豪族的閨秀，經採選入宮，有的是四姓良家的千金，因貌美而馳名後宮。也有潁川、新市、河間、觀津的佳麗，或名嬙娥，或叫巧笑。有的以細腰爲衆人所艷羡，有的以纖手爲衆人所稱美。她們都讀詩明禮，不像東鄰女子主動追求男人。她們都氣質高雅，如同西施受過特殊訓練一般。她們深通樂理，歌聲曼妙，而各種舞步，亦極嫻熟。此外，她們個個聰穎明慧，還能自編各種樂曲，並不因襲古人陳法，依譜塡詞。至於鼓瑟、吹簫，則尤爲擅場，就像經過高手指點過的一樣。

有的像陳皇后聽到漢武帝另有新寵，就憤憤不平。有的像匈奴閼氏看了漢人所獻的美女圖畫，就妒火中燒。有的像東鄰處子、巧笑美人到皇帝換衣休息的地方侍寢。有的像西施美人在華麗的帳子裏玉體橫陳。有時在駁娑宮裏陪伴皇帝遊宴，表演旋轉快速的舞技。有時在鴛鴦殿裏行樂，演唱最新流行的歌曲。有時梳理薄如蟬翼的秀髮，有時照一照最新流行的髮型。或者反插著金鈿，橫別著寶樹。用南方出產的石墨畫出一雙細長而彎曲的眉毛，用北地出產的胭脂塗抹有小酒渦的兩頰。

另外還有一種超凡脫俗的宮女，就像不食人間煙火的仙童寶鳳一樣，也很能博得皇帝的寵愛。她們額上所貼的花黃可以和星星爭光，細長而彎曲的眉毛可以和初月媲美。體態輕盈像受驚的鸞鳳，紅袖裏時常飄散着舶來的名香，動作靈敏像漢宮的飛燕，裙裾上應該繫着才子所贈的玉珮。雖然不是畫中美人，卻和甘泉宮的名畫不相上下，雖然不是瑤臺仙子，卻和巫山神女沒有區別。眞可以說是風華絕代，天下少見的美人啊。

加以才情煥發，思想飄逸，通曉文章，擅長詩賦，琉璃硯匣整天帶在身邊，翡翠筆管沒有一刻離手。所作詩文甚多，並不限於頌花賦酒一類作品而已。平常應景之作，固然寫得情思緜邈，而哀悼死者之文，也能寫得悱惻動人。她們是那樣的美麗，又具有這樣的才情，眞是難能可貴啊。

可是她們長期住在宛轉曲折、陰深高大的後宮，那裏警衛森嚴，安靜無聲。不到夜幕低垂，無須抱衾侍寢，而侍寢照例是五日輪流一次，在其餘的漫長日子裏，誰能寂寞獨居，自理淸曲呢。由於日子過得太安適了，轉覺閒情無所寄託。聽煩了長樂宮稀疏的鐘聲，看厭了宮中緩緩上浮的漏箭。身輕沒力氣，怕學南陽女兒的擣衣，長年在深宮，嘲笑扶風少婦蘇蕙的織錦題詩。雖然可以像玉女玩投壺之戲，但投到一百驍也要興盡，也可以像齊姬作棋局之博，但下到六箸也要疲憊。既然閒暇時候無所消遣，只有用心在新詩的創作上，可以代替萱草、紫蘇，使人忘掉憂愁煩悶。

不過前代的名篇和當今的佳作，都分藏在麒麟閣、鴻都門，若不加以搜集整理而成篇章，則無從閱讀。於是日夜趕工抄寫，選錄艷歌，共成十卷。雖然比不上《詩經》雅頌的莊重高華，卻也沒有溢出詩人溫柔敦厚之旨的範圍。清濁之別，如此而已，

於是裝成卷軸，藏在金箱裏。由書法名家繕寫，字體相當美觀，並採用河北、膠東出產的高級書紙，顏色五采繽紛。特請高樓上的紅粉佳人細心校勘，以免錯誤，再在書裏放些香料，以防蟲蛀。像漢武帝得到西王母的符籙，就把它珍藏在白玉函裏。像教人如何鍊丹成仙的《淮南子》藏在枕頭裏，愛護備至。當宮女們在綉花帳裏唱歌唱累的時候，或是在朱鳥窗中梳妝完畢以後，正好打開這本書仔細閱讀，絕對不會像鄧皇后跟曹大家讀經書那樣的繁難枯燥，也不會像竇皇后愛讀老莊之書，但丹砂鍊黃金之術始終沒有學到那樣。一定要比西蜀劉琰只教侍婢誦讀王延壽作的《魯靈光殿賦》，漢元帝爲太子時只令宮女誦讀王褒作的《洞簫賦》有趣多了。美麗的嬪妃宮女們，今後可以暫且用這本書來消磨時間了。書中的作者眞偉大啊，香奩詩眞華麗啊。

18 哀江南賦序

庾信

粵以戊辰之年。建亥之月㊀。大盜移國。金陵瓦解㊁。余乃竄身荒谷。公私塗炭㊂。華陽奔命。有去無歸㊃。中興道銷。窮於甲戌㊄。三日哭於都亭。三年囚於別館㊅。天道周星。物極不反㊆。傅燮之但悲身世。無處求生㊇。袁安之每念王室。自然流涕㊈。

昔桓君山之志事㊉。杜元凱之平生(十一)。並有著書。咸能自序。潘岳之文采。始述家風。陸機之辭賦。先陳世德(十二)。信年始二毛。卽逢喪亂(十三)。藐是流離(十四)。至於暮齒。燕歌遠別(十五)。悲不自勝。楚老相逢(十六)。泣將何及。畏南山之雨。忽踐秦庭(十七)。讓東海之濱。遂餐周粟(十八)。下亭漂泊(十九)。高橋羈旅(二十)。楚歌非取樂之方(二一)。魯酒無忘憂之用(二二)。追爲此賦。聊以記言。不無危苦之辭。惟以悲哀爲主(二三)。日暮途遠。人間何世(二四)。將軍一去。大樹飄零(二五)。壯士不還。寒風蕭瑟(二六)。

荊璧睨柱。受連城而見欺㉗。載書橫階。捧珠盤而不定㉘。鍾儀君子。入就南冠之囚㉙。季孫行人。留守西河之館㉚。申包胥之頓地。碎之以首㉛。蔡威公之淚盡。加之以血㉜。釣臺移柳。非玉關之可望㉝。華亭鶴唳。豈河橋之可聞㉞。

孫策以天下爲三分。衆纔一旅㉟。項籍用江東之子弟。人惟八千㊱。遂乃分裂山河。宰割天下。豈有百萬義師。一朝卷甲。芟夷斬伐。如草木焉。江淮無涯岸之阻。亭壁無藩籬之固㊲。頭會箕斂者。合從締交㊳。鋤耰棘矜者。因利乘便㊴。將非江表王氣終於三百年乎㊵。是知并吞六合。不免軹道之災㊶。混一車書。無救平陽之禍㊷。

嗚呼。山嶽崩頹。既履危亡之運。春秋迭代。必有去故之悲。天意人事可以悽愴傷心者矣。況復舟楫路窮。星漢非乘槎可上㊸。風飆道阻。蓬萊無可到之期㊹。窮者欲達其言。勞者須歌其事。陸士衡聞而撫掌㊺。是所甘心。張平子見而陋之㊻。固其宜矣。

【題解】

《哀江南賦》者，哀傷梁之淪亡也。梁元帝・承聖三年，庾信出使西魏，不久魏軍南犯，攻陷江陵，戕殺元帝，梁朝淪亡，遂留北不歸。其後周室代魏，極恩禮之。信在長安，雖位望通顯，常動鄉關之思，因作《哀江南賦》以寄其意。宋玉《招魂》有『目極千里傷春心，魂兮歸來哀江南』之句，庾氏命題，蓋卽取意於此。

本篇選自《庾子山集》卷二，爲《哀江南賦》前之序文。庾氏身罹亡國之禍，中心憂苦，實難名狀，故撰寫本文，乃能言哀入痛，墨淚交縈，誠千古之至文也。

【作者】

庾信，字子山，小字蘭成，南陽・新野人，生於梁武帝・天監十二年。父肩吾，仕梁爲散騎常侍中書令。信幼而俊邁，聰明絕倫，博覽羣書，尤善《春秋左氏傳》。年十五，卽入宮侍昭明太子講讀。弱冠，隨父肩吾與東海・徐摛父子並爲東宮抄撰學士，兩家出入禁闥，榮寵極於一時。累遷尚書度支郎。太清三年，侯景陷臺城，信西奔江陵。及元帝卽位，遷散騎常侍，封武康縣侯。承聖三年，出使西魏，值魏軍南犯，陷江陵，戕元帝，信被留於長安。周室代魏，特蒙恩禮，封義城縣侯，拜洛州刺史，爲政清簡，吏民安之。累遷驃騎大將軍，開府儀同三司，世稱庾開府。有陳踐阼，與周通好，南士北遷者，並許還鄉，惟信與王褒爲周武帝所寵，留而不遣，因有鄉關之思，作《哀江南賦》以寄其意。隋文帝・開皇元年卒，年六十九。有《庾子山集》十六卷行世。

子山咀嚼英華，饜飫膏澤，上自天監，下訖開皇，江表名篇，爭相傳誦，咸陽鴻筆，多出其辭。所作雄偉壯麗，頗變舊體，上集六朝之大成，下開百代之宏榘。後此摛文之士，載筆之倫，莫不斟酌其英華，祖式其模範，洵藝苑之師表，鄧林之魁父也。

子山學既淹博，才復蓋世，故凡辭章之屬，幾無體不工，亦無一不精。誠如宇文逌所云：『信降山嶽之靈，緼煙霞之秀，器量侔瑚璉，志性甚松筠。妙善文詞，尤工詩賦，窮緣情之綺靡，盡體物之瀏亮。誅奪安仁之美，碑有伯喈之情，箴似揚雄，書同阮籍。』（《庾開府集序》）爲中國文學史上屈指可數之大作家。

【箋　注】

㈠粵以戊辰之年建亥之月　粵，發語詞，無義。《史記・周本紀》：『粵詹雒伊，毋遠天室。』戊辰之年，梁武帝・太清二年也。建亥之月，十月也。

㈡大盜移國金陵瓦解　大盜，謂侯景也。侯景字萬景，朔方人，有膂力，善騎射。本東魏悍將，後降西魏，旋復降梁，武帝封爲河南王。太清二年舉兵反，十月圍建康，陷臺城，武帝被逼餓死，立簡文帝，復弒之，自立，稱漢帝，王僧辯、陳霸先等討平之。見《梁書》本傳。移國，猶篡位也。金陵，古地名，戰國時楚爲金陵邑，梁時曰建康，卽今南京市。

㈢竄身荒谷公私塗炭　荒谷，古地名，在今湖北・江陵縣東南。太清二年三月臺城陷，信奔江陵。塗炭，言人民生活困苦，如在泥塗炭火之中也。《尚書・仲虺之誥》：『有夏昏德，民墜塗炭。』二句言己奔江陵後，公室私門俱遭其摧毀也。

㊃華陽奔命有去無歸　梁元帝・承聖三年四月，信以散騎常侍自江陵出使西魏，目的在交鄰國，商邊界。是年十一月，魏遣于謹襲江陵，元帝見害，信遂留北不歸。華陽，地名，即今陝西・雒南縣，信至長安所必經之地。

㊄中興道銷窮於甲戌　魏陷江陵，元帝殉國，是年歲在甲戌。案侯景既陷臺城，簡文帝被弒，元帝承制江陵，剷平侯景之亂，既雪仇恥，且應天人，啓中興之業，江陵之陷，是中興道銷，窮於甲戌之年也。

㊅三日哭於都亭三年囚於別館　都亭，都城外之驛亭，爲公衆集會之處。《晉書・羅憲傳》：『魏之伐蜀，憲守永安城。及成都敗，知劉禪降，乃率所部臨於都亭三日。』羅憲，蜀漢故將。臨，哭也。別館，安置別國人之賓館，通稱客館。二句言江陵之陷，己時奉使長安，爲魏所執，遂臨國亡矣。

㊆天道周星物極不反　天道，指天象占驗言。周星，歲星也，歲星十二年一周天，故亦有謂十二年曰周星者。極，窮也，物極則必反，元帝江陵敗後，竟不能復興，故曰不反。

㊇傅燮　東漢・靈州人，字南容，幼從太尉劉寬遊，尋舉孝廉。屬天下喪亂，燮以護軍司馬討黃巾賊，忤宦者意，故功多不賞。出爲漢陽太守，金城賊王國、韓遂等舉兵圍漢陽，城中兵少糧盡，燮猶固守。子幹，年十三，從容勸其棄郡歸鄉里，招募豪傑，就有道而事之，以匡天下。

言未終，燮慨然而歎，呼幹小字曰：『別成，汝知吾必死耶，蓋「聖達節，次守節」，世亂不能養浩然之志，食祿又欲避其難乎。吾行何之，必死於此。』幹哽咽不能復言，左右皆泣下。遂麾左右進兵，臨陣戰歿。謚曰壯節侯。見《後漢書》本傳。

⑨袁安　東漢·汝南人，字邵公，爲人嚴重有威。未達時，洛陽大雪，人多出乞食，安獨僵臥不起。後拜楚郡太守，累遷太僕，擢司徒。和帝時，竇憲專權，安守正不阿，無稍或憚，每朝會進見及與公卿言國家大事，輒嗚咽流涕。見《後漢書》本傳。案作者以傅燮、袁安自況，言歲星運行，猶有旋歸之日，物類窮極，亦有剝復之機，獨元帝江陵敗後，竟長淪黑暗之深淵，孽子孤臣綣懷往事，但有身世王室之悲而已。（此段敘作賦之由）

⑩桓君山　卽桓譚。譚字君山，東漢·相人，雅好音樂，遍習五經，善屬文辭。光武時拜給事中，帝欲以讖書決疑，譚力言其不經。帝怒，出爲六安郡守，伊鬱以終。著有《新論》二十九篇。見《後漢書》本傳。

⑪杜元凱　卽杜預。預字元凱，晉·杜陵人。武帝·太始中爲河南尹，拜度支尚書，以平吳功封當陽縣侯。博學多通，朝野號爲杜武庫。身不能武而善用兵，功成之後，耽思經籍，酷嗜《左傳》，自謂有《左》癖。嘗著《春秋經傳集解》，成一家言，卷首有《自序》。見《晉書》本傳。

⑫潘岳陸機　均爲西晉文學家。潘岳有《家風詩》，述其一家累世之習慣行爲。陸機有《祖德》、《述先》二賦，亦縷述其先德之功業。

⑬二毛　謂半老之人也，人屆中年，鬢髮逐漸斑白而有二色，故曰二毛。《禮記·檀弓》：『不

殺厲，不獲二毛。』案子山逢亂之歲，時年三十有六。

⑭藐是　藐，通邈，遠也。《楚辭・九章・悲回風》：『藐蔓蔓之不可量兮。』王逸注：『藐，一作邈。』一說：藐訓弱小，亦通。《文選》潘岳《寡婦賦序》：『少喪父母，適人而所天又殞，孤女藐焉始孩。』是，句中語助詞，無義。案藐是一本作狼狽。

⑮燕歌　梁・王褒曾有《燕歌》之作，妙盡塞北苦寒之言，元帝及諸文士和之，而競爲悽切。及江陵爲魏師所破，元帝出降，方驗焉。見《周書・王褒傳》。案是歌疑爲送子山北使而作，《子山集》中亦有之。

⑯楚老相逢　西漢末年，彭城人龔勝夙勵名節，初仕哀帝爲光祿大夫。及王莽專政，遂歸隱鄉里。莽篡位後，遣使徵之出。勝曰：『吾受漢家厚恩，豈以一身事二主哉。』語畢，絕食而死。楚地父老弔之，哭甚哀。見《漢書・龔勝傳》。案子山本國江陵，世居楚地，言江陵，引楚事，多以自喻。今爲魏、周所逼，何異王莽之逼龔勝，引此故實，所以自慚身事二姓也。

⑰畏南山之雨忽踐秦庭　劉向《列女傳》：『陶答子妻曰：「妾聞南山有玄豹，霧雨七日而不下食者何也，欲以澤其毛而成文章，故藏而遠害。」』春秋時，吳伐楚入郢，楚大夫申包胥入秦乞師，依庭牆而哭，七日七夜不絕聲，涓滴不入口，秦哀公感其誠，爲賦《無衣》三章，包胥九頓首而坐，秦乃出兵救之。見《左傳》定公四年。此二句蓋作者自謂不敢效玄豹之惜毛澤，臨危使魏，亦猶申包胥之哭秦庭，欲以存楚也。　案元帝都江陵，本楚地，西魏都長安，本秦地，故曰秦庭。

㉘讓東海之濱遂餐周粟　商朝時，東海之濱有孤竹國，孤竹君死，王子伯夷、叔齊相讓，逃於首陽山。周武王有天下，恥不食周粟，遂餓死焉。見《史記・伯夷傳》。子山於此引前人典故，蓋反其意而用之，言己初仕魏，洎魏禪位於周，己身又仕之，不能如夷、齊之餓死首陽山，而竟餐周粟，自愧無節義也。

㉙下亭　路旁供旅客寄宿之小亭。《後漢書・獨行傳》：『孔嵩之京師，道宿下亭，盜共竊其馬。』此句極言漂泊之苦。

㉚高橋　一本作皐橋，在今江蘇・吳縣・閶門外，東漢・梁鴻曾依皐伯通居於此。言己作客關中，寄人籬下。

㉛楚歌　楚人之歌也，此處指故鄉之歌。《漢書・張良傳》：『戚夫人泣涕。上曰：「為我楚舞，吾為若楚歌。」歌曰：「鴻鵠高飛，一舉千里。羽翼已就，橫絕四海。橫絕四海，又可奈何。雖有矰繳，尚安所施。」歌數闋，戚夫人歔欷流涕。』又項羽困於垓下，夜聞四面楚歌，亦指此。

㉜魯酒　《莊子・胠篋篇》：『魯酒薄而邯鄲危。』陸德明釋文引許慎《淮南子》注：『楚會諸侯，魯、趙俱獻酒於楚王，魯酒薄而趙酒厚。楚之主酒吏求酒於趙，趙不與。吏怒，乃以趙厚酒易魯薄酒，奏之，楚王以趙酒薄，故圍邯鄲也。』後因以魯酒稱薄酒，此處指異國之酒。

㉝追為此賦至悲哀為主　案《哀江南賦》記梁朝興亡治亂之跡，及子山身世飄零播遷之苦，古中國有詩史（如《詩經》及杜甫之詩皆是），古希臘有史詩（Epic Poetry，如荷馬 Homeros 之《易利亞德》Iliab與《奧德賽》Odyssey皆是。），此則可謂賦史矣。（此段言己遭逢國難，不能無言愁之作。）

㉔日暮途遠人間何世　《史記・伍子胥傳》：『子胥謝申包胥曰：「吾日暮途遠，吾故倒行而逆施之。」』後人每以日暮途遠爲力竭計窮之喻。人間何世者，傷世間之多故也。《莊子》有《人間世》篇，大意言人與人相代謝，斯世與世相遞嬗，處人間之宜，居亂世之理，惟無心而不自用者，爲能隨變所適而自全也。此二句言己老矣，無復能有所作爲也。

㉕將軍一去大樹飄零　東漢・馮異，字公孫，父城人，事光武拜偏將軍，平赤眉，擊匈奴，以功封陽夏侯。性謙退，每所止舍，諸將常並坐論功，異獨屏立樹下，軍中號爲大樹將軍。見《後漢書》本傳。言侯景寇建康時，己奉命率宮中文武千餘人，營於朱雀航，以拒侯景，及兵敗，其地遂陷，是飄零之義也。

㉖壯士不還寒風蕭瑟　荊軻《易水歌》：『風蕭蕭兮易水寒，壯士一去兮不復還。』言己出使西魏，如荊卿之不歸也。

㉗荊璧睨柱受連城而見欺　戰國時，趙惠文王得楚和氏璧，秦昭王聞之，使人遺趙王書，願以十五城易璧。趙王因使藺相如奉璧入秦。秦王坐章臺見相如，相如奉璧奏上，見秦王無意償趙城，乃前曰：『璧有瑕，請指示王。』王授璧，相如持璧倚柱，怒髮上衝冠。曰：『觀大王無意償趙城邑，故臣復取璧，大王必欲急臣，臣頭今與璧俱碎於柱矣。』因持璧睨柱，作欲擊狀。秦王恐破璧，乃謝相如。見《史記・藺相如傳》。言己聘於西魏，爲魏所欺也。

㉘載書橫階捧珠盤而不定　載書，盟書也，古之盟者書其辭於策，殺牲取血，坎其牲，加書於上而埋之，謂之載書。（據鄭玄《周禮・秋官》司盟注）珠盤，珠飾之盤，用以盛牛耳，盟時用之。周顯

王五十八年，秦侵趙，趙・平原君奉使求救合縱於楚，約門下食客與偕，毛遂自薦願往，於是竟行。既至楚，平原君與楚王言合縱之利，日出到日中不決，毛遂按劍捧盤，歷階而上劫楚王，說以利害。楚王遂許合縱之約，並遣春申君救趙。平原君曰：『毛先生以三寸之舌，強於百萬之師。』見《史記・平原君傳》。言己不能如毛遂脅楚王訂約以救國也。

㉙鍾儀君子入就南冠之囚　鍾儀，春秋・楚人，嘗爲鄭所獲，以獻於晉。晉景公見而問曰：『南冠而縶者誰也。』曰：『楚囚也。』與之琴，操南音。范文子曰：『楚囚，君子也，樂操土風，不忘舊也。』遂禮而歸之，使返求成。見《左傳》成公七年、九年。言己本楚人，今來秦地，若南冠之囚矣。

㉚季孫行人留守西河之館　季，謂季平子也，春秋・魯人。行人，官名，《周禮》秋官之屬，有大行人、小行人，掌朝覲聘問之事，猶今之外交官也。《左傳》昭公十三年：『晉人執魯・季孫。韓宣子使史魚見季孫曰：「鮒也聞諸吏，將爲子除館於西河。」』西河，古地名，有今陝西・華陰縣一帶，地在黃河之西，故名。言己出使被留長安，如季平子之被留於晉・西河之館。

㉛申包胥之頓地碎之以首　已見前注。言己欲效申包胥之哭秦庭而不可得也。

㉜蔡威公之淚盡加之以血　劉向《說苑・權謀篇》：『蔡威公閉門而泣，三日三夜，泣盡而繼之以血，旁鄰問何故。對曰：「吾國且亡」。』言己使魏之後，江陵遭兵革之患，無處求救也。

㉝釣臺移柳非玉關之可望　釣臺，在今湖北・武昌縣西北江濱，晉名將陶侃鎮武昌時練兵於此，平日輒令士兵廣植柳樹。見《晉書・陶侃傳》。玉關，即玉門關，在今甘肅・敦煌縣西，陽

關在其東南，兩關並爲古時通西域之要道。東漢・班超久居西域不得歸，嘗謂『但願生入玉門關』。案作者爲文，言一事每以兩故實出之，此其一例。子山嘗爲郢州別駕，以論水戰事爲梁武帝所激賞，故以陶侃自比。及出國使魏不返，又以班超自況。言班超久鎮西域，雖年邁終償其『生入玉門關』之願，而已乃羈紲長安，悒悒不歸，蓋有不勝其玉關之情者。

㉔華亭鶴唳豈河橋之可聞　華亭，古地名，在今江蘇・松江縣之平原村，晉・陸機世居於此。及機兵敗於河橋（在河南・孟縣南），爲盧志所譖，被害。臨刑歎曰：『願聞華亭鶴唳，可復得乎。』見《晉書・陸機傳》。此借用陸機故事，言不能重返故鄉也。（此段言己奉使被留不遣）

㉕孫策以天下爲三分衆纔一旅　孫策，字伯符，東漢・吳郡・富春人。幼從父堅經略四方，父戰死後，整軍渡江，所向皆破。旋自領會稽太守，曹操表策爲討逆將軍，封吳侯，遂定江東，奠定後來東吳建國之基業。及弟權卽位，追謚爲長沙桓王。見《三國志・吳書》本傳。一旅，五百人也。《左傳》哀公元年：『夏・少康有田一成，有衆一旅。』案《三國志・吳書・陸遜傳》：『遜上疏陳時事曰：「昔桓王創基，兵不一旅，而開大業。」』

㉖項籍　秦・下相人，字羽，少有奇才。秦二世時，率江東子弟八千人渡江而西，大破秦兵於鉅鹿，威震天下。旋攻入咸陽，自稱西楚霸王，後與劉邦爭天下，卒爲所敗。見《史記》本紀。

㉗豈有百萬義師至藩籬之固　侯景寇建康時，王僧辯等勤王之師屯駐京師外圍，號稱百萬，皆敗走。芟夷，謂殺人如去草也。按《侯景傳》云：『侯景戒諸將曰：「破柵平城，當淨殺之，令天下知我威名。」故諸將戰勝，專以焚劫爲事。』此言孫策以一旅之衆，項籍用八千之人，

遂成吳、楚霸業。而梁朝擁有百萬之師，竟無所用，臺城陷於前，江陵敗於後，此子山所以兩痛之也。

㊳頭會箕斂者合從締交　頭會箕斂，謂賦稅繁苛也。頭會，按民之頭數以取稅。箕斂，以箕收取所稅之穀。《漢書・陳餘傳》：『頭會箕斂，以供軍費，財匱力盡。』合從締交本賈誼《過秦論》語。此言撫民課稅之文吏，匪惟苛待百姓，抑亦坐觀國家之敗亡也。

㊴鋤耰棘矜者因利乘便　皆賈誼《過秦論》語。鋤，即鋤頭。耰，鋤之柄也。棘，戟也。矜，戟之把也。此言平民用田器爲軍器，羣起謀反也。案以上四句蓋隱指陳霸先以布衣起兵，卒代梁而有天下。

㊵江表王氣終於三百年　序梁亡，因言江表王氣之盡也。江表，謂長江之外，即江南也。秦時望氣者曰：『東望，有天子氣。』其後吳大帝・孫權都建業，歷東晉、宋、齊，以迄梁敬帝・太平二年，共二百九十二年。言三百者，舉其成數也。

㊶并吞六合不免軹道之災　六合，天地四方也。《莊子・齊物論》：『六合之外，聖人存而不論。』軹道，古地名，在今陝西・咸陽縣東北，秦二世三年，子嬰降劉邦於此。言秦并吞六國，統一天下，終不免於傾覆也。

㊷混一車書無救平陽之禍　春秋、戰國時代，文字異形，車涂異軌，至秦始皇有天下，乃告畫一，是混一車書者，所以喻天下之一統也。《中庸》：『車同軌，書同文。』平陽，古地名，在今山西・臨汾縣，晉・懷、愍二帝先後殉國於此。此言晉混一宇內，亦難逃敗亡之數。以上四

句言臺城之禍，擬於平陽，江陵出降，符於軹道也。（此段痛述梁亡）

㊸星漢非乘槎可上　星漢，天河也。舊說天河與海相通，漢朝時有人居海濱者，年年八月有浮槎（水中浮木曰槎）去來不失期。有好奇者聞而嚮往，於是齎糧乘槎浮海而去，初猶見日月星辰，後茫茫不覺晝夜，奄至一處，有城郭如州府，遙望宮中多織婦，又見一丈夫牽牛飲於渚。見此人乃驚問曰：『何由至此』。此人具說來意，並問此是何處。答曰：『君還至蜀郡訪嚴君平便知』。此人歸後，至蜀問嚴君平彼爲何地。君平曰：『某年月日有客星犯牽牛宿』。計年月正是此人到天河時也，蓋其人所到處爲星漢中焉。見張華《博物志》。按《荆楚歲時記》引此，謂此人卽張騫。李商隱《海客詩》：『海客乘槎上紫氛，星娥罷織一相聞。』

㊹蓬萊無可到期之期　相傳渤海之東有五座仙山，一曰岱輿，二曰員嶠，三曰方壺，四曰瀛洲，五曰蓬萊。仙人麻姑、呂洞賓等常雲遊於此。五山之根，無所連綴，每隨潮波而上下，秦始皇、漢武帝先後使人求之，終莫能至云。見《列子・湯問篇》及《漢書・郊祀志》。案路窮、道阻，並喻己之道窮，無可奈何也，故下云『達言歌事』矣。

㊺陸士衡聞而撫掌　晉・陸機字士衡，本三國・吳・吳郡・吳人，吳國滅亡後，於武帝・太康年間入洛陽，擬作《三都賦》，聞左思作之，撫掌大笑。與弟士龍書曰：『此間有傖父欲作《三都賦》，須其成以覆酒甕耳。』及左思賦出，遂輟筆焉。見《晉書》本傳。

㊻張平子見而陋之　東漢・張衡，字平子，西鄂人，才華卓茂，博覽多通。見班固作《兩都賦》，薄而陋之，乃作《二京賦》，構思十年始成，傳誦士林。見《藝文類聚》。（此段言己不得東歸而作賦）

【通　釋】

梁武帝・太淸二年十月，大盜侯景篡奪國家，京城淪陷。於是我便逃到荒谷，全國上下都遭受劫難。元帝・承聖三年四月我奉命出使西魏，從江陵啓程，途經華陽，抵達長安，目的是在結交鄰國，討論邊界問題。不料是年十一月西魏兵攻破江陵，殺害元帝，梁室中興的希望終告破滅。凶訊傳來，我便跑到城外的驛亭遙哭三天，接著就被長期軟禁在賓館裏。按理說，天道像歲星一樣，十二年轉一週，事物發展到極限時，也往往會走向反面，可是梁朝的復興卻一直沒有轉機。這時候，我正像傅燮的悲傷身世，沒有地方生存，又像袁安的憂思國事，眼淚潸然而下。

從前桓譚著《新論》，杜預著《春秋經傳集解》，書前都有『自序』。潘岳第一個作《家風詩》，陳述其家族的傳統風尚。陸機第一個作《祖德賦》及《述先賦》，頌揚其祖先的德業功勳。當我三十六歲的時候，就遇到國家發生大動亂，流落異邦，直到晚年。一想起當年所吟唱的別歌，就十分悲傷，遇見故鄉的父老，就立刻哭起來了。本想獨善其身，避禍遠害，不料卻奉命出使長安，本想效法伯夷、叔齊的高蹈不仕，不料卻擔任北周的官職。回憶前半生的流離飄蕩，想想後半生的淪落異邦，內心就有極複雜的感受。因此聽到故鄉的歌謠，並不覺得快樂，喝下外國的薄酒，也不能解除憂煩。於是寫下這篇追憶江南舊事的俳賦，其遣詞用字自然比一般作品要來得悲哀愁苦。

我現在年歲已高，沒有什麼作爲了，這是一個什麼世界呢。想當年我一離開京城，京城就落入寇盜之手。後來出使西魏，與荊軻有同樣的壯志豪情。但很不幸的竟被西魏所欺騙，因此未能完成使命。只恨自己當時猶豫不決，而又沒有勇氣脅迫魏王訂下盟約以救國。結果卻被長期扣留在長安，和俘虜一樣。我雖然想效法申包胥的哭秦庭求救兵，可惜未能如願，只有像蔡威公那樣血淚和流而已。如今故國的景物再也無法望見了，故鄉的聲音再也無法聽見了。

從前孫策初起兵時不過幾百人，後來居然和魏、蜀形成三國鼎峙的局面，據有東吳。項羽初起兵時也只有八千個江東子弟，後來居然宰割天下，歷時五年。從來就沒有一個專制王朝會像梁朝那樣窩囊，擁有上百萬的正規軍，旬月之間就完全崩潰，任憑敵人大肆屠殺。長江、淮河沒有一點阻擋功能，城牆碉堡也沒有一點抵禦作用。結果讓陳霸先那一幫人利用起兵討侯景的名義，號召平民，糾集實力，爲自己製造機會。自古以來民間有一種謠傳說，在江南建立王朝，只有三百年的氣運，難道這是定數難逃嗎。秦始皇儘管有統一天下的野心，還是免不了淪亡，晉武帝儘管有吞滅三國的雄圖，還是免不了覆滅。由此可見任何一個專制王朝總有結束的一天。

唉，一個專制王朝的興廢存亡原無定準，無奈自己生逢其時，譬如春去秋來，迎新送舊，不能沒有回想當年的感慨。況且飄淪異國，身不由己，交通既不便利，路途又險阻重重，此生返回故鄉的願望恐怕永難實現。一個窮愁潦倒的人總喜歡向人傾訴衷情，一個疲勞困頓的人總喜歡高歌一曲以舒暢身心。基於這種心理，我便撰寫這篇《哀江南賦》來排解憂鬱。至於世人的評論如何，是撫掌大笑呢，還是一臉不屑呢，那就不是我所能計及的了。

19 小園賦

庾信

若夫一枝之上㈠。巢父得安巢之所㈡。一壺之中。壺公有容身之地㈢。況乎管寧藜牀。雖穿而可坐㈣。嵇康鍛竈㈤。既煖而堪眠。豈必連闥洞房。南陽樊重之第㈥。綠墀青瑣。西漢王根之宅㈦。余有數畝敝廬。寂寞人外。聊以擬伏臘㈧。聊以避風霜。雖復晏嬰近市。不求朝夕之利㈨。潘岳面城。且適閒居之樂㈩。況乃黃鶴戒露。非有意於輪軒(十一)。爰居避風。本無情於鐘鼓(十二)。陸機則兄弟同居(十三)。韓康則舅甥不別(十四)。蝸角蚊睫(十五)。又足相容者也。

爾乃窟室徘徊。聊同鑿坏(十六)。桐間露落。柳下風來。琴號珠柱。書名玉杯(十七)。有棠梨而無館。足酸棗而非臺(十八)。獨得欹側八九丈(十九)。縱橫數十步。榆柳兩三行。梨桃百餘樹。撥蒙密兮見窗(二十)。行欹斜兮得路。蟬有翳兮不驚(二一)。雉無羅兮何懼(二二)。

草樹混淆。枝格相交㉓。山爲簣覆。地有堂坳㉔。藏貍並窟。乳鵲重巢㉕。連珠細茵㉖。長柄寒匏㉗。可以療飢。可以棲遲㉘。攲區兮狹室㉙。穿漏兮茅茨㉚。簷直倚而妨帽。戶平行而礙眉㉛。坐帳無鶴㉜。支牀有龜㉝。鳥多閑暇。花隨四時。心則歷陵枯木。髮則睢陽亂絲㉞。非夏日而可畏。異秋天而可悲㉟。一寸二寸之魚。三竿兩竿之竹。雲氣蔭於叢蓍。金精養於秋菊㊱。棗酸梨酢。桃榹李薁㊲。落葉半牀。狂花滿屋㊳。名爲野人之家。是謂愚公之谷㊴。

試偃息於茂林。迺久羨於抽簪㊵。雖有門而長閉。實無水而恆沈㊶。三春負鋤相識㊷。五月披裘見尋㊸。問葛洪之藥性。訪京房之卜林㊹。草無忘憂之意。花無長樂之心㊺。鳥何事而逐酒。魚何情而聽琴㊻。加以寒暑異令。乖違德性㊼。崔駰以不樂損年㊽。吳質以長愁養病㊾。鎮宅神以薶石㊿。厭山精而照鏡(51)。屢動莊舄之吟(52)。幾行魏顆之命(53)。薄晚閒閨。老幼相攜(54)。蓬頭王霸之子(55)。椎髻梁鴻之妻(56)。焦麥兩甕。寒菜一畦(57)。風騷騷而樹急(58)。天慘慘而雲低(59)。聚空倉而雀噪(60)。驚懶婦而蟬嘶(61)。

昔草濫於吹噓(六二)。藉文言之慶餘(六三)。門有通德。家承賜書(六四)。或陪玄武之觀。時參鳳凰之墟(六五)。觀受釐於宣室。賦長楊於直廬(六六)。遂乃山崩川竭。冰碎瓦裂。大盜潛移。長離永滅(六七)。摧直轡於三危。碎平途於九折(六八)。荊軻有寒水之悲。蘇武有秋風之別(六九)。關山則風月悽愴。隴水則肝腸斷絕(七〇)。龜言此地之寒(七一)。鶴訝今年之雪(七二)。

百齡兮倏忽。光華兮已晚(七三)。不雪雁門之踦(七四)。先念鴻陸之遠(七五)。非淮海兮可變。非金丹兮能轉(七六)。不暴骨於龍門。終低頭於馬坂(七七)。諒天造兮昧昧。嗟生民兮渾渾(七八)。

【題解】

本篇選自《庾子山集》卷一，亦爲庾氏傳誦千古之有數瑋篇。庾氏本爲南朝·梁人，後因奉使西魏，被西魏所強留，雖高官厚爵，未足愜其心意，而楚水吳山，亦何能一日忘情，因借小園景物，抒寫一己眷念鄉關之情懷。倪璠曰：『《小園賦》者，傷其屈體魏、周，願爲隱居而不可得也。

其文既異潘岳之《閒居》，亦非仲長之《樂志》，以鄉關之思，發爲哀怨之辭者也。』（《庾子山集注》）

此賦章法，前半從小園落想，後半興思鄉關，看是寫景賦物，恰語語是自悲身世，雙管齊下，感慨淋漓。而風骨遒健，吐屬高華，尤非專尙浮藻者所能望其項背也。許槤評曰：『駢語至蘭成，所謂采不滯骨，雋而彌絜，餘子只蠅鳴蚓竅耳。乃唐・令狐德棻等撰信本傳，詆爲淫放輕險，詞賦罪人。何愚不自量至此。詩家如少陵且極推重，況模範是出者，安得不俯首邪。』（《六朝文絜》）

【箋注】

㈠若夫　發語詞，無義，辭賦發端時常用之。

㈡巢父　唐堯時高士。山居不出，年老以樹爲巢，而寢其上，故號巢父。堯以天下讓之，不受。堯又讓許由，由以告。巢父曰：『汝何不隱汝形，藏汝光，若非吾友也。』見皇甫謐《高士傳》。

㈢壺公　漢時仙人。常懸一壺於肆，及市罷，輒跳入壺中，人莫能見，惟費長房於樓上見之，知非凡人。見《後漢書・費長房傳》及葛洪《神仙傳》。案本篇開首四句，意在說明一枝一壺之微，猶足以坐臥遊息，以己本長安羈旅之人，結廬容身而已，不必有高堂華廈也。

㈣管寧藜牀雖穿而可坐　管寧，字幼安，三國・魏・朱虛人。篤志勵學，耿介不羣。黃巾亂作，避居遼東，亂平還郡，朝廷屢徵不就。平居常坐一木榻，積五十年未嘗箕踞，榻上當膝處皆穿。見《三國志・魏書》本傳及皇甫謐《高士傳》。藜牀，以藜莖所爲之木榻，至爲簡陋。〔箕踞是兩足向前，以手據膝，狀如畚箕，爲傲慢不敬之坐法。古人正常坐法是跪其兩膝，臀部坐於足上，即今日東洋人之跪坐法也。管寧秉性恭謹，從不箕坐，故其木榻用過五十年，當膝處皆穿。

㊄嵇康鍛竈　嵇康，字叔夜，三國・魏・譙郡人，爲竹林七賢之一。性好鍛，宅中有一柳樹，每夏夜居其下以鍛。見《晉書》本傳。鍛竈，鍛鐵之爐也。

㊅連闥洞房南陽樊重之第　樊重，字君雲，東漢・南陽人。以經商致富，所居廬舍皆有重堂高閣，陂池灌注。見《後漢書・樊宏傳》。（宏，重之子也。）闥，室中小門也。連闥，謂門闥相屬連也。洞，通也。連闥洞房，謂門戶房屋相通相連也，形容居處之豪奢。

㊆綠墀青瑣西漢王根之宅　王根，字穉卿，西漢・元城人，元帝・王皇后庶弟，官至驃騎將軍，封曲陽侯。《漢書・元后傳》稱其『驕奢僭上，赤墀青瑣。』墀，階上之地也。瑣，俗謂『窗格子』。用紅色塗漆階上之地謂之赤墀，用青色塗漆窗格子謂之青瑣，本帝王體制，臣下私宅不應有此裝飾。按『赤墀』庾文作『綠墀』，與《漢書》異。

㊇聊以擬伏臘　《漢書・楊惲傳》：『田家作苦，歲時伏臘。』伏臘，兩祭名，即夏伏冬臘也。以伏日在六月，臘日在十二月，故此處引伸爲『寒暑』之意。擬，猶度也。此句大意謂聊以度光陰也。

㊈晏嬰近市不求朝夕之利　晏嬰，字平仲，春秋時齊國賢相，以節儉力行顯於世。初，齊景公見晏子所居逼近於市，湫隘煩囂，欲更易其宅。晏子辭曰：『君之先臣容焉，臣不足以嗣之，於臣侈矣。且小人近市，朝夕得所求，小人之利也。』見《左傳》昭公三年。此言所居房宅雖如

晏嬰之近市，但不求早晚之利。

⑩潘岳面城且適閒居之樂　潘岳，字安仁，晉・中牟人。其所作《閒居賦》云：『於是退而閒居，於洛之涘。身齊逸民，名綴下士。背京泝伊，面郊後市。』伊、洛二水並在洛陽城南數里，故安仁所居面臨洛陽城。

⑪黃鶴戒露非有意於輪軒　相傳鶴性機警，至八月白露降，滴草葉有聲，便高鳴以相警戒，徙居其所宿處，以防意外。見陸佃《埤雅》。春秋時衞懿公好鶴，鶴有乘軒者。見《左傳》閔公二年。按黃鶴形貌瀟灑，不受拘束，放見白露降卽高鳴相警，決不願意乘着輪軒，受人豢養。子山隱以黃鶴自況，言已官居北朝，實出自強迫，非其本意也。

⑫爰居避風本無情於鐘鼓　爰居，海鳥名。春秋時，爰居嘗以避風災止於魯國東門之外，臧文仲使國人祭之。展禽曰：『今玆海其有災乎，夫廣川之鳥，皆知避其災。』是歲，海洋上果起風災。見《國語・魯語》。鐘鼓，皆古祭祀時所用樂器。此言爰居之來，原爲避海風，初非有意受人祭祀也。寓意與上兩句同。

⑬陸機則兄弟同居　陸機，字士衡，晉・吳郡人。太康末年，偕弟雲入洛陽，司徒蔡謨嘗見其兄弟二人同住參佐廨中三間瓦屋，機住西頭，雲住東頭。見《世說新語・賞譽篇》。

⑭韓康則舅甥不別　韓康，卽韓康伯。康伯名伯，晉・潁川・長社人，爲名將殷浩之甥，浩素賞愛之。會浩因事被流放，伯隨至徙所，經歲還都，浩送至渚側。口吟曹顏遠詩云：『富貴他人合，貧賤親戚離。』因相與欷歔。見《晉書・殷浩傳》。案子山本南人，流寓長安，眷懷故國，

乃引陸機、韓伯二人在羈旅時之情況以自比。

(一五)蝸角蚊睫 《莊子・則陽篇》：『有國於蝸之左角者曰觸氏，有國於蝸之右角者曰蠻氏，相與爭地而戰，伏尸數萬。』蝸，蝸牛也。《晏子春秋・外篇》：『東海有蟲，巢於蚊睫，飛乳去來，而蚊不爲驚。』睫，目旁毛也。蝸角蚊睫，皆極言其小。（此段賦園之陋小）

(一六)爾乃窟室徘徊聊同鑿坏 爾乃，發語詞，辭賦更端時常用之。《左傳》襄公三十年：『鄭伯有嗜酒，爲窟室，而夜飲酒擊鐘焉。』窟室，掘地爲室也，今黃土高原一帶多有之，俗謂窰洞。坏，屋後牆也。鑿坏，指隱逸者。《淮南子・齊俗訓》：『顏闔，魯君欲相見而不肯，使人以幣先焉，鑿坏而遁。』言己縱酒昏酣，無意仕途，原是鑿坏而遁之一流人物也。

(一七)琴號珠柱書名玉杯 珠柱，琴名。鼓琴者於絃設柱，柱以珠飾之，故云珠柱。《文選》江淹《別賦》：『掩金觴而誰御，横玉柱而霑軾。』《玉杯》，書名。漢・董仲舒說《春秋》，所著書有《玉杯》、《繁露》、《清明》、《竹林》之類。見《漢書》本傳。

(一八)有棠梨而無館足酸棗而非臺 棠梨，落葉喬木，亦名白棠，似梨而小，所結果實極爲甜美。酸棗，落葉喬木，似棗而小，實圓，熟時色赤，味酸可食。案漢・甘泉宮有棠梨館。河南有酸棗縣，相傳其地有韓王望氣臺。此處一詞包含兩層意思，棠梨既爲植物名，又爲漢宮館名。酸棗亦然。此卽修辭學上所謂雙關句法是也。其意蓋謂園中但有梨棗而無臺館。

(一九)攲側 不整齊貌。

(二〇)蒙密 叢雜也。此指樹木枝葉。

㉒蟬有翳兮不驚　蟬，昆蟲名，體長頭短，夏秋間在林中吸食樹汁，生命不過二三星期。翳，蔽也。此言蟬鳴高樹上，有樹蔭翳蔽，使其目標不顯，故不受驚擾也。

㉓雉無羅兮何懼　雉，俗謂野雞，常棲平原草叢中。食穀物及蟲類，善走，不能久飛。羅，網也。言野雞覓取食物，無人暗佈羅網，故毫無恐懼之感也。

㉔草樹混淆枝格相交　淆混，雜亂也。枝格，樹木之枝條也，長者曰格。言園中草樹聽其自然生長，不加修剪也。

㉔山爲簣覆地有堂坳　《論語・子罕篇》：『譬如爲山，未成一簣，止，吾止也。譬如平地，雖覆一簣，進，吾往也。』簣，盛土竹器。山爲簣覆，謂覆一簣土以爲山，極言其小也。《莊子・逍遙遊》：『覆杯水於坳堂之上，則芥爲之舟，置杯焉，則膠，水淺而舟大也。』堂坳，謂低窪可容小水之處也。堂，通塘。二句言園基極小，任其自然而成山水。

㉕藏貍並窟乳鵲重巢　貍，哺乳動物，形似狐而小，且肥，俗謂野猫，多產於亞洲，性狡猾，穴居近村之山野，常夜出掠食家畜，因其善於躲藏，故稱『藏貍』。鵲，形似烏鴉而尾特長，俗謂小喜鵲，言乳鵲者，狀其小也。此言園中樹小，不能多棲鳥獸，獸則窟相並，鳥則巢相疊也。

㉖連珠細茵　言細草連貫如珠，如鋪着茵席一般也。一說：言其草實可食，歷歷如貫珠也。

㉗長柄寒匏　匏，一名壺蘆，蔬類植物，屬葫蘆科，果實可供食用，皮可乾之作容器，《論語》所謂『匏瓜』者是也。以其霜後方可摘取，故云寒匏。晉・太康末年，陸機偕弟俱入洛陽，因向張華、劉道眞等作禮貌上之拜訪，時道眞尙在哀制中，性嗜酒，禮畢，初無他言，唯問『東吳

有長柄壺蘆，卿得種來否。』陸機兄弟極爲失望，乃悔往。見《世說新語・簡傲篇》。

㉘可以療饑可以棲遲　言己在小園，並鳥獸以棲遲，有果實以療饑，雅不欲更求富貴利達也。

㉙攲區　與崎嶇同，歪斜之貌。

㉚穿漏兮茅茨　穿漏，謂屋穿而漏雨也。《齊書・王延之傳》：『延之清貧，居於穿漏，明帝敕材官爲起三間齋。』茅茨，以茅草蓋屋也。

㉛簷直倚而妨帽戶平行而礙眉　言直立時，屋簷壓着帽子，平身出入時，門屏擦着眉毛。狀其園小而處所亦極狹陋也。

㉜坐帳無鶴　三國介象，字元則，會稽人。吳王徵至武昌，甚優禮之，稱爲介君，詔令立宅供帳，遺黃金千鎰，從象學隱形之術。後告言病，帝以美梨一奩賜象，象食之，須臾便死，帝埋葬之。以日中死，申時已達建業，所賜梨付苑吏種之。吏後以表聞，先主卽發棺視之，惟一符耳。帝思之，爲立廟，時時親往祭之，常有白鶴來集座上，遲迴復去。見葛洪《神仙傳》。言已棲遲長安，無介象之仙術可還建康。時梁都建康，舊國舊都，蓋未嘗一日忘情也。

㉝支牀有龜　《史記》褚先生補《龜策列傳》：『南方老人用龜支牀足，行二十餘歲。老人死，移牀，龜尚生不死。』此喻己久羈長安，若龜之支牀也。

㉞心則歷陵枯木髮則睢陽亂絲　歷陵，縣名，漢屬豫章郡，故城在今江西・九江縣東。晉懷帝・永嘉六年七月，豫章郡有樟樹久枯，是月，忽更榮茂，蔚然如初。見應劭《漢官儀》及《宋書・五行志》。歷陵枯木，卽豫章枯樹。睢陽，地名，故城在今河南・商丘縣南，漢初梁孝王

嘗於睢陽築東苑，治宮室，延攬四方賢俊，時與司馬相如、枚乘之徒相酬唱。枚乘嘗爲《柳賦》云：『于嗟細柳，流亂輕絲。』見《漢書・梁孝王傳》及劉歆《西京雜記》。言己意冷心灰，一若枯槁之木，蓬頭白髮，無異雜亂之絲也。

㉟非夏日而可畏異秋天而可悲　夏日炎熱，故可畏，秋氣蕭瑟，故可悲。今非夏日而亦畏怖，非秋天而亦悲傷，則其平日之毫無樂趣可知。

㊱雲氣蔭於叢蓍金精養於秋菊　蓍，蒿屬，叢生，古取其莖以爲占筮之用。《史記》褚先生補《龜策列傳》：『聞蓍生滿百莖者，其下必有神龜守之，其上常有青雲覆之。』《玉函方》：『甘菊，九月上寅日採，名曰金精。』此言園中有珍貴之花草。

㊲棗酸梨酢桃榹李薁　酢，爲醋之本字，味酸而略帶鹹味。榹，山桃也，似桃而小。薁，卽郁李，似桃而小，結實味甘酸可食。此言園中果樹雜然並陳。

㊳狂花　謂花不依時而開者。

㊴名爲野人之家是謂愚公之谷　東漢・桓帝・延熹中，帝幸竟陵，過雲夢，臨沔水，百姓莫不爭相觀覩，漢陰父老獨耕不輟，張溫異之，下道百步，自與言。父老曰：『我野人耳，不達斯語。』見《後漢書・逸民傳》。愚公之谷，在今山東・臨淄縣西。春秋時，齊桓公出獵，逐鹿而入山谷之中，見一老者而問之曰：『是爲何谷』。對曰：『愚公之谷』。桓公曰：『何故』。對曰：『以臣名之』。桓公曰：『今視公之儀狀，非愚人也，何以爲公名』。對曰：『臣請陳之。臣故畜牝牛，生子而大，賣之而買駒，少年曰：「牛不能生馬。」遂持駒去。傍鄰聞之，以臣爲

愚，故名此谷爲愚公之谷。』見劉向《說苑・政理篇》。案野人之家、愚公之谷，無非是說隱士之居而已，蓋所以自況也。（以上二段寫園中景物）

㊵試偃息於茂林迺久羨於抽簪　試，發語詞，無義。偃息，仰臥以自安，猶俯仰也。《文選》潘岳《秋興賦》：『僕野人也，偃息不過茅屋茂林之下，談話不過農夫田父之客。』抽簪，謂歸隱也，古時男子束髮，用簪連冠於髮，使髮不墜，仕宦者尤然，若棄官歸隱，則往往散髮不冠。言己位望通顯，實非所好，而有泥塗軒冕，縱情煙霞之想。自此以下皆言歸隱之事。

㊶實無水而恆沈　《莊子・則陽篇》：『與世違而心不屑與之俱，是陸沈者也。』郭象注：『人中隱者，譬無水而沈，曰陸沈。』言身雖顯達，而志在隱遁也。

㊷三春負鋤相識　三春，謂春季三月也。皇甫謐《高士傳》：『林類者，魏人也，年且百歲。底春披裘，拾遺穗於故畦，並歌並進。孔子適衞，望之於野。顧謂弟子曰：「彼叟可與言者，試往訊之。」子貢請行，逆之隴端。』案《高士傳》所載，但言在春日披裘拾穗，並無『負鋤』字樣，或他書另有『負鋤相識』故事，待考。

㊸五月披裘見尋　春秋時，吳・延陵季子遊於齊國，在途中見遺金，呼牧者取之。牧者曰：『吾當暑衣裘，君疑取金者乎。』季子知其爲賢者，自悔失言，問其姓名。牧者曰：『子乃皮相（謂但觀外貌而不究其內心）之士也，何足語姓字哉。』遂飄然而去，季子立而望之，不見乃止。見《韓詩外傳》。又《高士傳》：『披裘公者，吳人也。延陵季子出遊，見道中有遺金，顧披裘公曰：「取彼金。」公投鐮瞋目拂手而言曰：「何子處之高而視人之卑，五月披裘而負薪，豈取

金者哉。」季子大驚，既謝，而問姓名。公曰：「吾子皮相之士，何足語姓名也。」』

㊹問葛洪之藥性訪京房之卜林　葛洪，字稚川，晉·句容人，好神仙導養之法，世稱小葛仙翁，著有《神仙傳》及《抱朴子》內外篇，內篇多論方藥神仙及卻病延年之法。見《晉書》本傳。京房，字君明，漢·頓丘人，研究《易經》，長於占卜之術，著有《周易集林》。見《漢書》本傳。二句言園中可能有養生避邪之偏方。

㊺草無忘憂之意花無長樂之心　萱草，一名忘憂草，花及嫩芽可供食用，俗稱金針菜，食之動風，令人昏然如醉，因名忘憂草。見明·李時珍《本草綱目》。紫華，一名長樂花。見晉·傅咸《紫華賦序》。言己寄跡異鄉，淒涼孤館，萋萋芳草，既不足以忘憂，而片片殘花，又曷足以取樂耶。

㊻鳥何事而逐酒魚何情而聽琴　《莊子·至樂篇》：『昔者海鳥止於魯郊，魯侯御而觴之於廟，奏九韶以爲樂，具太牢以爲膳。鳥乃眩視憂悲，不敢食一臠，不敢飲一杯，三日而死。』《韓詩外傳》：『昔伯牙鼓琴而淵魚出聽。』二句喻己宜如飛鳥之棲深林，游魚之潛重淵，今乃失其故性，實非本意也。

㊼寒暑異令乖違德性　言己本南方人而僑居北方，南北氣候不同，身體甚難適應。加以入仕北朝，亦與本性不合也。案此二句所以引起下文崔駰六句。以下八句言己之憂鬱。

㊽崔駰以不樂損年　崔駰，字亭伯，東漢·安平人。博學多才，少與班固、傅毅齊名。竇憲爲車騎將軍，辟爲掾屬，見憲擅權驕恣，屢進規諫，憲不納。及出擊匈奴，沿途愈多不法，駰復諫

之，意不悅，因令出爲長岑長。駰自以遠出，竟不得意，顧影自傷，鬱鬱終日，不之官而歸，卒於家。見《後漢書》本傳。

(四九)吳質以長愁養病　吳質，字季重，三國・魏・濟陰人，與建安七子並以文才見重於曹丕。建安二十二年魏大疫，徐、陳、應、劉，一時俱逝，曹丕致書吳質，痛述其事。質報之曰：『今質已四十二矣，白髮生鬢，所慮日深，實不復若平日之時也。但欲保身敕行，不蹈有過之地，以爲知己之累耳。遊宴之歡，難可再遇，盛年一過，實不可追。』見《三國志・魏書・吳質傳》及《昭明文選》卷四十。

(五〇)鎭宅神以薶石　薶，同埋。《淮南子・畢萬術》：『埋石四隅，家無鬼。』宗懍《荆楚歲時記》：『十二月暮日，掘宅四角，各埋一大石以鎭宅。』古人迷信，恆於家中正門適當巷陌橋道之衝，立一小石將軍，或一小石牌，鐫其上曰『石敢當』以禳之。史游《急就章》：『石敢當。』顏師古注：『敢當，言所當無敵也。』今江南一帶地方居民，猶有在住宅對面埋石書『石敢當』三字以禳除不祥，卽其遺意。以上八句自傷屈體魏周，至於疾病，其眷眷故國之思，充滿行間字裏，蓋有不勝其悵惋慚恨者焉。

(五一)厭山精而照鏡　厭，同壓，鎭壓也。《抱朴子・登涉篇》：『萬物之老者，其精能假託人形，以眩惑人目，而常試人，惟不能於鏡中易其眞形耳。是以古之入山道士，皆以明鏡九寸以上懸於背後，則老魅不敢近人。』案在舊章回說部中，俠客入山，每以照妖鏡護身，此俗至今猶普遍存於鄉閭。

㉜屢動莊舄之吟　戰國時，秦惠王問故臣陳軫曰：『子去寡人之楚，亦思寡人否。』陳軫對曰：『昔越人莊舄仕楚執珪，有頃而病。楚王曰：「舄，故越之鄙細人也，今仕楚執珪，富貴矣，亦思越否。」左右對曰：「凡人之思故，在其病也，彼思越則越聲，不思越則楚聲。」使人往聽之，猶尚越聲也。今臣雖棄逐之楚，豈能無秦聲哉。』見《史記・陳軫傳》。此以莊舄之仕楚而猶作越吟，喻己之仕北朝而思南歸。

㉝幾行魏顆之命　春秋時，晉・魏武子有嬖妾，不曾生子，武子疾，命嫡子顆曰：『我死後當嫁此妾。』及病篤，又曰：『我死後當以此妾從葬。』武子卒，顆不從病亟昏亂之命而嫁之。曰：『疾病則亂，吾從其治也。』後顆與秦師戰於輔氏，見一老人結草以抗秦將杜回，回仆，因獲之而敗秦師。其夜，顆夢見老人自稱爲嬖妾之父。見《左傳》宣公十五年。後世用結草爲死後報恩之辭，本此。言己去梁仕魏，常動鄉關之思，疾病至於昏亂也。

㉞薄晚閒閭老幼相攜　薄晚，猶言傍晚。言己一家大小皆在長安也。

㉟蓬頭王霸之子　東漢・太原人王霸，志行高潔，夙勵清操，光武時屢徵不仕，妻亦比德美玉，雅著懿聞。初，霸與同郡令狐子伯爲友，後子伯爲楚相，而其子爲郡功曹，子伯乃令子奉書於霸。霸子時方耕於野，聞賓至，投耒而歸，見令狐子車馬服從，雍容華貴，自以農家子，相形之下，神志沮喪，愧怍不敢仰視。霸見此情景，赧汗交顏，客去而久臥不起，妻怪問其故，始不肯告，妻請罪而後言曰：『吾與子伯素不相若，嚮見其子容服甚光，舉措有適，而我兒輩蓬頭垢面，不知禮儀，見客不能仰視，父子恩深，不覺爽然自失耳。』妻曰：『君少修清

節，不慕榮祿，今子伯之貴，孰與君之高，奈何忘宿志而慙兒女子乎。』霸起而笑曰：『有是哉。』遂共終身隱遁。見《後漢書・逸民・王霸傳》及《列女傳》。此子山自謂其子如王霸子之鄙野也。

(五六)椎髻梁鴻之妻　東漢・梁鴻，字伯鸞，扶風・平陵人，賦性耿介，博極羣書。聘同縣孟光爲妻，迎娶之日，孟光服飾甚麗，鴻殊怏怏，七日不答。孟光跪牀下請曰：『竊聞夫子高義，簡斥數婦，妾亦偃蹇數夫矣。今而見擇，敢不請罪。』鴻曰：『吾欲裘褐之人，可與俱隱深山者耳，今乃豔妝傅粉，豈鴻所願哉。』孟光曰：『以觀夫子之志耳，妾自有隱居之服。』乃將頭髮束成一條小髻，其形如椎，復著布衣，操作而前。鴻大喜曰：『此眞梁鴻妻也。』見《後漢書・逸民・梁鴻傳》。此子山自謂其妻如梁鴻妻之樸質也。

(五七)一畦　猶一區也。《漢書・食貨志》：『菜茹有畦。』

(五八)騷騷　風勁貌。《文選》張衡《思玄賦》：『寒風淒其永至兮，拂雲岫之騷騷。』

(五九)慘慘　天昏暗貌。《文選》王粲《登樓賦》：『風蕭瑟而並興兮，天慘慘而無色。』

(六〇)聚空倉而雀噪　謂家貧乏食也。漢・蘇伯玉妻《盤中詩》：『空倉雀，常苦饑。』蓋即作者所本。

(六一)驚懶婦而蟬嘶　謂家貧衣單也。陸璣《詩疏》：『絡緯鳴，懶婦驚，促織也。』絡緯，動物名，多棲於草間，至秋則鳴，聲如紡線，俗稱絡絲娘。案絡緯鳴，喻寒信至，將製寒衣也。是知驚懶婦者，乃『絡緯』而非『蟬』，所以謂『蟬』者，殆因絡緯之鳴類蟬嘶也。於此可見前人用典，往往隨意變化，不爲古人所泥。（此段寫其中心憂苦，神志錯亂，兼及家庭生活。）

(六二)昔草濫於吹噓　言昔日曾仕梁朝，但亦不過濫竽充數而已。草濫，謂以草莽而濫膺祿位也。吹噓，謂爲人揄揚也。《韓非子・內儲說》：『齊宣王使人吹竽必三百人，南郭處士請爲王吹竽，宣王悅之，廩食以數百人。宣王死，湣王立，好一一聽之，處士逃。』後人謂能力不足，不能稱其職位爲濫竽充數。本此。案自此句以下至『賦《長楊》於直廬』句止，爲追憶在梁時宦海生活之一斑。時際承平，或陪侍於玄武湖之觀，或參從於鳳凰臺之墟，如賈生之對宣室，揚雄之獻《長楊》也。

(六三)藉文言之慶餘　藉，憑藉也。《文言》，《易經》十翼之一，專釋《乾》、《坤》二卦之卦義者，相傳爲孔子所作。《易經・乾卦・文言》：『積善之家，必有餘慶。』慶餘，即餘慶之倒文，蓋爲韵所限制也。言己仕梁，係承繼先德奕葉之光也。

(六四)門有通德家承賜書　東漢末年，孔子後裔北海相孔融以鄭康成德高學富，深敬重之，因告高密縣（康成故鄉）父老爲康成立鄭公鄉，並令廣開門衢，使容高車，號通德門。見《後漢書・鄭玄傳》。班固《漢書・敍傳》：『班彪，字叔皮，幼與從兄嗣共遊學，家有賜書（皇帝所賜之書），內足於財，好古之士，自遠方至。』言其祖先仕梁聲望綦隆，一若漢朝之鄭氏、班氏也。

(六五)或陪玄武之觀時參鳳凰之墟　玄武觀，玄武湖之亭觀也，湖在今南京市北，梁時築亭其上，名玄圃。鳳凰臺在今南京市南郊鳳凰山上。皆梁朝君臣晏遊之所。一說：漢・未央宮北有玄武觀。又漢宮殿有鳳凰殿。均見《三輔黃圖》。

(六六)觀受釐於宣室賦長楊於直廬　受釐，言受鬼神之福也。宣室，漢未央宮前正室也。漢・賈誼，天才橫溢，文帝召爲博士，絳侯・周勃、灌嬰等忌而毀之，出爲長沙王太傅，後歲餘，文帝思念甚殷，徵之至。誼入見，帝方受釐，坐宣室，深夜問鬼神之本，備極恩重。見《漢書・賈誼傳》。長楊，漢宮名，揚雄曾受命作《長楊賦》。直廬，值宿者所止處也，猶今日所謂值日室。案《北史》庾信本傳云：『父肩吾，爲梁太子掌管記，及信並爲抄撰學士，父子在東宮，出入禁闥，恩禮莫與比隆。』故作者運用賈誼揚雄事以自況。

(六七)山崩川竭四句　山崩川竭，亡國之徵也。見《史記・周本紀》。冰碎瓦裂，謂山河破碎也。大盜潛移，謂大盜侯景僭位稱帝，轉移梁之國祚也。長離，鳳鳥也。（據李善《文選》張衡《思玄賦》注）此喻梁武帝。永滅，以喻餓死。據《梁書》所載，梁武帝・太清二年，東魏降將侯景作亂，攻陷京師，武帝被逼餓死。立簡文帝，復弒之，自立，稱漢帝。其後元帝遷都江陵。此四句卽寫侯景之亂。

(六八)摧直轡於三危碎平途於九折　三危，山名，在今甘肅・敦煌縣南，三峯聳峙，如危欲墜，故名。九折，卽九折坂，在今四川・滎經縣西邛崍山，山路艱險，登者迴曲九折乃得上，故名，漢・王陽至此迴車。案三危、九折本險峻不易行走之地，若直轡以往，視如平途，必遭摧折而致破碎也。以喻梁承平日久，國泰民安，自納侯景之降，無異引狼入室，致有亡國之痛。

(六九)荆軻有寒水之悲蘇武有秋風之別　戰國時，燕太子丹欲雪舊恨，遣荆軻入秦刺秦王，丹餞之易水上，高漸離擊筑，軻和而歌曰：『風蕭蕭兮易水寒，壯士一去兮不復還。』皆泣下霑襟。見《史記・刺客列傳》。漢武帝時，蘇武奉命出使匈奴，被留十九年乃還。時李陵降匈奴，與武善，臨別贈以詩曰：『欲因晨風發，送子以賤軀。』見《漢書・蘇武傳》及《昭明文選》卷二十九。此信自歎不能如荊軻之所為，又不能如蘇武之榮歸，江關蕭瑟，悲感淋漓，窮途之慟，蓋有不能已於情者。

(七〇)關山則風月悽愴隴水則肝腸斷絕　古樂府有《關山月》，傷別離也。見宋・郭茂倩《樂府詩集》。隴水，在今陝西・隴縣西。《秦川記》：『隴西郡・隴山，其上懸巖吐溜，於中嶺泉渟，因名萬石泉，北人升此而歌。有云：「隴頭流水，鳴聲幽咽。遙望秦川，肝腸斷絕。」』二句言在西魏時有鄉關之思也。

(七一)龜言此地之寒　苻秦・建元十二年，高陸縣民穿井得龜，大三尺，背有八卦文，苻堅命太卜池養之，食以粟，及死，藏其骨於太廟，以問吉凶，名為客龜。其夜廟丞高虜夢龜謂之曰：『我本將歸江南，遭時不遇，殞命秦庭。』見《晉書・苻堅載記》。子山引此，謂己時在西魏，如同客龜。又常思歸江南，亦如客龜之不欲埋骨異鄉也。

(七二)鶴訝今年之雪　劉敬叔《異苑》：『晉・太康二年冬，大寒，南州人見二白鶴語於橋下曰：「今茲寒，不減堯崩年也。」於是飛去。』案梁元帝・承聖三年十一月，西魏攻陷江陵，元帝出降，十二月被殺。此以元帝死比之堯崩，而江陵陷落及元帝殉國均在冬季，故云『鶴訝今年之雪』。

(七三)百齡兮倏忽光華兮已晚　光華，猶言年華。言己壯年逢此喪亂，流落異鄉，歲月荏苒，忽屆桑榆之年，不勝感慨系之。

㉔不雪雁門之踦　雪，除也，洗也。雁門，在今山西・代縣西北。踦，音義同奇，謂遭遇不順當。漢・段會宗爲西域都護，三年職滿，遷沛郡太守，徙雁門太守，數年，坐法免官，後復爲西域都護。其友谷永予書戒曰：『願吾子因循舊貫，毋求奇功，終更亟還，亦足以復雁門之踦。』見《漢書・段會宗傳》。案會宗爲雁門太守，坐法免官，爲踦隻不偶也，故云『雁門之踦』。此子山自謂如會宗之遭遇不幸，欲一雪之而不能也。

㉕先念鴻陸之遠　言已遠征不復返也。《易經・漸卦》：『鴻漸於陸，夫征不復。』世因以鴻漸喻仕進。

㉖非淮海兮能變非金丹兮能轉　古來相傳雀入大海卽變爲蛤，雉入淮水卽變爲蜃。見《國語・晉語》。《文選》郭璞《遊仙詩》：『淮海變微禽，吾生獨不化。』古時道家煉金丹，有一轉至九轉之法。見《抱朴子・金丹》。案子山性行高潔，志厲堅冰，雖屈身北朝，而楚水吳山，曾未嘗一日忘懷。故二句言已非如雀雉一入淮海便變爲蜃蛤，亦不若金丹之藥，一經洪爐燒煉，卽轉變其本來性質也。

㉗不暴骨於龍門終低頭於馬坂　暴骨，謂死也。龍門，山名，在山西・河津縣西北。《三秦記》：『龍門山在河東界，禹鑿山斷門一里餘，黃河自中流下，兩岸不通車馬，魚登者化爲龍，不登者點額暴腮而返。』《戰國策・楚策》：『昔騏驥駕鹽車上虞坂，遷延負轅而不敢進。遭伯樂，仰而鳴之，知伯樂知己。』此喻高才大賢遭屈抑，而執汙辱之役也。二句喻己不能死節，終於

低頭爲北朝效命。

(七八)諒天造兮昧昧嗟生民兮渾渾　天造，猶言天道。《易經・屯卦》：『天造草昧。』昧昧，渺茫貌。渾渾，昏昧無知貌。二句言天道渺茫，非人類之智慧所能測知也。（以上兩段以思舊感慨身世作結束）

【通釋】

上古時代的巢父，只要一棵樹木，就可以居住。東漢時代的壺公，只要一個酒壺，就可以容身。還有管寧的木榻，穿了洞仍然可以繼續使用，嵇康打鐵的灶爐上，既溫暖又可以安眠。又何必一定住在重門疊戶、裝潢華麗的樓閣才算有氣派呢。我有一棟破舊的小房子，座落在寧靜的郊外，暫且可以度寒暑，勉強可以蔽風雨。雖然像晏嬰的住家一樣靠近市區，卻不會一天到晚謀求財利。也像潘岳的住家一樣面對大城，卻正合我閒居的樂趣。又像黃鶴怕受拘束，所以見白露降就高鳴相警戒，隨時準備遷移，牠決不願乘著輪軒，受人豢養。又像爰居飛來，原爲避海風，並不想受人們的祭祀。又像羈旅洛陽的陸機、陸雲兄弟同住在三間瓦房裏。又像流放遠方的殷浩、韓康舅甥形影相隨，不忍分開。因此房子雖小，可以居住也就够了。

於是我便經常在這間小屋子裏來回踱步，喝喝老酒，無意仕進，如同挖牆隱遁的一流人物。梧桐樹上有露水滴落，楊柳樹間有清風吹來。屋裏有珍珠裝飾的瑤琴，架上有《玉杯》一類的奇書。小園中雖然有棠梨樹，卻沒有什麼館閣，雖然酸棗樹並不少，卻沒有什麼臺觀。園地高低不齊的大約有八九丈大的面積，東西南北也有幾十步遠的距離。還有兩三行的楡樹和柳樹，一百多棵的梨樹和桃樹。必須撥開茂密的枝葉才能看見窗戶，必須彎彎曲曲的行走才能找到通路。蟬兒因爲有高樹作掩護，可以盡情的鳴唱，不必驚恐。野雞因爲沒有人設置羅網，可以自由覓食，無須畏懼。

花草樹木混雜生長，長條短枝互相交錯。園基雖小，看起來卻很自然，高處成山，低處成水。幾隻狐狸同住一個洞穴，幾隻乳鵲同住一個窩巢。草樹生出纍纍如貫珠的果實，空中懸掛著長柄的大葫蘆。我生活在這個小園裏，和鳥獸一起遊息，有植物可以療飢，本來就不想追求什麼富貴。狹隘的房屋歪斜不正，用茅草覆蓋的屋頂還會漏雨。倚牆直立，帽子會碰到屋簷，進進出出，眉毛會碰到門框。我沒有介象的仙術可以回歸建鄴，長期寄居長安，倒像那支牀的烏龜呢。鳥兒悠閒自在，花兒順時開謝，而我卻心灰如槁木，髮白如亂絲。不是夏天也覺得天氣炎熱可怕，不是秋天也覺得景色蕭索可悲，一年到頭毫無樂趣可言。園中有一寸兩寸的魚兒，三竿兩竿的竹子。雲氣籠罩著珍貴的蓍草，晚秋盛開著珍貴的菊花。還有酸棗、酸梨、山桃、郁李等。落葉鋪滿了半張牀，花片滿屋亂飛。這眞是名副其實的隱士之家。

我躺在樹林裏沈思，老早就羡慕那辭官歸隱的生活。小園雖然設有門戶，卻經常關閉著，我雖然沒有避人避世，但實際上已成隱遁。春天扛著鋤頭的農夫竟然認識我，夏天穿著皮大衣的怪人也來找我閒聊。有時候向醫師請教藥性，有時候向高士學習占卜。看見忘憂草也不能忘憂，面對長樂花也不能長樂。就像避風的海鳥，那裏有追逐酒食的興味，也像一般的魚兒，那裏有欣賞琴韻的心情。再加上北方的氣候和南方不同，身體極難適應，而在北朝作官也違背了自己的本性。於是就像崔駰一樣，因爲心情不快樂而減損壽命，也像吳質一樣，因爲長期憂鬱而疾病纏身。爲了鎭壓鬼怪作祟，在房屋四角埋下石頭，爲了防備妖魔傷害，身邊常帶著照妖鏡。病到痛苦難耐時，就以鄉音呻吟，病到神志昏迷時，幾乎要立下錯誤的遺命。傍晚時分，全家大小團聚一室，兒子是蓬頭垢面，不懂禮儀，老妻是荆釵布裙，粗鄙無文。廚房裏儲存了兩甕焦麥，菜園裏種植了一些青菜。大風吹起，樹木振動，烏雲密布，地暗天昏。麻雀聚集在空倉裏，因飢餓而叫噪，蟋蟀開始悲鳴，該是催促婦女製做寒衣的訊號。

想起從前在梁朝作官，眞是濫竽充數，全仗著祖先的餘蔭。我的祖父庾易是齊朝的隱士，備受地方官的禮遇，伯父庾於陵和父親庾肩吾都以學問淵博蒙受梁朝帝王的眷顧。而我本人也曾經隨侍皇太子登臨玄武觀，遊覽鳳凰臺。有時候被緊急召見，有時候則奉命作詩賦。沒想到太淸二年侯景作亂，攻陷臺城，國家局勢有如瓦解冰裂一般，梁武帝竟然活活餓死。追究禍源，當是朝廷招納侯景有以致之。不久我便銜命出使西魏，敦睦邦交，不料國家又遭巨變，使我被扣留在長安。遙望鄉關，但見風月悽愴，眷懷故國，不覺肝腸斷裂。我渴望總有一天能够回去，以免埋骨異鄉，然而就在第二年傳來凶訊，梁元帝被西魏軍殺害了，國家也跟着滅亡了。

日子眞快，一眨眼就到暮年，遭時不遇，遠征不返。如今我雖然在北朝作官，但還是心向江南，不像雀雉一入淮海，便變爲蜃蛤，也不像金丹之藥，一經洪爐燒煉，便改變它的本來性質。我眞恨自己不能死節，卻低著頭作北朝的官。唉，天道渺茫，實在不是一般人所能測知的啊。

20 別賦

江淹

黯然銷魂者。惟別而已矣(一)。況秦吳兮絕國。復燕宋兮千里(二)。或春苔兮始生。乍秋風兮暫起(三)。是以行子斷腸。百感悽惻。風蕭蕭而異響。雲漫漫而奇色(四)。舟凝滯於水濱。車逶遲於山側(五)。櫂容與而詎前(六)。馬寒鳴而不息。掩金觴而誰御(七)。橫玉柱而霑軾(八)。居人愁臥。怳若有亡(九)。日下壁而沈彩。月上軒而飛光(十)。見紅蘭之受露。望青楸之離霜(十一)。巡層楹而空揜。撫錦幕而虛涼(十二)。知離夢之躑躅(十三)。意別魂之飛揚(十四)。故別雖一緒。事乃萬族(十五)。

至若龍馬銀鞍。朱軒繡軸(十六)。帳飲東都(十七)。送客金谷(十八)。琴羽張兮簫鼓陳(十九)。燕趙歌兮傷美人(二十)。珠與玉兮豔暮秋(二一)。羅與綺兮嬌上春(二二)。驚駟馬之仰秣。聳淵魚之赤鱗(二三)。造分手而銜涕(二四)。感寂寞而傷神。

乃有劍客慙恩(二五)。少年報士(二六)。韓國趙廁(二七)。吳宮燕市(二八)。割慈忍愛。離邦去里。瀝泣共訣。抆血相視㉙。驅征馬而不顧。見行塵之時起。方銜感於一劍。非買價於泉裏㉚。金石震而色變㉛。骨肉悲而心死㉜。

或乃邊郡未和㉝。負羽從軍㉞。遼水無極㉟。雁山參雲㊱。閨中風暖。陌上草薰㊲。日出天而耀景㊳。露下地而騰文㊴。鏡朱塵之照爛㊵。襲青氣之煙熅㊶。攀桃李兮不忍別。送愛子兮霑羅裙㊷。

至如一赴絕國。詎相見期㊸。視喬木兮故里㊹。決北梁兮永辭㊺。左右兮魂動。親賓兮淚滋。可班荊兮贈恨㊻。惟罇酒兮敘悲㊼。值秋雁兮飛日。當白露兮下時。怨復怨兮遠山曲。去復去兮長河湄㊽。

又若君居淄右。妾家河陽㊾。同瓊珮之晨照。共金爐之夕香㊿。君結綬兮千里(51)。惜瑤草之徒芳(52)。慚幽閨之琴瑟(53)。晦高臺之流黃(54)。春宮閟此青苔色(55)。秋帳含茲明月光(56)。夏簟清兮晝不暮。冬釭凝兮夜何長(57)。織錦曲兮泣已盡。迴文詩兮影獨傷(58)。

儻有華陰上士。服食還山(59)。術既妙而猶學(60)。道已寂而未傳(61)。守丹竈而不顧。鍊金鼎而方堅(六二)。駕鶴上漢(六三)。驂鸞騰天(六四)。暫遊萬里(六五)。少別千年(六六)。惟世間兮重別。謝主人兮依然(六七)。下有芍藥之詩(六八)。佳人之歌(六九)。桑中衛女。上宮陳娥(七〇)。春草碧色。春水淥波(七一)。送君南浦(七二)。傷如之何。至乃秋露如珠。秋月如珪(七三)。明月白露。光陰往來。與子之別。思心徘徊(七四)。

是以別方不定。別理千名。有別必怨。有怨必盈。使人意奪神駭。心折骨驚(七五)。雖淵雲之墨妙(七六)。嚴樂之筆精(七七)。金閨之諸彥(七八)。蘭臺之羣英(七九)。賦有凌雲之稱(八〇)。辯有雕龍之聲(八一)。誰能摹暫離之狀。寫永訣之情者乎。

【題解】

班固《兩都賦序》云：『賦者，古詩之流也。』《漢書・藝文志》云：『不歌而誦謂之賦。』蓋賦之名出於詩之六義，而其體則脫離音樂，不被管絃，僅供諷誦，故自《楚辭》以降，其體卽與《詩經》異趣。明・徐師曾《文體明辨》分賦爲古賦、俳賦、律賦、文賦四種，雖爲後起之說，實屬犁然有當。揆度其意，蓋謂自屈、宋至兩漢，大都鋪張揚厲，而文句不必對偶，稱爲『古賦』。三國至南朝，漸尚排偶，時有對句，稱為『俳賦』。入唐而後，盛行科舉制度，朝廷以詩賦取士，詞人才子寖由俳句而變為工整之對句，稱為『律賦』。宋人承韓、柳古文運動之後，遂以散體之議論文用韻作賦，既與俳賦律賦不同，又與古賦有別，是稱為『文賦』。然則所謂古賦、俳賦、律賦、文賦云者，皆係後人所加，在當時並無此等名稱，一若駢體文之稱號至清代始告確定然也。按賦可以再行細分為七種：㈠騷賦（即《楚辭》所選錄者）。㈡短賦（即《荀子》之《成相》、《賦》二篇）。㈢辭賦（即兩漢・司馬相如、揚雄、班固、張衡諸子之作品）。㈣俳賦（即六朝人所作之駢文賦）。㈤律賦（即唐代科舉考試所用須有一定格律之賦體）。㈥文賦（即唐、宋人所作之散文賦）。㈦股賦（即明、清兩朝應制科之八股文）。如此分法，當較徐氏更為明晰。

本篇選自《昭明文選》卷十六。鋪陳別離之苦，分述顯貴、任俠、從軍、出使、遊宦、伉儷、方外、情侶各類之人，無不以別離為難堪之事。哀感頑豔，悽惻動人，幾於有詞皆成偶，無句不用典。此種抒情賦，與漢賦之誇誕曼衍，截然不同。總論人生，包羅萬象，與文賦之寫小我悲歡者，亦異其趣。而音調極美，信齊、梁文之特徵，抑亦六朝駢賦中最膾炙人口者。

何義門評曰：『賦家至齊、梁，變態已盡，至文通已幾幾乎唐人之律賦矣，特其秀色非後人之所及也。庚子山諸賦便是結六朝之局，開三唐之派者。』（《評注昭明文選》）極為有見。

【作者】

江淹，字文通，梁・濟陽・考城人。生於宋文帝・元嘉二十一年。父康之，為長沙令。淹少而沈敏，六歲能屬詩。稍長，慕司馬長卿、梁伯鸞之為人，留情文章，不事經典，愛奇尚異。自以孤賤，勵志篤學，夙著文譽，稱於鄉曲。宋武帝時起家爲南徐州從事，尋舉秀才，對策高第。及蕭道成輔政，聞其才，召爲尚書駕部郎，朝廷重要章表，皆出其手。道成受宋禪爲齊高帝，累官御史中丞，公正嚴明，彈劾不避權貴，於是朝野肅然。旣而梁受齊禪，復爲散騎常侍，封臨沮縣伯，持盈保泰，依違取容，遊心釋老，恬退自足。嘗謂子弟曰：『人生行樂耳，須富貴何時，吾功名旣立，正欲歸身草萊耳。』尋以疾遷金紫光祿大夫，封醴陵侯。嘗宿冶亭，夢一丈夫，自稱郭璞，謂之曰：『君借五色筆，今可見還。』淹卽探懷以筆付璞。自此以後，才思大減，爲文絕無美句，時人謂之江郎才盡。梁武帝・天監四年卒，年六十二，謚憲。著有《齊史》十二卷，久佚。今傳《江文通集》十卷。《梁書》、《南史》俱有傳。

淹學識宏博，情藻豐贍，其詩上追靈運，雄視江左。其文工於修飾，伊鬱多感，磊落表奇，字字洗鍊，固南朝才士之佼佼者。世人或有譏其歷仕宋、齊、梁三朝者，然當時民族思想重於朝代易主觀念，朝秦暮楚之戒，在對北朝而不在南朝，是不足爲文通病也。

【箋　注】

㈠黯然銷魂者唯別而已矣　黯，失色將敗之貌。言黯然魂將離散者，唯別而然也。夫人魂以守形，魂散則形斃，今別而散，明恨深也。案許槤謂起四字無限淒涼，通篇不脫其範圍，蓋全文之骨幹。（見《六朝文絜》）

㈡況秦吳兮絕國復燕宋兮千里　秦、吳、燕、宋，皆國名。秦地在今陝西，吳地在今江蘇，燕地在今河北，宋地在今河南・商丘一帶。絕國，絕遠之國也。二句言秦、吳、燕、宋四國，川塗既遠，別恨必深，此以空間爲造成別恨之因素也。

㊂或春苔兮始生乍秋風兮蹔起　乍，忽也。蹔，猝也。《楚辭・招魂》：『目極千里傷春心。』王逸注：『言春時草短，望見千里，令人愁思而傷心也。』鮑照《代東門行樂府》：『野風吹秋木，行子心腸斷。』行子，謂旅人。二句言歲時變遷，觸景生情，而別恨愈切，此以時間爲造成別恨之因素也。

㊃風蕭蕭而異響雲漫漫而奇色　蕭蕭，風聲。荆軻《易水歌》：『風蕭蕭兮易水寒，壯士一去兮不復還。』漫漫，無涯際之貌。《尚書大傳・虞夏傳》帝唱曰：『卿雲爛兮，糺漫漫兮。日月光華，旦復旦兮。』二句言因別離而感風聲雲色之改常。

㊄舟凝滯於水濱車逶遲於山側　凝滯，停留不前貌。《楚辭・涉江》：『淹迴水而凝滯。』淹、滯，均訓留。逶遲，言路斜曲也。《詩經・小雅・四牡》：『周道逶遲，豈不懷歸。』毛氏傳：『逶遲，歷遠貌。』

㊅櫂容與而詎前　舟旁撥水之具曰櫂，音義同棹。容與，閒暇自得之貌。《楚辭・涉江》：『齊吳榜以擊汰，船容與而不進。』榜，棹也。汰，水波也。詎，豈也。案許槤謂此句及下句確是欲別未別光景，但即眼前意，無不入妙。

㊆掩金觴而誰御　掩，蓋也。金觴，金製酒杯，詞章家多用以泛指酒杯。韋誕詩：『旨酒盈金觴，清顏發光華。』御，進也。此言離別在即而無心飲酒。

(八)橫玉柱而霑軾　橫，平置也。玉柱，琴也，鼓琴者於絃設柱，以玉爲之，故云。軾，車前橫木。霑軾，言涕多也。《楚辭・九辯》：『涕潺湲兮霑軾。』此言淚眼相對而不忍彈琴。

(九)居人愁臥恍若有亡　居人，謂在家之人。鮑照《代東門行樂府》：『居人掩閨臥，行子夜中飯。』恍，失意貌。言家人送別後，神志恍忽，若有所失。案別之構成必有行子與居人，故作者分別描寫行子與居人別後之情景。

(一〇)日下壁而沈彩月上軒而飛光　日下壁，謂紅日西沈也。沈彩，言光彩沈沒。檐宇之末曰軒，此泛指屋宇之高處。二句驚流光之速。許槤評曰：『夕陽之悽，月色之苦，癡心夢想，居人往往有此。』

(一一)見紅蘭之受露望青楸之離霜　離，通罹。此言蘭受甘露而開花，楸遭寒霜而葉落，喻久別時節變化之大。

(一二)巡層楹而空揜撫錦幕而虛涼　巡，省視也。層，高也。屋一列爲一楹。見明・張自烈《正字通》。揜，音義同掩，掩涕也。幕，帳也。涼，悲涼也。此言人去樓空，深自悵惘，不覺涕泗霑襟，入室撫摩錦帳，伊人遠去，孤衾獨枕，重自哀傷也。

(一三)躑躅　住足不進貌。《文選》宋玉《神女賦》：『奮長袖以正衽兮，立躑躅而不安。』

(一四)飛揚　飄揚貌。曹植《悲命賦》：『哀魂靈之飛揚。』按以上二句緊接上文，寫居人由自己相思之深，而推想行子亦必『離夢躑躅不進，別魂飛揚不安。』參《文選》劉良注。

(一五)萬族　族，類也。見孔安國《尚書・堯典》傳。（此段總起。何義門謂以下分敘離別之歷境不同，情事亦異，而同歸於黯然銷魂，可謂淋漓盡致。）

㈥龍馬銀鞍朱軒繡軸　龍馬，猶言瑞馬。《周禮・夏官・廋人》：『馬八尺以上爲龍。』朱軒，朱漆之車，古爲貴顯者或朝廷使者所乘。《尚書大傳・帝告》：『未命爲士者，不得乘朱軒。』繡軸，繪以五彩之車軸，亦非布衣所用。

㈦帳飲東部　漢・疏廣字仲翁，東海・蘭陵人，宣帝時爲太子太傅，兄子受爲少傅，俱受朝廷器重，在職五年。廣謂受曰：『吾聞知足不辱，知止不殆，功成身退，天之道也。』遂上疏乞骸骨。宣帝以其年老，皆許之，賜黃金二十斤。文武百官，設宴餞行，供帳長安・東都門外，送車數千輛，道路觀者，莫不歎息爲之泣下。見《漢書・疏廣傳》。此言送高官榮歸故里。

㈧送客金谷　晉惠帝・元康年間，石崇設別墅於河南・洛陽縣西北之金谷澗中，是爲金谷園，崇常宴客於此，極聲色之娛。見《晉書・石崇傳》。其《金谷詩序》云：『余元康六年，從太僕卿出爲使持節青、徐諸軍事征虜將軍，有別廬在河內縣・金谷澗中，時征西將軍祭酒王詡當還長安，余與衆賢共送澗中。』此言送貴客入仕京都。

㈨琴羽張兮簫鼓陳　琴羽，琴之羽聲。羽，五音（宮、商、角、徵、羽。）之一，其聲低平掩映，自高而下，蓋聲之最細者也。《說苑・善說篇》：『齊人雍門周善鼓琴，嘗干孟嘗君，引琴而鼓之，徐動宮徵，微揮羽角，切終而成曲。』此言各種樂器共奏別曲。

㈩燕趙歌兮傷美人　《文選・古詩十九首》：『燕趙多佳人，美者顏如玉。被服羅裳衣，當戶理清曲。音響一何悲，絃急知柱促。』此言燕姬趙女唱別歌。

㉑珠與玉兮艷暮秋　言美人戴珠佩玉，映秋色而增艷。

㉒羅與綺兮嬌上春　言美人穿羅著綺，當早春而增嬌。羅綺，皆輕軟絲織物。

㉓驚駟馬之仰秣聳淵魚之赤鱗　《荀子・勸學篇》：『昔者瓠巴鼓瑟而沈魚出聽，伯牙鼓琴而六馬仰秣。』瓠巴、伯牙，皆古之善鼓琴者。駟馬，指車前之馬。仰秣，謂仰首傾聽而不食。聳，驚動也。淵，深水也。二句形容樂曲歌聲之美妙。

㉔造分手而銜涕　造，至也。銜涕，含淚也。（此段言富貴之別）

㉕劍客慙恩　劍客，指行俠仗義而精於劍術之英雄豪傑。《漢書・李陵傳》：『臣所將屯邊者，奇材劍客也。』慙恩，謂受人之恩惠而愧未答報。

㉖報士　勇於報仇之士。言人以國士待之，即感激而爲之報仇也。

㉗韓國趙廁　用聶政、豫讓故事。聶政，戰國・韓人，韓卿嚴仲子欲殺其相俠累，聞政勇，厚禮下交，並奉黃金百鎰爲政母壽，政以母在不許。母死，政獨行仗劍刺殺俠累，然後自皮面抉目屠腸死。豫讓，戰國・晉人，初事智伯，甚見尊寵。後智伯爲趙襄子所滅，讓感知遇之恩，歎曰：『士爲知己者死，女爲悅己者容。』乃變姓名爲刑人，入趙宮塗廁，挾匕首欲刺襄子爲智伯報仇，事不果，被執，遂伏劍自殺。並見《史記・刺客列傳》。

㉘吳宮燕市　用專諸、荆軻故事。專諸，春秋・吳人，吳公子光（闔閭）欲奪王位，乃具酒請吳王僚至。既酣，光佯爲足疾，先退，使專諸置匕首於魚腹中以進，因以刺僚，僚立死，專諸亦爲僚左右所殺。公子光遂自立爲王。荆軻，戰國・齊人，徙於衞，後至燕，燕太子丹拜爲上卿，

欲令劫秦王，索還失土。軻感其恩，因請樊於期首，懷匕首及督亢地圖以行。至秦，獻秦王，圖窮而匕首見，追刺秦王，不果，遂遇害。並見《史記・刺客列傳》。

㉙瀝泣共訣抆血相視　瀝，滴也。泣，謂淚也。（據顏師古《漢書・外戚傳》注）死別曰訣。抆，拭也。血，血淚也，謂淚盡繼之以血。《詩經・小雅・雨無正》：『鼠思泣血，無言不疾。』鼠，憂也。

㉚方銜感於一劍非買價於泉裏　泉裏，謂黃泉之下，猶言地下。二句言感人恩遇，欲以一劍效命，非求酬於死後。

㉛金石震而色變　荊軻與秦武陽既入秦，秦王陛戟而見之，鐘鼓並發，羣臣皆呼萬歲，武陽大恐（案：蓋有所謀，恐洩漏也。），面如死灰色。事見《燕丹子》。金石，謂鐘磬類樂器。

㉜骨肉悲而心死　聶政刺殺俠累後，復以刀自刺面皮，出其眼睛，屠腸而死，人莫知其誰，暴屍於市。政姊嫈聞之，曰：『何愛妾之身而不揚吾弟之名於天下哉。』乃之韓市，抱屍痛哭，曰：『此妾弟軹深・井里所謂聶政者也。』乃大呼天者三，悲號而死於政之旁。晉楚齊衞聞之，皆曰：『非獨政能也，乃其姊亦烈女也。』見《史記・刺客列傳》。《莊子・田子方篇》：『仲尼謂顏回曰：「夫哀莫大於心死。」』（此段言任俠之別。作者每於各段住處特別著意，正為黯然二字傳神。）

㉝邊郡未和　謂邊境有戰事。

㉞負羽從軍　羽，箭也，古時征召之書，有急事則以鳥羽插之。

㉟遼水無極　遼河，古名遼水，發源於熱河・承德縣北之海刺哈山東麓，東流經遼北、遼寧二省境，西南流至營口注入遼東灣。極，邊際也。

㊱雁山參雲　雁山，卽雁門山，在山西・代縣西北，《山海經》謂雁飛出其間，故名。參雲，謂高入雲端。

㊲陌上草薰　陌，田間小路。薰，香氣也。

㊳耀景　景，光也。言日光照耀四方。

㊴騰文　騰，傳也。文，文采也。言露珠傳采草木。按以上兩聯寫景，有其因果。因爲風暖，所以草薰。因爲日光照耀，所以露水現出顏色。寫景細緻，爲齊梁韻文之特色。

㊵鏡朱塵之照爛　鏡，名詞作動詞用，照也。朱塵，紅塵也。照爛，光明貌。

㊶襲青氣之煙熅　襲，披也。青氣，春氣也。煙熅，天地合氣也，此訓瀰漫貌。《文選》班固《典引》：『兩儀始分，煙煙熅熅。』案煙熅與絪縕、氤氳並通。王嘉《拾遺記》：『有鳥如雀，吐五色之氣，氤氳如雲，名曰憑霄雀。』

㊷攀桃李兮不忍別送愛子兮霑羅裙　言當盛春之時，目睹桃李依依，含淚送愛子從軍，何忍遽別乎。（此段敍從軍之別）

㊸一赴絕國詎相見期　戰國時，雍門周以琴見孟嘗君。孟嘗君曰：『先生鼓琴，亦能令文悲乎。』對曰：『臣之所能令悲者，無故生離，遠赴絕國，無相見期，臣爲一揮琴而太息，未有不悽愴而下淚者。』見劉向《說苑・善說篇》。一赴絕國，謂出使絕遠之國。

㊹視喬木兮故里　喬木，高大之木，指年歲久遠者。王充《論衡》：『睹喬木，知故都。』

㊺決北梁兮永辭　決，訣別。梁，橋梁也。北梁，指分別之地。《楚辭・九懷》：『濟江海兮蟬蛻，

決北梁兮永辭。』

(46)可班荆兮贈恨　春秋時，楚・伍擧與聲子爲莫逆交。伍擧將奔晉，聲子亦欲赴晉，二人遂遇於鄭郊，班荆相與食，而言復故。見《左傳》襄公二十六年。世謂朋友相遇於路，共言故舊之情曰班荆道故，本此。班，布也，鋪也。荆，薪也。此言採薪鋪地，坐敍別恨。

(47)惟罇酒兮敍悲　蘇武別李陵詩：『我有一罇酒，欲以贈遠人。願子留斟酌，敍此平生親。』（見《昭明文選》卷二十九）罇，酒器。

(48)湄　水草交處爲湄，指河岸。（此段敍遠赴絶國之別）

(49)君居淄右妾家河陽　淄，水名，在今山東・萊蕪縣。淄右，淄水之西也。河，指黃河。河陽，黃河之北也。

(50)同瓊珮之晨照共金爐之夕香　瓊珮，以美玉爲佩也。《詩經・鄭風・有女同車》：『有女同車，顏如舜華。將翺將翔，佩玉瓊琚。』古人佩玉以爲行動之節。司馬相如《美人賦》：『金爐香薰，黼帳同垂。』二句言伉儷情深，形影不離，恩愛異常。

(51)君結綬兮千里　言郎君遠去千里之外佩印爲官也。綬，謂絲帶子，爲繫印環之用。《文選》顏延年《秋胡詩》：『脫巾千里外，結綬登王畿。』

(52)惜瑤草之徒芳　《文選》李善原注引宋玉《高唐賦》：『我帝之季女，名曰瑤姬，未行而亡，封於巫山之臺，精魂爲草，實曰靈芝。』《山海經・中山經》：『姑瑤之山，帝女死焉，其名曰女尸，化爲瑤草，其葉胥成（相重也），其花黃，其實如兔絲，服者媚于人。』瑤草，香草也，可作化妝品。此言雖有瑤草亦慵於化妝，徒令其自吐芬芳耳。

(五三)惝幽閨之琴瑟　《詩經・周南・關雎》：『窈窕淑女，琴瑟友之。』又《小雅・常棣》：『妻子好合，如鼓琴瑟。』言夫君去後，獨處空閨，雖有琴瑟，亦無心彈奏，愧疚實深。

(五四)晦高臺之流黃　晦，暗也。《古詩》：『思婦臨高臺。』又沈約《臨高臺詩》：『高臺不可望，望遠使人愁。』流黃，黃色絹，此指帷帳。此言內心愁苦，見高臺上亮麗之帷帳亦覺晦暗無光。

(五五)春宮閟此青苔色　宮訓閨房，春宮猶言春閨。閟，深閉也。班婕妤《自傷賦》：『潛玄宮兮幽以清，應門閉兮禁闥扃。華殿塵兮玉階苔，中庭萋兮綠草生。』言春閨獨處，只有萋萋之青苔相對耳。

(五六)秋帳含茲明月光　湯惠休《白紵歌》：『秋風嫋嫋入曲房，羅帳含月思心傷。』言秋帳孤眠，只有多情之月光相伴耳。

(五七)夏簟清兮晝不暮冬釭凝兮夜何長　簟，竹席。釭，華燈。凝，言夜寒燈膏凝結。此二句形容閨中少婦難耐夜長寂寞之苦。

(五八)織錦曲兮泣已盡迴文詩兮影獨傷　前秦時，有扶風人竇滔者，仕苻秦爲安南將軍，其妻蘇若蘭(名蕙)才色甚美。寵姬趙陽臺雅善歌舞，若蘭妬甚，屢加責打，由是陽臺積恨，讒毀交至，滔大恚憤。時詔滔調守襄陽，若蘭不願偕行，竟携陽臺之任，遂與若蘭斷絕音問。既而若蘭悔恨自傷，因織錦爲迴文，題詩二百餘首，五色相宣，瑩心眩目，縱橫反覆，皆成章句，名曰『璇璣圖』。乃命齎至襄陽，滔見詩，心頗不忍，遂送陽臺至關中，具輿從，迎若蘭於漢南，恩愛逾初。詳見唐・武后《璇璣圖序》。一說：竇滔爲秦州刺史，被徙流沙，妻若蘭思之，織錦爲迴文詩以寄滔，宛轉循環，讀之，詞甚哀怨悽惋，凡八百四十字。見《晉書・列女傳》。兩說微異。織錦曲，古時婦女織錦時所唱之曲也。案從軍別，單拈春，絕國別，單拈秋，而夫妻別則春夏秋冬四時俱備，此殆夫婦情長，綿綿不斷，突破時間之限制歟。（此段言伉儷之別）

(五九)儻有華陰上士服食還山　儻，或也。華陰，縣名，今陝西・華陰縣，境內有山。上士，稱修道成仙之士，亦猶稱和尚爲『上人』。魏人脩芊嘗隱於華陰山下石室中，絕人間煙火，取黃精服食，後成仙去，不知所之。見劉向《列仙傳》。

(六〇)術　方士養生導引之術，如行氣、斷穀及服草木藥法。

(六一)寂　感通之意。

(六二)守丹竈而不顧鍊金鼎而方堅　道家以爲人若服食還丹、金液，便能成仙。《抱朴子・內篇・金丹》：『夫丹之爲物，燒之愈久，變化愈妙。黃金入火，百鍊不消，埋之畢生不朽。服此二藥，鍊人身體，故能令人不老不死。』案凡人欲成神仙者，須先築竈鍊還丹，鑄鼎鍊金液。還丹，以丹砂等藥料煉成。金液，用黃金等藥料鍊成。不顧，謂不顧塵俗之事也。良以煉丹者，儻與世人往來，必將受不信者之誹謗，則金丹不能成，將永無成仙之望矣。故須隱於名山，立志堅定，不顧紅塵事，方克有濟也。說詳《抱朴子・內篇》《金丹》、《論仙》等篇。

(六三)駕鶴上漢　周靈王太子王子喬善吹笙作鳳凰鳴，嘗從道士浮丘公學道於嵩高山，三十餘年後，乘白鶴住於緱氏山下，望之不能得到，居數日，舉手辭謝世人，乘鶴昇霄漢去。見劉向

《列仙傳》。漢，天河也。

(六四)驂鸞騰天　驂，猶駕也，因上句有『駕』字，故變文以避重複。鸞，鳥名，形如鳳，羽五彩，而多青色。昔仙人洪崖先生與王子喬嘗乘鸞憩於洪井（在今江西・新建縣西山下，為洪崖先生煉丹得道之處。）以西之鸞岡。見雷次宗《豫章記》。

(六五)暫遊萬里　相傳仙人若士能騰雲駕霧，一舉千里。見《神仙傳》。

(六六)少別千年　《神仙傳》：『馬明先生隨神女還岱，見安期生語神女曰：「昔與女郎遊於安息西海之際，憶此未久，已二千年矣。」』案以上二句與鮑照《代昇天行樂府》『暫遊越萬里，少別數千齡』之意相同。

(六七)謝主人兮依然　謝，告辭也。依然，言依然黯然銷魂，不能忘情也。（此段言仙人之別）

(六八)芍藥之詩　男女贈別之詩。芍藥，香草名。劉熙《釋名》引《韓詩》：『芍藥，離草也，言將離別贈此草也。』《詩經・鄭風・溱洧》：『溱與洧，方渙渙兮。士與女，方秉蕳（蘭也）兮。女曰觀乎，士曰既且。且往觀乎洧之外，洵訏且樂。維士與女，伊其相謔，贈之以芍藥。』孔穎達疏：『言春冰既泮，於此之時，有士與女方適田野，執芳香之蘭草，共爲淫泆。及其別也，士愛此女，贈送之以芍藥之草，結其恩情，以爲信約。』後人因稱男女以不正當之結合，而私相報贈曰采蘭贈藥。

(六九)佳人之歌　漢・李延年歌：『北方有佳人，遺世而獨立。一顧傾人城，再顧傾人國。寧不知傾城與傾國，佳人難再得。』延年有女弟妙麗善舞，欲進於武帝，先歌以爲贊。見《漢書・外戚傳》。

⑳桑中衞女上宮陳娥　衞、陳，均春秋時代列國名。秦、晉之間美女謂之娥。見揚雄《方言》。《詩經・鄘風・桑中》：『期我乎桑中，要我乎上宮，送我乎淇之上。』上宮，猶言樓上。（據《孟子》趙岐注）詩言男女因相約而幽會之事。

㉑淥　水清也。

㉒送君南浦　浦，水濱也。《楚辭・九歌・河伯》：『子交手兮東行，送美人兮南浦。』

㉓秋露如珠秋月如珪　陸雲《芙蓉詩》：『盈盈荷上露，灼灼如明珠。』珪，瑞玉也，上圓下方。

㉔與子之別思心徘徊　子，謂所歡者，卽俗稱愛人。案何義門曰：佳人情種，仙人忘情，而別時各有一種黯然，眞是寫得到家，想是筆花入夢時也。（此段言曠男怨女之別）

㉕意奪神駭心折骨驚　案心可驚而不可折，骨可折而不可驚，江氏愛奇，故互文以見義。又案此二句一氣呵成，有天驥下峻阪之勢，而隨筆舒卷，深情畢露，咨嗟太息，如聞其聲，儻所謂文生於情者耶。

㉖淵雲　謂王褒、揚雄也。王褒字子淵，漢・蜀郡・資中人，宣帝時應詔作頌稱旨，後擢爲諫議大夫。所爲《甘泉賦》及《洞簫賦》，帝令後宮佳麗皆誦習之，名高一時。揚雄字子雲，漢・成都人，爲人簡易佚蕩，口吃不能劇談，而博學深思，獨以文章名世。成帝時奏《河東》、《長楊》等賦，窮妙極麗，傳誦天下。著有《法言》、《方言》等行世。並見《漢書》各本傳

㉗嚴樂　謂漢・嚴安、徐樂也。嚴安，臨淄人。徐樂，燕郡・無終人。均以文章名世，武帝時俱

拜爲郎中。並見《漢書》各本傳。

(七八)金閨 金馬門也，漢時文人待詔之所。《三輔黃圖》：『金馬門，宦者署，在未央宮，漢武帝得大宛馬，以銅鑄像，立於署門外，因以爲名。』東方朔、主父偃、嚴安、徐樂皆曾待詔於此。

(七九)蘭臺 漢時宮中藏祕書之處，漢賦作家傅毅、班固等俱曾爲蘭臺令史（掌書奏之官）。

(八〇)凌雲 《史記・司馬相如傳》：『相如既奏《大人之頌》，天子大悅，飄飄有凌雲之氣，似遊天地之間。』

(八一)雕龍 戰國時齊人鄒衍，喜言五德與天地。又有鄒奭者，亦頗採鄒衍之術。齊人頌衍曰談天衍，奭曰雕龍奭。見《史記・孟荀列傳》。劉向《別錄》：『鄒奭修衍之文飾，若雕鏤龍文，故曰雕龍。』（末段總結全文，言已盡而情猶未盡。）

【通 釋】

世界上最教人傷心銷魂的，莫過於離別。在空間上，像西秦東吳，隔離絕遠，像燕宋兩國，相望千里。在時間上，春去秋來，時物感人，往往會引起人們的離情別恨。尤其是在外作客的人，特別容易傷感。他們聆聽風聲，看見雲色，都覺得與平常不同。當遠行者將要啓程的時候，如果是坐船，船就在水邊停止不前，如果是坐車，車就在山旁徘徊不進，木槳輕輕的來回撥動，馬兒悽慘的仰空鳴叫，臨行依依，不忍遽別。在餞行的筵席上，酒杯一直覆蓋著，大家都沒有心情喝酒，樂器一直擱置著，大家都沒有心情演奏，終於洒淚而別。送別的人回到家裏，終日愁臥牀上，精神恍忽，若有所失。但見太陽剛從屋後落下去，隱沒了光彩，不久月亮便從樓頭升上來，散發著光輝。又見到紅蘭沾受甘露而開花，青楸遭受寒霜而衰謝，更增加了久別之苦。有時在高大房屋中往來巡行，空目含悲拭淚，有時撫摸美麗的帷帳，只有冷淸空虛的感受。由於自己的展轉相思，推想行人也一定會夢裏思家，不忍前行，神魂飛揚，惴惴不安的。所以說，雖然同樣是離別，卻有種種不同的情況。

第一種情況是顯貴之別。那些告老還鄉的大官，騎的是銀鞍大馬，坐的是紅漆花車。送行者或者在京城門外搭建帳篷，設宴餞別，或者在豪華的別墅裏擧行歡送酒會，競相敬酒。宴會時奏起各種音樂，美人和樂歌唱，十分悲傷。那些歌女無論春秋都打扮得很華麗嬌艷，歌聲尤其動聽，以致使馬兒也仰起頭來，魚兒也浮出水面上來欣賞它。到了分手的時候，音樂停止，寂靜無聲，無不流淚傷情。

第二種情況是俠士之別。有些劍客想報答恩人，有些少年想酬謝知己。例如春秋戰國時代：替韓卿嚴仲子報仇而刺死韓相俠累的聶政，替智伯報仇而刺殺趙襄子未成的豫讓，替吳公子光奪取王位而刺死吳王的專諸，替燕太子丹報仇而刺殺秦王未遂的荆軻。他們辭別父母妻子，離開祖國家鄉，洒下熱淚，拭血相視，騎上征馬，頭也不回地走了。一路上只見塵土漫天飛揚，襯出了他們的豪情壯志。爲了感激恩惠，決心以一劍相報，並非拿性命來換取金錢或聲價。這種驚天動地的事情，連金石都要受到震動而變色，骨肉之親就更悲痛心碎了。

第三種情況是從軍之別。由於敵國入侵邊境，愛國志士紛紛參軍，遠赴遼河、雁門山等地作戰。當他們要離開家鄉的時候，閨房是春風送暖，田邊是嫩草放香，太陽在天上閃耀光輝，露珠在陽光下騰躍文彩，大地被照耀得燦爛無比，到處彌漫著春天的氣息。母親走送愛子出征，攀著正開花的桃李，依依不捨，又想到愛子此去生死莫卜，不禁淚下沾裙。

第四種情況是出使之別。有些人奉命出使遠國，不知何時才能回家團聚。在臨行之時，依戀地望著故鄉的喬木，永別了熟悉的橋梁。左右僕從心魂震動，親戚朋友紛紛落淚。在路上遇到故人，就隨便坐在枝條上，向對方吐訴心事，或是喝杯酒敍敍悲哀。這時正是北雁南飛、白露下降的秋季，看到彎曲的遠山，更增離別之恨，沿著長長的河邊行走，不知幾時才能抵達。

第五種情況是夫妻之別。例如丈夫住在淄水的西邊，妻子住在黃河的北岸。他們離別以前的幸福生活，晨間是同看玉珮，夜間是共薰香爐。可是突然有一天丈夫被派到遠方作官，閨中少婦單身獨處，徒然對著芳草，未免可惜。面對琴瑟，也無心彈奏，愧疚實深。有時走上高臺，看到亮麗的帷帳，也覺得晦暗無光。春天是房屋四周長滿青苔，秋天是月華流照在帷帳上。夏天是躺在清涼的竹席上，覺得天總不黑。冬天是燈油凍結，覺得黑夜特別漫長。唱著織錦曲，眼淚已經流盡，試寫迴文詩，只有對影傷心。

第六種情況是方外之別。有些方外之士上山修行，服食求仙。道術已經很高了，但還在修鍊功夫，深恐尚未得到眞傳。終日守著爐灶和金鼎，專心鍊丹，遺落世事。等到有一天成仙了，或騎白鶴上銀河，或駕青鸞上天界。對仙人來說，萬里不過是短暫的遊程，一千年只算是小別吧了。只因爲人世間重視離別，所以這些方外之士，在得道成仙而將要飛昇的時候，仍不免依依不捨地和世人告別。

第七種情況是情侶之別。上古時代有專詠男女談情說愛的情詩，西漢時代有男子愛慕女子的情歌。而在北方各地的歌謠裏，更有許多男女相悅的辭句。當她們在送別情郎的時候，四周是青青春草，面前是綠波盪漾，此情此景，怎不令人肝腸寸斷。等到秋天來臨，她們看見露水像明珠，月兒像白珪，才警覺到時光流逝，竟然如此迅速，而離別的愁緒隨即充滿心中，徘徊不去。

所以儘管說別離的方式沒有固定，別離的原因也有種種不同，但是吾人可以肯定的是，只要是離別，就必定有怨恨，而這種怨恨必定充滿內心，使人悲傷欲絕。即使有王褒、揚雄、嚴安、徐樂那樣的桀桀大才，或是漢朝金馬門的濟濟多士，蘭臺的成羣俊英，作起賦來，使人有飄飄凌雲的快感，辯論起來，有雕鏤龍文的名聲，但是有誰能够摹寫出短別的感受和永訣的情狀呢。